Helmut Hofstetter

Die Leiden der Leitenden

Zur Pathologie intrapersonaler und interpersoneller Störungen von Führungskräften in Organisationen

DATAKONTEXT-VERLAG

CIP-Kurztitelaufnahme der Deutschen Bibliothek

Hofstetter, Helmut:

Die Leiden der Leitenden / Helmut Hofstetter. –
Köln : Datakontext-Verl., 1988.
(Edition Manager)
ISBN 3-921899-70-2

11;17

ISBN 3-921899-70-2

Druck: Grafischer Betrieb Plitt, Oberhausen

Printed in Germany

INHALT

EINLEITUNG: Zielsetzung

Die Menschheit schuf die soziale Umwelt großer Organisationen, die eine beeindruckende Vielzahl von Waren und Dienstleistungen produzieren und gewaltige Produktivkräfte entwickeln. In einem sehr konkreten Sinn schafft jetzt diese Umwelt den Menschen, indem sie seine psychische und physische Gesundheit bestimmt, seinem Leben Sinn gibt oder der Bedeutung beraubt. Dieses Problem wird in Theorie und Praxis zunehmend erkannt: Soziologie, Psychologie und Organisationstheorie untersuchen Verhalten und Zufriedenheit industrieller Arbeitsgruppen und eine Reihe praxisorientierter Konzepte versucht unter dem Leitmotiv „Humanisierung der Arbeit" tradierte Arbeitsformen zu verändern.

Das Schwergewicht liegt dabei durchwegs auf der Situation und Befindlichkeit der Arbeiter und Angestellten mit niedrigem Status, denen die inzwischen schon klassische Studie von Kornhauser (1965) das geringste Maß an psychischer Gesundheit nachweist.

Im Gegensatz dazu werden die im Mittelpunkt der Machtstrukturen von Organisationen stehenden Führungskräfte von der empirischen und theoretischen Forschung zur Pathologie der Arbeit weitgehend vernachlässigt. Tatsächlich erscheinen die Leitenden auf den ersten Blick als stark und glücklich, als die Privilegierten und Mächtigen, die ihr Schicksal zu ihrem alleinigen Vorteil bestimmen.

Die strotzende Gesundheit und Selbstsicherheit entpuppt sich unter dem analytischen und therapeutischen Mikroskop jedoch sehr schnell als bloße Fassade:
der Mediziner findet sie von psychosomatischen Symptomen, der Psychotherapeut von Befindlichkeits- und Verhaltensstörungen und der Soziologe von sozialen Konflikten besonders betroffen.

Es ist auch nicht einzusehen, warum Führungskräfte unter den Widersprüchen und Konflikten der Produktionsverhältnisse weniger leiden sollen. Zu vermuten ist höchstens eine andere Art und Pathogenese ihrer Leiden, wenn man an ihre unterschiedliche soziale Situation denkt.

Zwar kann hier von einer Pathologie der Führung nur die Oberfläche angekratzt werden, aber das an vielen Stellen. Wenn wir versuchen, möglichst viele Bestimmungen des Leidens aufzuspüren, wollen wir damit nicht nur diesem komplexen Phänomen gerechter werden, sondern auch von der bloßen Beschreibung der Symptome zum Verstehen von Zusammenhängen gelangen. Denn die „offenkundige Irrationalität" eines pathologischen Verhaltens „erhält erst dann ein gewisses Maß an Verständlichkeit, wenn man es im Zusammenhang betrachtet" (Laing 1969, S. 95).

Diese erweiterte Perspektive fordert, durch das 'System Führung' *mehrere Ebenen* zu legen, die in enger Interdependenz stehen, aber die Eigengesetzlichkeit der beiden Bereiche Individuum und Gesellschaft bewahren. Die Auswahl der Ebenen erfolgt nach systemtheoretischen Gesichtspunkten, wobei begonnen wird mit einer Art Mikrokosmos, nämlich der Persönlichkeitsstruktur; darauf aufbauend soll dann nach und nach der Makrokosmos der Gesellschaftsstruktur erschlossen werden.

Kapitel I beginnt, wo Leiden sich direkt artikuliert und damit erkennbar wird – auf der Ebene des *Individuums*. Deformationen und Störungen im 'System Führung' bilden sich zuallererst in den beteiligten Menschen ab – in Unzufriedenheit oder Krankheit – weshalb auch zunächst individuelle Konfliktstrategien zu erwarten sind. Der Leidende wird wohl seine Leistung vermindern oder vom Arbeitsplatz fernbleiben und er wird den Fehler, wenn auch nicht immer bewußt, aber bestärkt von Theorie und Praxis, bei sich suchen. Es stellt sich deshalb die Frage, inwieweit die Leiden von Führungskräften tatsächlich in ihren jeweiligen Persönlichkeitsstrukturen und Verhaltensweisen begründet sind. Wie sehen die typischen und die idealen Führereigenschaften aus? Welche Führungsmethode und welches Führungsverhalten sind am konfliktfreiesten? Die Suche nach den 'idealen' Führereigenschaften und -verhaltensweisen wird sich kaum auf das Subjekt beschränken lassen. Der Leitende hat schließlich mit anderen zu interagieren und befindet sich nicht im 'luftleeren' Raum, sondern in einer ganz bestimmten Situation bzw. Organisation.

Kapitel II stellt deshalb die einzelne Führerpersönlichkeit in die objektive Realität hinein und versucht ihre besondere *soziale Position* darin zu orten. Die Realität von Organisationen läßt sich am besten als 'System' begreifen und Führung als dessen Steuerung und Regelung. Dieses System ist in einer sehr charakteristischen Weise strukturiert, nämlich durch Arbeitsteilung, hierarchische Autorität, Oligarchie und Rationalität, die die Freiheitsräume des Individuums in einer bestimmten Weise einschränken. In diesem strukturierten System genießen die Leitenden eine relativ hohe Wertschätzung und einen Satz von Privilegien, die allerdings anscheinend auch psychisch und physisch bezahlt werden müssen. Nicht nur materielle Absicherung beinhaltend, sondern auch Selbstwert, ist ihr sozialer Status sowohl mühsam zu erringen (Aufstiegsbarrieren) als auch ständig umkämpft. Als sozioökonomische Position zwischen Kapital und Arbeit ist dieser Status nicht einfach zu orten, sondern erfordert eine Analyse der jeweiligen Gesellschaftsverhältnisse. Dabei wird sich zeigen, daß die zunehmende Vergesellschaftung der Leitungsarbeit die pathogene Koinzidenz von Verwertungsagent und Verwertungsobjekt in einer Person hervorbringt.

Die Ebene der sozialen Position wird in Kapitel III angereichert um die mit ihr verknüpften *Ziele und Werte*. Strukturiert nach der Maslowschen Bedürfnishierarchie sollen die Ziele der Leitenden dargestellt werden und die Widerstände, an denen sie sich brechen. Inwieweit können ihre Bedürfnisse nach Einkommen und Erholung, nach Sicherheit und Stabilität, nach Kommunikation und affektiven Beziehungen, nach Wertschätzung und Selbstverwirklichung befriedigt werden und wo treten sie in Konflikt mit anderen Interessen? Diese Zielkonflikte enthüllen im Hintergrund gesamtgesellschaftliche Antagonismen, nämlich Arbeitsteilung und soziale Schichtung, die sich isolierten Veränderungsversuchen entziehen. Das Leiden gewinnt damit zunehmende Objektivität.

In Kapitel IV sollen subjektive Persönlichkeitsdeterminanten, objektive soziale Situation und vermittelnde Wertsysteme auf der Ebene der *Funktion* integriert werden. Erst die Zusammenschau subjektiver und objektiver Elemente vermag zu erklären, wann und wie sich Konflikte zu Leiden entwickeln. Konflikte werden nämlich nur unter bestimmten Umständen pathogen: es sind dafür die notwendigen subjektiven Dispositionen (Sozialisationsmuster) und objektiven Widersprüche in der Führungsfunktion zu untersuchen. Außerdem ist zu klären, unter welchen sozioökonomischen Bedingungen die Führungsfunktion und die Machtausübung zu Entfremdung und Herrschaft degenerieren und welche Konsequenz das für den Leitenden hat.

Von einer Pathologie der Führung könnte man nun *mehr* erwarten, als eine Obduktion kranker und krankmachender Elemente. Nämlich: wo soll man mit Veränderungen zuerst ansetzen? Wie kann man die Leiden der Leitenden künftig vermindern?

Wir können hier keine Lösungen angeben und möchten unser Vorgehen mit einer Maxime Diltheys rechtfertigen: „Was wir unserer Zukunft als Zweck setzen, bedingt die Bestimmung der Bedeutung der Vergangenheit". Wir werden auf unseren vier Ebenen der Untersuchung eine Vielzahl von Bestimmungsfaktoren anführen; jeder davon ist ein potentieller Konfliktfaktor, weshalb wir unser Kapitel mit 'Konfliktebenen' überschreiben: jeder ist aber auch genauso Ansatzpunkt für Veränderungen. Inwieweit solche Veränderungen auch echte Verbesserungen darstellen und nicht nur ein Kurieren am Symptom oder eine Verschärfung des vorhandenen Ungleichgewichts, bestimmt sich danach, wie stark die allseitigen Interdependenzen und das Systemganze beachtet werden.

KAPITEL I: KONFLIKTEBENE INDIVIDUUM

1. Die Erscheinungsformen des Leidens

Jedes Leiden artikuliert sich im Individuum, wenngleich es oftmals recht verdeckt und nur auf dem Umweg über Symptombildungen erkennbar ist. Die Spanne reicht von 'kleinen' Unannehmlichkeiten bis zu existenzbedrohenden psychischen und physischen Krankheiten. Die Vielfalt und höchst unterschiedliche subjektive Gewichtung der arbeitsbedingten psychischen, physischen und interpersonellen Störungen verhindert ihre schnelle Kategorisierung. So leiden Manager vielfach unter

- Angst
- Mangel an Selbstachtung
- Spannung und Streß
- Kontaktschwierigkeiten
- Arbeitsunzufriedenheit
- Pessimismus und Resignation

oder gar darunter, nicht einmal (öffentlich) leiden zu 'dürfen'.

Die Begriffe „Gesundheit" und „Krankheit" erweisen sich dabei als äußerst unscharf und relativ: ihre Inhalte verschieben sich schicht-spezifisch, historisch und interkulturell (vgl. Keupp 1975, S. 17 f.). Hinzu kommt, daß die pathologischen Erscheinungen häufig gar nicht bewußt werden, womit entweder die Gefahr der Ignoranz droht: das Individuum geht derart in seiner Arbeit auf, daß es gar nicht merkt, wie sie ihn krank macht; oder die Gefahr der Überinterpretation: auch wer sich in seiner Arbeit vollkommen glücklich fühlt, ist krank, nämlich unbewußt entfremdet. Diese Relativität des Krankheitsbegriffes produziert so viele Definitionen wie Autoren[1]. Wir wollen deshalb die *Manifestationen des Leidens* auf folgende Erscheinungsformen eingrenzen:

Psychosomatische Symptome wie Störungen im Herz- und Kreislaufsystem, im Verdauungstrakt, in den Atmungsorganen und der Haut;
Verhaltensstörungen wie Kontaktprobleme, Reizbarkeit, Ehekrisen, neurotisches Verhalten;
Leistungsstörungen wie Konzentrationsstörungen, Leistungsängste, intellektuelle Unsicherheit, Spannungsgefühle;
Ausweichverhalten wie übermäßiges Rauchen, Aufschieben notwendiger Aktivitäten, Fluchtreaktionen;
Identitätskrisen wie Minderwertigkeitsgefühle und Angst.

Diese Eingrenzung wird allerdings in dem Maße schwierig, in dem somatische Symptome fehlen. Es stellt sich dann sofort die Frage, wo die „Normalität"

---

1 Vgl. hierzu Keupp 1972, S. 71ff.; Schneider 1973, S. 213 ff.; Dreitzel 1968, S. 14 ff.; French/Kahn 1962, S. 32 ff.; Page 1975, S. 49 ff.; Kornhauser 1965, S. 40 ff.

aufhört und die „Störung" beginnt. Der Leidensdruck ist hier wohl ebensowenig tauglich als Kriterium wie die „Abweichung" vom gesellschaftlich Typischen, wenn man an die fast unendliche Variabilität psychischer und sozialer Strukturen denkt[2]. Zudem ist es gut möglich, daß die gesellschaftliche und normative Struktur selbst gestört ist. Ist aber die ganze Gesellschaft „krank", „dann kann Gesundsein nur die durchschnittliche und deshalb unauffällige Weise des Krankseins bedeuten" (Duhm 1972, S. 24). Leiden kann deshalb nur aus kritischer Distanz und im Zusammenhang bestimmt werden, und zwar als Widerspruch im Subjekt (evtl. in Abwehr und Widerspiegelung objektiver Widersprüche).

Bei der Suche nach den Quellen dieser Leiden spielt die Arbeitssituation eine große Rolle. Denn als ewige Existenzberechtigung des menschlichen Lebens[3] hat Arbeit sowohl identitätsstiftende und gesundheitsfördernde[4] als auch recht belastende Wirkungen. Hier soll untersucht werden, welche Aspekte der *Arbeit von Führungskräften* besonders pathogen wirken können und inwieweit es psychische, physische und interpersonelle Störungen gibt, die für sie besonders typisch sind. Die Relevanz dieser Fragestellung ergibt sich aus der hohen Korrelation von Leitungsarbeit und Leiden (s. Kap. II 4.2.).

2. Das Leiden als 'Privatsache'

Die Störungen in der psychischen und physischen Befindlichkeit des Menschen verweisen zunächst auf ihn selbst: er reagiert mit *individuellen* Konfliktstrategien, indem er seine Leistung vermindert oder vom Arbeitsplatz fern bleibt und sich insgeheim fragt, was er falsch gemacht und welche körperlichen und seelischen Defizite er wohl habe, daß er derart mit Krankheit und Konflikt geschlagen wurde. Er wird darin bestätigt von der Masse der praktizierenden Mediziner und Psychologen, die an ihm Verhaltensstörungen, Neurosen, Vegetative Dystonie oder ähnliche 'Absonderlichkeiten' diagnostizieren.

Tatsächlich ist es recht populär, für Mängel und Konflikte in Gruppen und Organisationen den einzelnen selbst haftbar zu machen. Es sind eben unausgewogene Persönlichkeiten und 'Spinner', die ihr unpassendes Privatleben in den Betrieb hineintragen und man fürchtet, daß ein „Neurotiker als Infektionsquelle" eine ganze Organisation in krankhafte Reaktion bringen könnte[5]. Zum Problem würden demnach schwierige Situationen im Betrieb

---

2 Zur Relativität der Abgrenzung pathologischer Zustände vgl. Dreitzel 1968, S. 22 f.; Fromm 1975, S. 400 f.; Watzlawick 1969, S. 48 f.

3 Vgl. Groskurth/Volpert 1975, S. 66 f.; Marx KI, S. 198; Dreitzel 1968, S. 1.

4 Vgl. Rosenstiel 1975, S. 91; Herzberg 1959; Rebell 1976, S. 73.

5 Wiesenhütter 1959, S. 761 ff.; Sarbin 1956, S. 71 ff.; manager magazin 3/1977, S. 62 ff.; vgl. a. Keupp 1975, S. 13 ff.; Schneider 1973, S. 217.

nur, weil die Persönlichkeit des Mitarbeiters ihnen nicht gewachsen sei. Die traditionelle Medizin und Psychotherapie beschränkt also die Ursachen der Krankheit auf Bedingungen, die ganz im Individuum liegen – das Symptom bleibt 'Privatsache'.

Die dramatischen Selbstbezichtigungen in totalitären Systemen zeigen diese Personalisierung von Problemen besonders deutlich, doch finden sich derartige Opfermechanismen mehr oder weniger verschleiert in allen hierarchischen Organisationen. Der Mythos der unfehlbaren Organisation wird als internalisiertes Glaubensbekenntnis aufrechterhalten, bis sich – wie im Falle des Helden in Arthur Millers „Tod des Handlungsreisenden" – das Auseinanderklaffen von Rollenspiel und Realität nicht länger verdrängen läßt: der Fehler wird dann im persönlichen Versagen gesucht und Selbstbestrafungsmechanismen retten den Mythos.

Das anthropozentrische Weltbild, wonach das Individuum Erfolg und Mißerfolg im Grunde selbst zu verantworten hat, durchzieht auch die meisten der in der Wirtschaft kursierenden Führungslehren und das Bewußtsein (Selbstbild) der Leitenden. „Art und Qualität des Führungsvollzugs" sind danach „direkte Auswirkungen der Persönlichkeitsstruktur des Führenden. Seine Eigenschaften, als deren Grundlage in der Regel eine glückliche Kombination von Anlagefaktoren angenommen wird, die allenfalls noch fortentwickelt werden können, verleihen ihm die erforderliche Anerkennung und Durchsetzungskraft"[7].

Diese Ideologie des Individualismus wird gepflegt von seiten des Unternehmertums, genauso aber von den leitenden Angestellten selbst und ihren Interessenverbänden: der Manager ist Individualist, der sich an seinen eigenen Zielen und Möglichkeiten orientiert und in der Durchsetzung seiner Interessen vor allem auf sich selbst verläßt; wer mit seiner Situation glücklos und unzufrieden ist, versteht nur nicht, den eigenen Spielraum zu nutzen[8].

Damit werden organisatorische Mängel zum Mangel des Individuums: Ansprüche, Normen und Widersprüche der Organisation werden nicht in Frage gestellt, ja – geblendet vom individualistischen Schein – nicht einmal erkannt. Die Verhaltensstrategien der Organisationsmitglieder reduzieren sich auf Anpassung an die Rollenforderungen. Denn Verhalten, das nicht in den repressiven Bahnen affektbereinigter Beziehungen der Organisation verläuft, exkommuniziert sich gleichsam selbst. Gelingt es dem Individuum nicht, auf die Straßen des Erfolgs zu kommen, scheinen nur *private* Formen von Konfliktstrategien zu bleiben: Krankheit und Fernbleiben vom Arbeitsplatz; ge-

---

6 Entfällt

7 Fürstenberg 1964, S. 90f.

8 Einen guten Einblick in diese Interessenlage gibt die groß angelegte empirische Studie von Hartmann 1973. Zum elitären Selbstbild s. Macharzina/Rosenstiel 1974, S. 17ff.

wissermaßen wilde Streiks des einzelnen gegen sich selbst als Flucht vor den Widersprüchen der Arbeit. Krankheit wird so zur Entlastungsstrategie gegenüber beruflichen Konflitksituationen und Absentismus zum Versuch, die Bilanz von Arbeitsleistung und Lohn zu verbessern. Die Krankenrolle ist denn auch für den Leitenden die einzig tolerierte Form des Aussteigens aus den täglichen Belastungen – er kann es sich kaum leisten, einfach 'blau zu machen' oder 'auszuflippen'.

Das System bestätigt sich damit selbst: mangelnde Anpassung und Mißerfolg spiegeln sich im individuellen Leiden des Leitenden, der Ursache und Schuld bei sich sucht und alles daran setzt, sich endlich die Eigenschaften und Verhaltensweisen des 'idealen' Führers anzueignen.

3. Das Problem der 'idealen' Führerpersönlichkeit

Wie ein Mensch sich verhält, wie er Konflikte durchlebt und durchleidet, ist tatsächlich in hohem Maße bestimmt durch seine Persönlichkeit, durch seine intellektuellen, und affektiven Eigenschaften, durch seine höchstpersönliche Eigenart, auf Herausforderungen der Umwelt zu reagieren. Ökonomische und organisatorische Strukturen entfalten pathogene Wirkungen nur sehr vermittelt, nämlich über die Dispositionen des Individuums für bestimmte mehr oder weniger 'normale' Verhaltensweisen. Schon die Alltagserfahrung zeigt, daß gleiche belastende Situationen bei verschiedenen Führungskräften verschieden wirken: manche schreien wild herum, andere ignorieren alles, einige werden krank.

Viele Berater (und übrigens auch die klassische Psychologie) sehen deshalb die Probleme der Organisation in der mangelhaften Eignung der Rolleninhaber und in der nicht gelungenen Anpassung des Individuums an die Normen der Organisation. Sie folgern daraus, daß man bei der Rekrutierung für Führungspositionen die geeigneten Persönlichkeitstypen herausfiltern und Einstellung und Verhalten der vorhandenen Mitarbeiter schulen muß.

Nehmen wir einmal den ökonomischen Erfolg dieser Strategien (und sei es auch nur für den Berater) zum Anlaß, uns die gebräuchlichsten Persönlichkeitsdimensionen auf ihre Eignung für Führungsaufgaben und pathogene Konsequenzen näher anzusehen.

3.1. Anpassung und Sozialisation

Organisationen und Gruppen fordern *Anpassung* ihrer Mitglieder. Motor dieser Anpassung ist die Verminderung von Angst, denn das Verhalten der Gruppenmitglieder resultiert aus dem Bestreben, sich durch Gehorsam gegenüber den Autoritäten die Befriedigung bestimmter Bedürfnisse zu verschaffen und von Spannungsgefühlen zu entlasten – wobei Angst das schlimmste Spannungsgefühl ist. Art und Ausmaß der Anpassung sind abhängig von Charakteristika des Individuums und der Organisation. So ist eine

Tendenz, den Job auszuüben, den die eigene psychische Konstitution mehr oder weniger unbewußt verlangt, nicht verwunderlich (Selbstselektion). Für manche Berufe scheint eine deutliche neurotische Struktur fast notwendig (man denke nur an die Pedanterie des Buchprüfers).

Auch wer in *Führungspositionen* von Organisationen aufsteigen will, muß ganz bestimmte Persönlichkeitsmuster schon mitbringen: insbesondere Respekt vor Autorität, Disziplin, Machtorientierung, Leistungswillen und Identifikationsbereitschaft. Aber wie kommt es zu diesen Persönlichkeitsmustern?

Es ist seine soziale und kulturelle Umwelt, die dem Menschen die Symbole vermittelt, mit denen er denkt, und die ihm den Horizont seiner Wünsche und Bestrebungen vorzeichnet. Im Prozeß der Sozialisation, d. h. in der Auseinandersetzung mit den Leitfiguren der Kindheit erwirbt er rollenspezifische Verhaltensmuster, die bei der Wiederkehr von Szenen früheren Lernsituationen gleichsam reflexhaft aktualisiert werden.

So reaktiviert sich nach psychoanalytischer Überzeugung mit der Einordnung in *hierarchische* Strukturen und mit der Ausübung von *Autorität* die frühere Beziehung zum Vater: „Eigentums- und Arbeitsverhältnisse erzeugen Abhängigkeit und Unterordnung im Sinne des Vater-Sohn-Verhältnisses" (Federn 1919, S. 28). Im autoritären Verhalten und im zwanghaften Ehrgeiz der Führungskräfte in Organisationen aktualisieren sich ihre frühkindlichen Erfahrungen mit der eigenen Erziehung zur Reinlichkeit, mit den eher psychischen als physischen Sanktionen, mit der Präferenz der Arbeit („erst die Arbeit, dann das Spiel") und mit der ständigen Belohnung von rationaler Planung und Erfolg. Es sind dies die typischen Sozialisationsmuster der Ober- und Mittelschicht[9].

Führungskräfte mit *anderen Sozialisationsmustern* haben es mit der Anpassung schwerer. Ihre Normen sind häufig inkompatibel mit den Forderungen produzierender und hierarchischer Gruppen. Aufgrund „punitiver Erziehungstechniken" (Habermas 1973, S. 164) fehlen ihnen Selbstbeherrschung, Autonomie und rationale Planung; ihr Über-Ich ist nur „fragmentarisch" herausgebildet, so daß sie der Anleitung und Kontrolle von außen bedürfen[10]. In modernen Organisationen bedarf es aber aufgrund der hochgradigen Spezialisierung verstärkter Selbstkontrolle, Verantwortungsbereitschaft, Kommunikation und Planung. Leitende mit unterschichtspezifischer Sozialisation geraten deshalb leicht in eine Orientierungskrise. Die Disharmonie zwischen Persönlichkeit und Situation läßt sie sich in ihren leitenden Rollen weniger zurechtfinden. Sie müssen ihren Aufstieg teuer bezahlen: klinische Befunde zeigen, daß aus Unterschichten aufgestiegene Führungskräfte doppelt so

---

9 Vgl. Maccoby 1958, S. 400–405.

10 Vgl. hierzu insb. Habermas 1973, S. 118ff.; Orban 1973, S. 73; Bendix/Lipset 1953, S. 426ff.

häufig an psychosomatischen Erkrankungen leiden als ihre Kollegen aus der Mittel- und Oberschicht[11].

Es gibt noch einen dritten Modus der Anpassung an Organisationen, nämlich Führungskräfte, die der organisatorischen Struktur und ihren Forderungen weder angepaßt noch nicht angepaßt, sondern eher *ambivalent*[12] gegenüberstehen. Einerseits können sie den Erfolgs- und Machtversprechungen nicht widerstehen, andererseits ist es ihnen unmöglich, die dafür notwendigen Rollen zu spielen, da sie betont sensibel, idealistisch und schöpferisch sind. Unter diesen Umständen bleiben nur die Rollen des introvertierten Intellektuellen, des kreativen Nonkonformisten, des kritischen Außenseiters, der seine und anderer Autorität auf Können gründet, aber sich gegen jede Art von Kontrolle, bürokratischen Reglements, unhinterfragter Submission und Kollektivierung sträubt. Der endlose Konflikt zwischen Trotz und Unterwerfung, zwischen individueller Selbstdarstellung und den Konformitätsforderungen der Gesellschaft zwingt ihn nach Beobachtungen von Presthus (1966, S. 227) zur Flucht in neurotisches Verhalten; er wird ein „zwanghaftes Interesse für seine Arbeit entwickeln" und sich „absonderliche Manieriertheiten" zulegen, um „Status zu borgen", er wird dazu neigen, interpersonelle Beziehungen verzerrt zu beurteilen und sich unter Verfolgungs- und Größenwahn melancholisch zurückzuziehen.

Die Leiden der Leitenden mit mangelhafter Anpassung ihrer Verhaltensmuster an die Erfordernisse der Organisation zu erklären, führt nicht weit. Schließlich haben auch „angepaßte" Manager jede Menge Schwierigkeiten und die Konfliktursachen persönlicher Art sind ziemlich vielfältig, sie umfassen z. B. Wahrnehmungsverzerrungen, Antipathie, Desintegration, Selbstzweifel, Kontaktstörungen usw. Außerdem ist es für Organisationen wichtig, Eignung und Erfolg ihrer Mitglieder zu prognostizieren und nicht erst hinterher eine Fehlanpassung zu konstatieren.

Seit Binet und Moreno, den Prototypen der psychometrischen und soziometrischen Testanwendung, wird versucht, das Individuum in repräsentativen Dimensionen zu messen. Zur Auslese von Führungskräften wurden sogar ganz spezielle Eignungstests entwickelt[13]. Wir wollen die in der Psychodiagnostik bekanntesten Persönlichkeitsdimensionen[14] auf ihre Eignung für Führungsaufgaben und ihre pathogenen Konsequenzen untersuchen. Diese Dimensionen sind idealtypisch und ordinal, d. h. sie treten nur selten unvermischt und extrem auf. Sie werden sich auch zwangsläufig überschneiden, da hinter ihnen unterschiedliche Persönlichkeitskonzepte stehen. Gleichwohl

---

[11] Befunde der Cornell University Clinic nach Presthus 1966, S. 214 f.; ähnliche Befunde aus der Sowjetunion nach Wiesenhütter 1959, S. 762.

[12] Vgl. hierzu Presthus 1966, Kap. 8; Merton 1957, S. 195 ff.; Kahn 1964.

[13] Z. B. Cassel Leadership-Q-Sort; Amthauer IST; Brickenkamp d2.

[14] Vgl. hierzu Bräutigam 1971, S. 115 ff.

beschreiben sie grundlegende Züge des Charakters, der wie Heraklit schrieb, „das Schicksal des Menschen bestimmt".

3.2. Persönlichkeitstypen und ihre spezifischen Symptome

3.2.1. Schizoidität

In produzierenden Organisationen findet man häufig einen Persönlichkeitstyp, der mit den Attributen „kühl, distanziert, sachlich, rational, intellektuell und individualistisch" beschrieben werden kann. Dieser in der Psychologie[15] häufig als „schizoid" bezeichnete Typus überbetont seine Ich-Abgrenzung aus Angst vor der Selbsthingabe, weshalb er affektlos und nur an Aufgaben orientiert wirkt. Die greifbare Produktivität leistungsorientierter, rationaler, autarker Leiter macht diesen Persönlichkeitstyp für alle bürokratischen Organisationen besonders brauchbar und prädestiniert ihn für die Rolle als „Tüchtigkeitsführer". Leistungsmotivierung, ist schließlich *die* Basis für erfolgreiche Manager[16]. Die Grundlagen für dieses unternehmerische Verhalten werden bereits in der Kindheit gelegt von Eltern, die ihre Kinder früh zur Unabhängigkeit erziehen, die sehr an Effektivität und Leistung interessiert sind und die viel von ihnen erwarten, ohne zu autoritär oder zu nachsichtig zu sein[17]. Die Familie ist hier die ideale Vermittlungsinstanz der zentralen Norm westlicher Industriegesellschaften: *Leistung*. Leistung bestimmt Status, Prestige und Belohnung und damit auch den Selbstwert des Individuums[18]. Ist einmal diese Leistungsnorm internalisiert, hat das Individuum als Führungskraft wenig Probleme mit Autoritätsbeziehungen und Wettbewerbssituationen.

Das Ich der Arbeit und ihrer Verwertung zu verschreiben, bewahrt sie jedoch nicht vor recht schwierigen Konflikten. Da ihre kommunikativen Beziehungen bevorzugt zweckrational und nicht mitmenschlicher Art sind und ihre Kontakte affektentleert, stehen sie in Gruppen recht isoliert und ohne affektiven Kredit. In Streßsituationen werden ihre zwischenmenschlichen Bande eher noch dünner, womit Konfliktlösungsmöglichkeiten in weite Ferne rücken. Ihre auffallend um subjektive und affektive Ausdrücke entleerte Sprache[19] brachte ihnen Kennzeichnungen wie „Sozialautomaten" und

---

15 Riemann (1975, S. 20ff.) nennt den affektlosen Persönlichkeitstypus „schizoid", weil dessen Extremvariante, die totale Isolierung von den Mitmenschen, allgemein als „schizophren" diagnostiziert wird.

16 „Leistungsmotivation als Bestreben, die eigene Tüchtigkeit in allen jenen Tätigkeiten zu steigern, in denen man einen Gütemaßstab für verbindlich hält" ist eine sehr populäre Dimension in der Sozialpsychologie (McClelland 1961, S. 205) und Diagnostik (vgl. Hb. d. Psych. Bd. 2 S. 602ff.).

17 McClelland 1961, S. 345–356.

18 Seit dem Liberalismus dient das „Leistungsprinzip" zur Legitimation der Statusverteilung (vgl. Offe 1970).

19 Mac Lean 1949, S. 339f. Die genannten Kennzeichnungen stammen von Mitscherlich 1963, S. 20; bzw. Fromm 1947, S. 67ff.; 1977, S. 395ff.

„Marktcharakter“ ein. Das hat auch persönliche Folgen: die fehlenden emotionalen Beziehungen zum Mitmenschen müssen häufig durch vielerlei psychische Leiden (z. B. Kontaktprobleme) und psychosomatische Symptome erkauft werden, insbesondere werden, entsprechend ihrer Problematik vor allem Organe des Kontaktes und des Austausches betroffen, also Haut und Atmung (Allergien, Ekzeme, Asthma)[20].

3.2.2. Depressivität

Depressive Persönlichkeiten sind gekennzeichnet durch die Angst vor Selbständigkeit und Unabhängigkeit. Folge ist die Symbiose mit einem schützenden Partner (Anklammerungstendenz), indem man sich selbst abhängig oder den anderen von sich abhängig macht. In psychoanalytischer Sicht wiederholen depressive Persönlichkeiten in allen mitmenschlichen Beziehungen die ursprüngliche Konstellation einer pathologisch intensivierten, verwöhnenden Mutter-Kind-Beziehung („Glucken-Mutter“)[21].

Als Führungskräfte investieren solche Persönlichkeiten gerne ihre ganze Energie in die Beziehungen zu ihren Mitarbeitern. Ihre Wärme, Fürsorge, Zuwendung und Kooperationsfähigkeit prädestiniert sie zum „Beliebtheitsführer“. In hierarchischen, produzierenden Organisationen haben sie eine Menge Konflikte durchzufechten, da sie Autoritätsbeziehungen und Leistungsforderungen mit isolierendem Charakter gerne ignorieren. Das rationale, kühl-sachliche Durchdenken und Ausführen einer Aufgabe bedeutet für sie weniger als die Pflege zwischenmenschlicher Beziehungen, die durch nichts tangiert werden dürfen, weshalb sie auch unfähig sind, Aggressionen in sich selbst oder in anderen zu tolerieren.

Ihre Somatisierungen beziehen sich auf Störungen des Aufnahmetraktes, der ja symbolisch-repräsentativ für alles sich Einverleiben ist, wie z. B. Fettsucht (Kummerspeck), Nikotin- und Alkoholabusus. Freud deutet Depression denn auch als Regression in die orale Phase[22]. Depressive verbeißen sich Aggressionen geradezu, was die Psychoanalytiker zu dem malerischen Bild von der introjizierten Mutter, die in die Magenwand beißt, anregte. Tatsächlich gibt es eine Menge Beweise für den engen Zusammenhang zwischen Aggressionshemmungen und psychosomatischen, insbesondere Magenkrankheiten[23].

---

20 Es gibt zwar keine einfache (direkte) Korrelation zwischen Symptom und Persönlichkeit (vgl. Page 1975, S. 406) aber auffällige Kontingenzen (vgl. Riemann 1975, S. 47; Bräutigam 1975, S. 21, S. 268ff.).

21 Zur Depressivität vgl. Riemann 1975, S. 15, 59ff.; Bräutigam 1971, S. 125ff.; Zur pathogenen symbiotischen Mutter-Kind-Beziehung („overprotective mother“) vgl. Richter/Beckmann 1969, S. 65f.; Zepf 1976, S. 43ff.; Ammon 1974, S. 199ff.; Richter 1963, S. 42ff. Zum „sozio-emotionalen Spezialisten“ vgl. Slater 1955, S. 512f.

22 Riemann 1975, S. 65; Freud 1923, S. 296f.; Döring Diss. 1972.

23 Alexander 1951; Bräutigam 1973, S. 311ff.; Zander, in: Médicine et Hygiéne 1976, S. 34, 152ff.; Enke, in: ZPsychosomMed 1966, 12, S. 108ff.

3.2.3. Rigidität

Diesen Persönlichkeitstyp kennzeichnet die Angst vor Veränderung[24]. Der Rigide, Zwanghafte erscheint starr, intolerant, eisern konsequent, dogmatisch, pedantisch, eigensinnig, konservativ. Seine geringe Ambiguitätstoleranz läßt ihn unstrukturierte Situationen hassen, mit Veränderungen seiner Umwelt kommt er nicht zurecht. Er neigt dazu, sich Autoritäten kritiklos unterzuordnen, ist überkorrekt, kritikunfähig, überangepaßt, also 'pseudo-normal'.

Nach psychoanalytischer Ansicht (z. B. Freud 1932, S. 532 ff.) entwickeln sich „anal-retentive Zwangscharaktere" unter autoritären, dressurhaften Erziehungsmustern, wenn Gebote und Verbote zu früh, zu starr oder zu inkonsequent vermittelt werden und spontane Akte unterdrückt werden. Diese frühe *Autoritätsfixierung* wird durch hierarchische Sozialstrukturen reaktiviert und perpetuiert: Vater – Sohn, Lehrer – Schüler, Mann – Frau, Vorgesetzter – Untergebener.

Für bürokratische Organisationen ist diese Reaktivierung, wie der amerikanische Sozialpsychologe Kahn (1964, S. 278 ff.) nachweist, recht funktional: der konsequente, konforme, verläßliche Leiter sichert den Status quo und die Stabilität der Organisationsabläufe und er ist eigentlich der einzige, der wirklich für die Ziele der Organisation arbeitet, während die Schizoiden und Depressiven mit ihrem Narzißmus beschäftigt sind. Es ist deshalb kein Wunder, daß Rigide häufig unter Überarbeitung leiden, insbesondere, weil sie auch jede Aufgabe perfekt ausführen wollen. Sie haben zwanghafte Arbeitsgewohnheiten, versuchen das Leben in Schemata und Regeln zu zwingen und stürzen sich in eine Aufgabe unter Ignorierung alles anderen. Ihre Realitätsleugnung ist besonders stark bei sich verändernder Umwelt und bei – in ihren Augen unmoralischen – eigenen Bedürfnissen; letztere werden dann gerne auf andere projiziert. Unter Streß wehren sie alles ab, was von außen kommt; das gilt insbesondere für Informationen, die nicht in ihr Konzept passen, und Einflußversuche von Kollegen[25].

Zaleznik zeigt am Fall des US-Präsidenten Wilson die typische Problematik der rigiden Persönlichkeit: in seiner Amtsführung fiel er auf durch sein inflexibles Handeln, seine Zwanghaftigkeit bei Verhandlungen und seine Konflikte mit anderen Autoritäten. Tatsächlich lebte seine Vergangenheit in der Gegenwart wieder auf in Form „unterdrückter Aggressionen, die sich auf unbewußte Feindseligkeit gegenüber seinem Vater bezogen ... er unterhielt eine auffallend ambivalente Einstellung gegenüber seinem herrischen und strengen Vater, der es nicht unterließ, sich seinen Einfluß auf seinen Sohn auch

---

24 Vgl. Riemann 1975, S. 123 ff.; Hahn 1971, S. 68 ff.; Schneider 1973, S. 179 ff.

25 Vgl. Kahns Fall des „Superintendant", (1964, S. 340 ff.).

während der bedeutsamen formenden Jahre durch Demütigungen zu sichern“[26].

Auch die Zwanghaften haben ein ganz spezifisches Leidensbild. Die unter den Zwängen aufgestauten Affekte führen zu einem wachsenden Innendruck bis der Mensch geradezu „platzt“: spektakuläre Fehlleistungen, Jähzorn oder Amok sind die Folge. Als physisches Korrelat werden diese Affekte bevorzugt somatisiert in Kreislaufstörungen und Koliken[27].

Moderne Organisationen müssen ihre rigiden Vorgesetzten unbedingt mit *flexiblen* Führern kompensieren, die die Organisation dem sozialen, technologischen und ökonomischen Wandel anpassen. Flexible Persönlichkeiten sind offen für alles Neue, ziehen alle möglichen Aufgaben an sich, suchen mit allen Mitteln Anerkennung („Fahne nach dem Wind“) und erfüllen jeden Wunsch. Sie leiden deshalb leicht unter Interessenkonflikten und „role-overload“ (Kahn 1964, S. 278 ff.)

3.2.4. Neurotizismus

Mit dieser Dimension wird psycho-physische Irritierbarkeit beschrieben[28]. Sie manifestiert sich in emotionaler Instabilität (wie Ängstlichkeit, Depressivität oder Aggressivität), launischem Stimmungswechsel und psychischer Unruhe. Trotz ihrer Unschärfe deuten diese Symptome auf ein typisches Phänomen, das *reduzierte Ichstärke*, Minderwertigkeitsgefühle, Mangel an Selbstkontrolle und geringe Frustrationstoleranz verbindet. Fehlt es dem Individuum an der notwendigen Ichstärke, bleibt ihm nur die Flucht in Verdrängung, Projektion und Regression. Aus psychoanalytischer Sicht ist dieser Symptomkomplex als Es-Überich-Konflikt zu deuten: einem infantilen Ich-Ideal steht ein rigides, versagendes Überich gegenüber[29].

Der Neurotizismus scheint auch ein somatisches Korrelat zu haben, nämlich ein instabiles Kreislaufsystem, das sich bei physischer oder psychischer Belastung in irregulären Pulsfrequenz- und Blutdruckschwankungen äußert. Menschen, die sich in Persönlichkeits-Fragebogen als besonders ängstlich einschätzen, reagieren auf Streßsituationen mit stärkerer Herzbeschleunigung als andere, weshalb der profundeste Vertreter der deutschen psychosomatischen Medizin, Horst-Eberhard Richter 1969 dieses Bild als „Herzneurose“ bezeichnet[30].

---

[26] Zaleznik 1975, S. 226f. Die tiefenpsychologische Analyse von ruinösem Managerverhalten zeigt häufig unverarbeitete Rivalitätskonflikte mit dem Vater, so z. B. bei Henry Ford und Alfried Krupp.

[27] Vgl. Riemann 1975, S. 218ff.; De Boor 1965, S. 264; Zauner, in: ZPsychosomMed 1964, S. 169ff.

[28] Die Dimension „Neurotizismus“ findet sich in zahlreichen, populären Tests (z. B. MMPI). Vgl. außerdem Kahn 1964, S. 242ff.; Hahn 1971, S. 93ff.

[29] Kahn 1964, S. 249; Richter 1969.

[30] Spielberger 1966; Vgl. a. De Boor 1965, S. 233, S. 269ff.

Kahn (1964, S. 249 ff.) untersuchte das Zusammentreffen von neurotischen Persönlichkeitsdispositionen und Streß in Organisationen. Sein Fallmaterial weist darauf hin, daß Organisationsmitglieder mit hohen Neurotizismuswerten objektive Rollenkonflikte intensiver erfahren: sie leiden unter Spannungsgefühlen, Minderwertigkeitskomplexen, Kommunikationsstörungen und geringer Arbeitszufriedenheit.

Für Führungskräfte ist diese persönlichkeitsbedingte Sensitivität gegenüber Streß besonders bedeutsam, weil sie, wie wir später sehen werden (Kap. IV 2.), mehr als andere Organisationsmitglieder in Situationen objektiven Rollenkonflikts stehen.

Neurotische Dispositionen bei Führungskräften sind für bürokratische Organisationen nicht von vornherein dysfunktional. Sie werden vielmehr gerne in der Weise genutzt, daß Zwänge als ständige Arbeitsmotivation, Abhängigkeitsbedürfnisse als totale Loyalität, und mangelnde Ichstärke als Antrieb alles wissen und können zu müssen, erlebt werden.

3.2.5. Autoritarismus

Mißt man die Verhaltensweisen und Wertvorstellungen von erfolgreichen Führungskräften mit der Autoritarismus-Skala (F-Skala), so ergeben sich hohe Werte[31]. Die von Adorno (1950) entwickelte F-Skala identifiziert Individuen mit „Konventionalismus, unkritischer und untertäniger Haltung, aggressiver Autoritätssucht, konservativem und stereotypem Denken, Zynismus, starker Projektion und verklemmter Sexualität". Anscheinend ist es genau die bürokratische Organisation, die die geeignete Umwelt für derartige Persönlichkeitsstrukturen bereitstellt, indem sie Unterordnung, Gefühlsunterdrückung und absolute Konformität fordert. Mit der Erfüllung der Organisationsbedürfnisse befriedigt damit der autoritäre Typus zugleich seine eigenen Bedürfnisse.

Autoritäre Elemente finden sich in allen streng hierarchisch strukturierten Organisationen. Kennzeichnend ist immer das relativ schmale Willensbildungszentrum, das souverän mit aller Macht ausgestattet ist und unhinterfragbare Entscheidungen trifft. Es führt nicht unmittelbar, sondern bedient sich vertikal gestaffelter Instanzen, die seine Entschlüsse unverfälscht und zuverlässig durchzusetzen haben.

Autoritäre Leitung ist nicht unproblematisch. Sie bedarf zum einen ständiger Legitimation durch soziale und kognitive Überlegenheit oder einer das Bewußtsein blendenden Ideologie. Der Leitende gerät sonst leicht in einen „ability-status-conflict" (siehe Kap. IV 2.3.1.).

---

[31] Vgl. hierzu z. B. Presthus 1966, S. 130 ff.; Stegner, in: JSocPsych 1954, 40, 210 f.; Zum „überkompensatorisch autoritativen Verhalten der Karrieristen" s. a. Richter 1976, S. 203 ff.

Sie benötigt zum anderen die spezifischen Sozialisationsmuster für fügsame, willige, gehorsame „Untertanen“. Derartige Über-Ich-Strukturen bilden sich unter der zunehmenden Emanzipation der Geführten jedoch nur noch sehr unvollständig, so daß eine ständige Kontrolle von oben notwendig wird.

Die Folge ist ein Klima der Spannung und des gegenseitigen Mißtrauens. Es entwickelt sich nur eine sehr geringe Bindung an den Führer und die Geführten fühlen sich unverstanden und unterdrückt. Man empfindet sein auftrumpfendes Imponiergehabe als bedrückenden Terror und entwickelt eine Solidarität des Unmuts und der Protestbereitschaft[32]. Mit dem Fehlen positiver Affektbeziehungen bleibt zudem das Ausmaß der individuellen Zufriedenheit sehr gering – es bilden sich sehr leicht Omega-Positionen (Sündenböcke), auf die sich die unterdrückten Aggressionen verschieben.

Ohne emotionale Bedingung degeneriert Führung zur bloßen 'Leitung', zur sachorientierten Steuerung, und die Gruppe wird äußerst instabil: es bilden sich gefährliche Cliquen und bei Abwesenheit des Führers droht der schnelle Zerfall.

Autoritäre Beziehungen werden somit zur Quelle vielfachen Leidens in Organisationen.

3.3. Die Führerpersönlichkeit hier und heute

Wir sahen, daß den höchst unterschiedlichen Persönlichkeitsdispositionen (Ängsten und Zwängen) auch komplementäre Befriedigungsmöglichkeiten in bürokratischen Organisationen gegenüberstehen. Heißt das, daß jeder Persönlichkeitstypus zum Manager geeignet ist? Oder gibt es vielleicht doch eine ideale Mischung von Eigenschaften, die den guten und konfliktfreien Führer auszeichnet? Wir wollen zu diesem Zweck betrachen, wie (mehr oder weniger erfolgreiche) Führungskräfte hier und heute tatsächlich beschaffen sind, welches *Persönlichkeitsprofil* für sie typisch ist.

Unterwirft man Führungskräfte einem der üblichen Persönlichkeitstests[33], entsprechen die Ergebnisse der gesellschaftlichen Erwartung an Führungskräfte: sie erscheinen als durchsetzungsstark, kompetent, kontaktfreudig, engagiert und aktiv. Sie halten sich selbst für sehr wertvolle und nützliche Menschen, denen alles gelingt und denen dafür Anerkennung zusteht. Sie glauben

---

32 Richter 1976, S. 204f.; vgl. Bornemann, in: KZSS 1962, 14, 113. Für die negativen Konsequenzen autoritärer Führung liefert die Sozialpsychologie eine Menge Befunde, vgl. z. B. das klassische Experiment von Lewin/Lippit/White (1939).

33 Zum Beispiel den Gießen-Test in den empirischen Studien von Hofstetter 1980, S. 22ff. 266; Höfner 1975, insb. S. 107ff.; Richter/Beckmann 1972. Oder die tiefenpsychologischen Studie von Maccoby 1979. Der Gießen-Test (GT) entwirft ein semantisches Differential (Polaritätsprofil) in Form eines Selbstbildes (Pb beantwortet 40 Items) oder eines Fremdbildes. In 6 Skalen (Dimensionen) werden innere Verfassung und Umweltbeziehungen des Pb beschrieben und mit einer zugrundeliegenden Quasinormalverteilung auf signifikante Abweichungen verglichen.

an die eigenen Fähigkeiten und an ihre Attraktivität; sie lenken gerne, setzen sich gerne durch und fühlen sich selten bedrückt oder ängstlich. Dieses Selbstbild industrieller Führer entspricht ziemlich genau dem Idealbild des 'supermännlichen' Mannes der Leistungsgesellschaft. Auf dessen strahlendes Bild aus Attraktivität, Dominanz, Angstfreiheit und Ehrgeiz fällt auf den ersten Blick kein Schatten: es verheißt vielmehr sozialen Aufstieg und maximales Prestige.

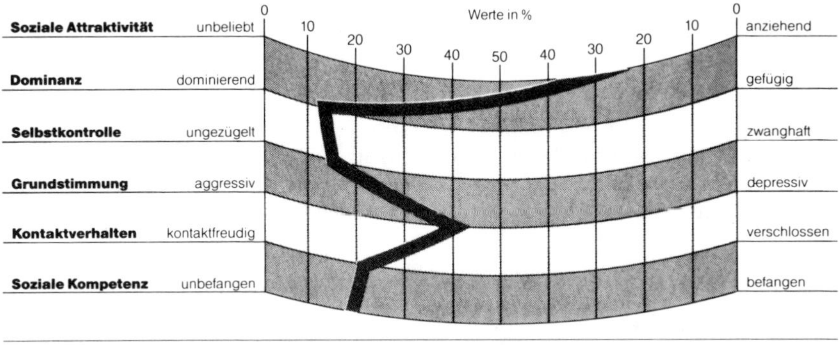

Abb. 1 Persönlichkeitsprofil deutscher Führungskräfte, (Durchschnittsstichprobe mit Hilfe des Gießen-Tests)

Zahlreiche epidemiologische Studien weisen jedoch eine enge Beziehung zwischen diesem Männlichkeits-Ideal und der „Risikopersönlichkeit" des Herzinfarktes nach. Unter Medizinern gilt es heute als gesicherte Erkenntnis, daß zu den wichtigsten Risikofaktoren bei Koronarerkrankungen ganz bestimmte Verhaltensmuster gehören, nämlich „ein anomaler Leistungstrieb, Rivalitätsdenken, Aggressivität, Ungeduld und das quälende Gefühl ständigen Zeitdrucks. Menschen, die diese Verhaltensstruktur aufweisen, sind offenbar in einen chronischen unaufhörlichen und oft ergebnislosen Kampf verwickelt – gegen sich selbst, gegen andere, gegen die Verhältnisse, gegen die Zeit, manchmal gegen das Leben selbst" (Rosenman/Friedman 1975, S. 12).

Dieser sogenannte Persönlichkeitstyp A ist zudem besonders gefährdet, weil er überhaupt keinen Leidensdruck verspürt; er hält sich für stets perfekt, gesund und stark und bagatellisiert Mißempfindungen. Da seine Verhaltensweisen zum Rollenstereotyp des bewunderten supermännlichen Mannes gehören, werden sie auch von niemandem in Frage gestellt. „Man findet unter den Koronarkranken keine Neurotiker, keine gehemmten, emotional-labilen, selbstunsicheren Menschen, die ein seelisches Krankheitsbewußtsein haben. Sie sind andererseits jedoch sicher nicht seelisch ausgeglichen, 'normal', wenn auch ihr Verhalten in einer auf Arbeit und Leistung ausgerichteten Welt vielleicht überangepaßt ist. Sie verfallen mehr als andere dem Sog der modernen Industriegesellschaft, die auf Leistung, Konkurrenz, Wettbewerb ausgerichtet ist. Das suchtartig dekompensierende Arbeitsverhalten, die zwanghafte Tendenz zur Aktivität, eine unbedingte Neigung, andere zu führen und zu dominieren, sich selbst nicht passiv führen zu lassen, wird bei vielen deutlich“[34].

Diese Eigenschaften und Verhaltensmuster treffen natürlich nicht nur auf leitende Angestellte zu, sondern auf alle Aufstiegsberufe von hohem Konkurrenzgrad. Die Leitenden scheinen jedoch besonders prädestiniert dafür. Wir werden zeigen, daß ihre Leitbilder und Arbeitsbedingungen, ihre Position und Funktion genau die Voraussetzungen bereitstellen, die diesen Persönlichkeitstyp fördern.

Die Führungskräfte hier und heute zeichnen sich also bevorzugt durch Aktivität, Dominanz, Kontaktfähigkeit und Ehrgeiz aus, was sie ständig „unter die Folter eines fortwährenden Müssens“ (Richter 1974, S. 45) zwingt. Es stellt sich die Frage, ob diese physisch teuer zu bezahlenden Eigenschaften tatsächlich notwendig sind, ob sie den 'idealen' Führer ausmachen.

3.4. Der klassische 'great man' und die Eigenschaftstheorie

Seit jeher besteht die Vorstellung, bestimmte persönlichkeitsspezifische Charakteristika würden den Führer vor den Geführten auszeichnen, den erfolgreichen vom erfolglosen Führer unterscheiden (sog. Eigenschaftstheorie der Führung)[35]. Der 'geborene' Führer, der aufgrund irgendwelcher geheimnisvoller überragender Qualitäten in jeder Situation an der Spitze steht, findet sich in der klassischen Geschichtsschreibung, die vom 'Wilhelminischen Zeitalter' und von der 'Ära Napoleon' erzählt, genauso wie in der klassischen Philosophie:

„Einiges trennt sich gleich von Geburt an, das eine zum Dienen, das andere zum Herrschen“ (Aristoteles: Politik, 1. Buch, 5).

„Wenn nicht die Philosophen Könige oder die Könige Philosophen werden ... gibt es keine Erholung von dem Übel für die Staaten“ (Platon: Politeia, 5. Buch).

Die Popularität des Eigenschaftsansatzes erklärt sich aus dem Legitimationsbedürfnis dieser exponierten Rolle: die Führungsposition, soll sie nicht durch göttliche Sendung mystifiziert werden, muß durch eine überlegene Eigenschaftsausstattung und mit der leicht popularisierbaren, sozialdarwinistischen These, daß die Geeigneteren sich durchsetzen, rationalisiert werden[36]. Welche Eigenschaften wurden nun von der Eigenschaftstheorie für erfolgreiche Führer postuliert?

---

34 Bräutigam 1975, S. 138; Rosenman/Friedman 1975; Hahn 1971; Richter 1974, S. 41. Wir beschreiben hier einen „Ideal-Typ“ i. S. v. Max Weber.

35 Vgl. Aschauer, E.: 1970.

36 Vgl. Neuberger 1978, S. 277.

Auf den ersten Blick scheinen zunächst einmal *physische* Eigenschaften für das Idealbild des Führers bedeutsam zu sein: wer groß, attraktiv, dynamisch und nicht fremdländisch wirkt[37], braucht um die Demutshaltung der Geführten nicht zu kämpfen: kleinere Manager leiden dagegen unter „Organminderwertigkeit".

Seit jeher wird außerdem die suggestive Macht der Rede als Grundlage des Führertums bezeichnet. Die Mitglieder einer Gruppe („suiveurs") lassen sich von demjenigen, der mehr als die anderen redet („meneur"), leicht beeinflussen[38].

Neben diesen äußerlichen Merkmalen werden in der Literatur immer wieder folgende Eigenschaften für Führer reklamiert:
(1) Fähigkeiten (Intelligenz, Wachsamkeit, Wortgewandtheit, Originalität, Urteilskraft);
(2) Leistungseigenschaften (Zielbestimmung, Dynamik, Wissen);
(3) Verantwortung (Zuverlässigkeit, Beharrlichkeit, Durchsetzungsstärke, Selbstvertrauen);
(4) Kontaktfähigkeit (Anpassungsfähigkeit, Kooperation, Humor).

Die Eigenschaftstheorie bestätigt also nur das empirisch gefundene Bild der Führungskräfte hier und heute. Tatsächlich wird die unternehmerische Praxis durch die Vorstellung bestimmt, es gäbe die idealen Kandidaten für Führungspositionen: man müsse sie nur richtig auswählen (durch umfangreiche Tests) und entsprechend fördern (durch passende Trainings). Bei der näheren Betrachtung der theoretischen und praktischen Arbeiten zur Eigenschaftstheorie eröffnen sich aber eine ganze Reihe von Schwierigkeiten[39].

(1) ein zusammenfassender Vergleich ergibt mindestens 2000 verschiedene Persönlichkeitsmerkmale, die meist willkürlich nach dem Gesichtspunkt der leichten Verfügbarkeit und den Vorlieben des jeweiligen Autors herausgegriffen werden;
(2) die Korrelationen zwischen Eigenschaften und Indizes von Führung sind widersprüchlich, wenig reliabel und wenig signifikant (Korrelationskoef-

---

37 Zum Idealbild des erfolgreichen Mannes vgl. Goffman 1967, S. 158 u. Presthus 1966, S. 179. Zum Zusammenhang zwischen physischer Attraktivität und allgemeiner Attraktion vgl. Berkowitz 1974, S. 157 ff. Der amerikanische Elite-Typ des „WASP" ist weiß, mit angelsächsischen Zügen und ein „Sixfooter" (vgl. Bottomore 1966).

38 Binet, A.: La suggestibilité, Paris 1900. Aus diesem Grund wird z. B. in der Gruppendynamik die Partizipationsrate („talkaktiveness") gemessen (Parson/Bales 1955, S. 111f.).

38a Vgl. Ghiselli's „Managerial Traits: Supervisory ability, need for achievement, intelligence, decisiveness, lack of need for security, affinity to his subordinates, initiative" (Explorations in management talent, Calif. 1971); Korman 1977, S. 158ff.; Ethnologische Erfahrungen zu Führereigenschaften z. B. in Levi-Strauss 1982, S. 304.

39 Vgl. hierzu Neuberger 1977, S. 88f.; 1978, S. 277; Irle 1970, S. 522f.; Aschauer 1970, S. 80; Stogdill, in: JPsych 1948, 25, S. 35ff.; Mann, in: Psych.Bull 1959, S. 56, 241ff.

fizienten um r = .25, d. h. nicht einmal 7 % der Varianz werden durch diese Eigenschaftsfaktoren erklärt);

(3) die Operationalisierung und Abgrenzung der Variablen ist willkürlich (Wer ist Führer – der Beliebteste, Tüchtigste, formal Eingesetzte? Was ist Führungserfolg – Karriere, Akzeptanz, Produktivität?);

(4) es liegen Zirkelschlüsse vor in der Form: Der Inhaber einer Führungsposition ist durchsetzungsfähig, also ist „Durchsetzungsfähigkeit" Voraussetzung zum Erreichen einer Führungsstellung;

(5) die Isolierung von Eigenschaften ignoriert die Komplexität des Phänomens Persönlichkeit, d. h. Persönlichkeit ist mehr als die Summe von Charaktereigenschaften, und gleiche Eigenschaften wirken sich in verschieden strukturierten Persönlichkeiten unterschiedlich aus;

(6) Gruppe ist nicht gleich Gruppe, d. h. die Annahme der Universalität von Führungseigenschaften ist nicht haltbar, da Industrieführer wohl ein anderes Profil brauchen als Kindergartenführer[40]);

(7) die Entwicklung von Eigenschaften durch das Innehaben einer Führungsposition bleibt unberücksichtigt;

(8) nicht die objektiven Eigenschaften des Führers sind relevant, sondern die subjektive Einschätzung seiner Fähigkeiten und seines Handelns durch die Gruppenmitglieder, so z. B. die Möglichkeiten zur Identifikation und Projektion (s. Kap. IV 4.2.5.).

(9) das Führungsverhältnis wird auf das individualpsychologische Modell des Paarverhältnisses reduziert, womit alle soziologischen Phänomene herausfallen (Macht, Schichtabhängigkeit etc.).

Die unproduktive Eigenschaftstheorie wurde abgelöst von den Erkenntnissen der modernen Sozialpsychologie, wonach es keinen Führungstyp schlechthin mit exakt fixierbaren Eigenschaften gibt. Führung wird vielmehr als *soziale Interaktion* zwischen zwei oder mehreren Personen gesehen, weshalb die Effizienz nicht nur durch die Person des Führers bedingt wird, sondern auch durch die Struktur der Gruppe, durch das Zueinanderpassen von Führung und Geführten, durch die Umweltsituation und die jeweilige konkrete Aufgabe der Gruppe. Der Führungserfolg, und damit die Konfliktfreiheit und Zufriedenheit des Managers, wird also wesentlich bestimmt durch die Führungssituation, d. h. durch Organisationsziele, Erwartungen der Mitarbeiter, Gruppengröße, Lage am Personalmarkt, Auftragslage, Aufgabenschwerkpunkte usw.

Die Ablösung der Eigenschaftstheorie durch diese Situationstheorie spendet dem Leitenden jedoch wenig Trost: er tauscht die Idee des 'begnadeten' Führertums gegen die Vorstellung 'Führungserfolg ist Schicksal'. Zu seiner Beru-

---

40 Die zentrale Kritik, daß Führen und Geführtwerden eher durch die Situation bedingt sind, als durch Eigenschaften, übten zuerst Hegel und Rousseau; sie führte nach und nach zur Ablösung der Eigenschaftstheorie durch die Situationstheorie (vgl. Aschauer 1970, s. 76ff.).

higung beweist aber die Erfahrung, daß die (wahrgenommenen) Eigenschaften und die Situation sehr wohl beeinflußt werden können. Es kommt nur auf die „Methode“ an und dafür bieten ihm Organisationstheorie und Führungsstilforschung eine Reihe von Vorschlägen an.

4. Das Problem der 'idealen' Führungsmethode

4.1. Die physiotechnische Steuerung der Mitarbeiter („scientific management“)

Taylor war einer der ersten, der für die Führungskräfte im Betrieb ein System von Vorschlägen lieferte, mit dessen Hilfe die Konflikte reduziert und die Zufriedenheit aller erhöht werden sollte. Da seine 'Methode' – wenn auch in Bruchstücken und modifiziert – bis in die heutigen Tage nachwirkt, sollen hier die Grundzüge kurz dargestellt werden. Der Taylorismus[41] will die Arbeit in einer Weise rationell organisieren, daß daraus Vorteile für alle Beteiligten entspringen:

für den Unternehmer verspricht er eine gewaltige Steigerung der Produktivität, wachsende Gewinne und ein Ende des Verteilungskampfes, dem Arbeiter bietet er gerechtere, höhere Löhne und eine Verbesserung seiner Arbeitsbedingungen durch Kraftersparnis, gerechter Verteilung der Verantwortlichkeit, Entlastung von überfordernden Arbeiten und Möglichkeiten zur Höherqualifikation, also insgesamt eine Verbesserung seiner „Lebensfreude“.

Um dies zu erreichen geht der Taylorismus von folgenden Prämissen aus: die Arbeitsleistung ist eine Funktion
- der *materiellen Anreize* und
- der *Arbeitsorganisation*.

Das führt zu folgenden Ratschlägen für das Management:
(1) Die Mitarbeiter müssen „bestochen“ werden, da der Mensch im Grunde faul und unbeweglich ist. Es ist ein Lohnsystem zu schaffen, das durch seine Leistungsabhängigkeit (Akkord) und Objektivität einen unwiderstehlichen Anreiz bietet.
(2) Zur Optimierung der Arbeitsleistung sind Mittel und Tätigkeiten zu standardisieren (Zeit- und Bewegungsstudien) und bis in den letzten Handgriff hinein durchzurationalisieren (Physiotechnik). Genauso wichtig ist eine hochgradige vertikale und horizontale Arbeitsteilung, insbesondere eine radikale Trennung von Kopf- und Handarbeit. Da der Arbeiter unfähig ist, den Zweck seiner Arbeit einzusehen, müssen sämtliche Denkleistungen an das Management delegiert werden, das seine Aufgaben ebenso spezialisieren sollte.

---

41 Die Gedanken Taylors (1911), ergänzt um ähnliche von Urwick, Gulick, Fayol, Münsterberg usw., bilden eine bis heute nicht unaktuell gewordene Führungs-„Ideologie“ z. B. REFA, weshalb wir diese ganze Richtung als Taylorismus kennzeichnen wollen.

Wenn alle Probleme des Betriebes auf „objektive wissenschaftliche“ Weise und ohne persönliche Willkür gelöst werden, gibt es nach Ansicht des Taylorismus keinen Anlaß für Konflikte mehr. Mit dem Verschwinden der Interessengegensätze entsteht im Betrieb eine freundschaftliche Atmosphäre mit einer „engen, persönlichen Fühlung zwischen Leitung und Arbeiterschaft“.

Bietet die tayloristische Führungsideologie dem Leitenden eine Lösung seiner Probleme? Reduzieren sich tatsächlich die Konflikte, wird der Arbeiter wirklich „über seine Mehrleistungen froh und glücklich“, wird die Motivierung und der pathogene „Streß“ für den Manager leichter?

Die Geschichte zeigt, daß die Arbeiter auf das Ansinnen des Taylorismus nach Zerlegung der Handlungsvollzüge und Mehrarbeit mit verstärktem „Bremsen“, Dienst nach Vorschrift und Streik, reagierten[42]. Die Taylorsche Hoffnung neue Intensifikationspotentiale der Arbeit zu erschließen, zerbrach unter der wachsenden Kritik.

„Die wissenschaftliche Betriebsführung war ohne Zweifel die bedeutsamste Methode zur Entmenschlichung der Arbeit, die je ersonnen wurde ... Sie sollte nicht nur die Arbeit einer Strafe noch ähnlicher machen, sondern auch noch größere Reserven der Stupidität und Ignoranz mobilisieren (Jenkins 1973, S. 34). Hinter ihr stecke nichts anderes als die primitive Vorstellung von „Zuckerbrot und Peitsche“ (Brown 1954, S. 186) bzw. vom Mensch als wildem Hordentier (Mayo 1945, S. 78).

McGregor faßte schließlich die unausgesprochenen Glaubenssätze dieser Management-Ideologie zusammen als „Theorie X“:

4. „Der Durchschnittsmensch hat eine angeborene Abneigung vor der Arbeit und weicht ihr aus, wo er kann
2. Deshalb müssen die meisten Menschen angetrieben, kontrolliert, gelenkt und mit Strafe bedroht werden, wenn man sie zu einer angemessenen Leistung bewegen will
3. Der Durchschnittsmensch zieht es vor, Anweisungen auszuführen, weicht der Verantwortung aus, hat relativ wenig Ehrgeiz und ist vor allem auf Sicherheit aus“ (1970, S. 33 f.).

Dieses düstere Bild vom Menschen fügt Unternehmern wie Arbeitern großen Schaden zu. Daß es zuweilen scheinbar tatsächlich zutrifft, kann mit dem Mechanismus der sich selbsterfüllenden Prophezeiung erklärt werden: Wer ständig angetrieben wird entwickelt keine eigene Arbeitsmotivation und braucht deshalb noch mehr Zwang; wer scharf kontrolliert wird, versucht die Ergebnisse zu manipulieren und rechtfertigt damit eine noch schärfere Überwachung.

---

[42] Siehe hierzu Groskurth/Volpert 1975, S. 42, 33. Eine Zusammenfassung der wissenschaftlichen Kritik bringt Littek 1973, S. 23.

Einer Führungsmethode, die das Individuum und seinen Arbeitsplatz isoliert[43] und den naiven Glauben hegt, Menschen würden nur des Geldes wegen arbeiten („*homo oeconomicus*"), bleiben mögliche Intensifikationspotentiale der Arbeit verschlossen und zwischenmenschliche Spannungen in der Organisation verborgen. Die Partialisierung aller Handlungsvollzüge und die Anpassung der menschlichen Arbeit an die Organisation verschärft nur die mit den Produktionsverhältnissen bereits gesetzte Reduktion des Menschen auf ein „Anhängsel" der „Ware" Arbeitskraft. Diese „Zwänge vermehren nur jede Stunde, jeden Tag, jedes Jahr Mißtrauen und Widerstand" (Argyris 1957, S. 130 f.).

Da im Taylorismus die gesellschaftlichen Hintergründe und die Herrschaftsstrukturen der Organisation gewissermaßen entthematisiert werden, können Widersprüche wie gemeinschaftliche Produktion gegen private Aneignung und formale gegen informale Macht, nicht angegangen werden. Es verbleiben nur *private* Strategien in Form von Frustration, Resignation, Arbeitsverweigerung und Aggressionen gegen Vorgesetzte als Symbole des 'unheimlichen' Systems.

Die Leitenden wurden mit tayloristischen Methoden genausowenig 'glücklich' wie ihre Untergebenen und suchten nach Alternativen. Die Human-Relations-Ideologie bot (und bietet) sich an.

4.2. Die Harmonisierung individueller Beziehungen („human relations")

Im Verlauf arbeitswissenschaftlicher Rationalisierungsbemühungen in den Hawthorne-Werken entdeckte der Begründer der amerikanischen Betriebssoziologie, Mayo, die Interdependenz von Arbeitsproduktivität und „human relations", den informalen, sozioemotionellen, zwischenmenschlichen Beziehungen im Betrieb. Die sozialen Aspekte der Arbeit hatten eindeutig größere Bedeutung als materielle Arbeitsbedingungen wie Lohn, Arbeitszeit und Arbeitsplatzgestaltung. „Was der Arbeiter möchte, ist ... erstens, eine Methode des Zusammenlebens mit anderen Menschen in einer sozialen Beziehung und zweitens, als Teil davon, eine wirtschaftliche Funktion, die für die Gruppe einen Wert besitzt" (Mayo 1933, S. 173).

Diese interindividuellen Beziehungen werden sichtbar in zwei typischen Phänomenen:[44])

(1) dem sog. „*Hawthorne-Effekt*", wonach die gezielte Aufmerksamkeit für eine Arbeitsgruppe deren Situation stärker beeinflußt als andere Faktoren.

(2) Dem Entstehen *informeller Gruppen*, die mit eigenen Normen entscheidenden Einfluß auf den output ausüben und dafür verantwortlich sind,

---

[43] Was besonders eklatant wird in der Separierung von Stellenbildung (organizing) und Stellenbesetzung (staffing) (vgl. March 1965, S. 389).

[44] Vgl. hierzu Mayo 1945; Roethlisberger/Dickson 1939, S. 419, 269.

daß ihre Mitglieder Befriedigung weniger aus materiellen Gütern als aus der sozialen Wertschätzung ziehen.

Nach dem Prinzip, sich nutzbar zu machen, was man nicht beseitigen kann, stellt der Human-Relations-Ansatz diesen nicht verhinderbaren sozialen Rest in den Dienst der ökonomischen Aufgabe:

- Der „Hawthorne-Effekt" wird in einem institutionalisierten Personalberatungssystem, dem „counselling", genutzt, um aufgestauten Unmut abzuführen und mittels Aussprache Konflikte klären zu können. Die Beschwerden der Arbeiter werden dabei nicht als objektive Fakten, sondern als Indikatoren einer verschlechterten personalen und interpersonalen Situation gesehen, die mit speziellen betrieblichen Einrichtungen („Kummerkasten", „Beschwerdestelle") und counselling-geschulten Managern gelöst werden soll. Derartige Einrichtungen sind nach wie vor aktuell und beanspruchen einen großen Teil der Zeit und der 'Nerven' der Manager.
- Das informelle Gruppengeschehen wird benutzt, um Interessendiskrepanzen abzubauen und den Mitarbeiter noch fester an das Unternehmen zu binden. Hierzu dienen ausgedehnte Freizeitprogramme, die Firma soll zu einer „Quelle der Hilfestellung, Freundschaft und Erholung" werden. Tatsächlich finden sich heute kaum mehr (größere) Betriebe, die glauben, auf Betriebsveranstaltungen und Sporteinrichtungen verzichten zu können.

Wo liegen nun die Schwierigkeiten für die Manager, die sich des human-relations-Konzeptes bedienen?

Als zentrale Funktion des Managements gilt hier „das Gleichgewicht der sozialen Organisation zu erhalten". Das heißt, Veränderungen der Umwelt unter Kontrolle zu bringen und die Individuen der Organisationsstruktur anzupassen. Störungen im Betrieb sollen dabei gleichsam „klinisch" angegangen werden: beschwert sich z. B. ein Arbeiter beharrlich über seine Arbeitsbedingungen, sind die individuellen und interindividuellen Quellen aufzuspüren. Je nachdem, ob es sich um eine „Führungsschwäche" oder um eine „neurotische Störung des Arbeiters" handelt, bestimmt sich die Art der Therapie. So konnte z. B. der Ausfall von Arbeitern durch Hitzekollaps ganz „einfach" durch vermehrte Salzabgabe an die Arbeiter gelöst werden[45].

In diesen Beispielen wird die Perversion individualistischer Konzepte besonders deutlich: alle auftauchenden Probleme werden auf das *Individuum* zurückgeworfen. Was sich nicht der vorgegebenen Struktur reibungslos anpaßt, ist abweichend und 'krank'. Die soziale, ökonomische und politische Situation wird nicht hinterfragt, Leiden bleibt Ausdruck persönlicher Unzulänglichkeit. An dieser Stelle setzt auch die Kritik des Soziologen und Politikers Dahrendorf an:

---

[45] Das National Research Council erarbeitete eine Fülle derartiger „klinischer Lösungen" für betriebliche Probleme, z. B. Fatigue of Workers, New York 1941.

Mayos „unglaublich naive“ Meinung ist, „wo wir Konflikte finden, beruht dies auf metasozialen, nämlich individualpsychologischen Ursachen. Soziale Konflikte sind nichts anderes als Projektionen psychologischer Störungen (bei denen, die solche Konflikte „anzetteln“) auf gesellschaftliche Verhältnisse ... Konflikt ist also ein soziologisch willkürliches Phänomen der Störung des kooperativen Systems Gesellschaft. Dies ist die Logik von Utopia; es ist die Logik der totalitären Behandlung von Abweichern“ (1961, S. 116f.)

Human relations glaubte, wenn man dem Mitarbeiter nur eine 'nette' Behandlung angedeihen läßt, würde er sich ohne Schwierigkeiten in das Unternehmen einfügen und aus eigenem Interesse „Loyalität“ entwickeln. Eine Kritik der Autoritätsstruktur und der gesellschaftlichen Widersprüche – für Mayo ohnehin nur Ausdruck „schwachsinnigen Hasses“ – erledigte sich dann von selbst.

Daß die Human-Relations-Bewegung um die Probleme der Arbeitsteilung und Interessengegensätze einen Bogen macht und die bestehende Arbeitsorganisation mit dem Lichte der Menschenfreundlichkeit verzaubert, wurde schnell durchschaut. Sie entpuppte sich als harmonistische Anpassungsideologie, als bloße soziale 'Tünche', die die Widersprüche in Betrieb und Gesellschaft verschleiert. Sie wurde deshalb auch als „Kuhsoziologie“ bezeichnet nach dem Motto „glückliche Arbeiter geben mehr Milch“[45a].

Die Individualisierung und Verschleierung objektiver Probleme belastet nicht nur die untergeordneten Organisationsmitglieder, sondern auch die Leitenden. So wurde das Problem informeller Gruppen mit den Mitteln der human relations eher noch verschärft: Teamwork, Betriebsveranstaltungen und Freizeiteinrichtungen geben den informalen Beziehungen eine außerordentliche Breite und Bedeutung. Es bilden sich eine Vielzahl von Bezugsgruppen mit einer ganz eigenen Verteilung von Autorität, Prestige und Sympathie. Sie aktivieren zwar die ansozialisierte Fügsamkeit des Individuums gegenüber Autoritäten, aber das kommt in den wenigsten Fällen den von der Organisation gewählten Führern zugute. Unter dem Schleier des Wohlwollens und der Freundlichkeit tritt nämlich das eigentliche Ziel der formellen Leiter sehr deutlich zutage: Steigerung der Arbeitsproduktivität. Und da auf die eigentlichen Bedürfnisse der Organisationsmitglieder nur oberflächlich oder gar nicht eingegangen wird, bilden sich *„informelle Führer“* und *„informelle Normen“*, die bestimmen, wieviel gearbeitet wird und wer ein „ratebuster“ (Streber), „chiseller“ (Nassauer), „squealer“ (Petzer) und „swank“ (blasierter Pinkel) ist (Brown 1954, S. 81f.). Der legale Führer wird damit von seiner Basis getrennt, hängt gewissermaßen 'in der Luft', und verliert an Einfluß.

Er kann sich lediglich als „counselor“ mit Streitigkeiten und mit personalisierten Problemen herumschlagen, die vielfach verschoben sind oder von außerbetrieblichen Bereichen hereingetragen werden. 'Verschoben' deshalb, weil

---

[45a] Baritz 1960, S. 114.

ja die eigentlichen Ursachen entthematisiert bleiben – 'hereingetragen', weil mit der Förderung der informellen Beziehungen die Grenze zur Privatsphäre durchlöchert wird.

4.3. Neuere Führungskonzepte

Solange Führungskonzepte, wie Scientific management und Human relations, die *eigentlichen Bedürfnisse* der Arbeitenden ignorierten, bildeten sich konfliktreichere Gegenstrategien (z. B. die Gegenmacht informeller Gruppen) und blieben bedeutsame potentielle Reserven an Fähigkeiten und Einsatzbereitschaft unausgeschöpft. Barnard (1938, S. 19) war einer der ersten, der daraus den Schluß zog, der Führer einer Organisation müsse sich nach zwei Richtungen orientieren:

(1) nach der Aufgabe und dem Ziel der Organisation („effectiveness").
(2) nach den Bedürfnissen und Beziehungen der Organisationsmitglieder („efficiency").

Diese Ziele miteinander zu vereinbaren, ist nach McGregor die Kunst der Führung. Ihr muß es gelingen, „eine Situation herbeizuführen, in der ein Untergebener seine Ziele am besten dadurch erreicht, daß er seine Bemühungen auf die Verwirklichung der Ziele des Unternehmens konzentriert" (1957, S. 61).

McGregor beschreibt diese neue Führungsideologie als „Theorie Y":

(1) „Die Verausgabung durch körperliche und geistige Anregung kann als ebenso natürlich gelten wie Spiel oder Ruhe
(2) Von anderen überwacht und mit Strafe bedroht werden ist nicht das einzige Mittel, jemanden zu bewegen, sich für die Ziele des Unternehmens einzusetzen. Zugunsten von Zielen, denen er sich verpflichtet fühlt, wird sich der Mensch der Selbstdisziplin und Selbstkontrolle unterwerfen
(3) Wie sehr er sich Zielen verpflichtet fühlt, ist eine Funktion der Belohnungen, die mit ihrem Erreichen verbunden sind
(4) Der Durchschnittsmensch lernt, unter geeigneten Bedingungen Verantwortung nicht nur zu übernehmen, sondern sogar zu suchen
(5) Die Anlage zu einem relativ hohen Grad an Phantasie, Einfallsreichtum und Kreativität für die Lösung organisatorischer Probleme ist in der Bevölkerung weit verbreitet
(6) Unter den Bedingungen des modernen industriellen Lebens ist das Vermögen an Verstandeskräften, über das der Durchschnittsmensch verfügt, nur zum Teil genutzt" (1957, S. 47 f.).

Es fällt auf, daß in die neuen Führungskonzepte eine Menge sozialpsychologischer Erkenntnisse (insbesondere zur Motivation und Zufriedenheit) einfließen. Die Organisationsziele sind nicht mehr als von vornherein konstant vorgegeben; sie sind vielmehr Ergebnis vielfältiger, gruppeninterner Willensbildungs- und Entscheidungsprozesse, da die Organisation als Koalition von

Mitgliedern mit verschiedenen Zielen gesehen wird[46]. Das Verhalten der Menschen in der Organisation wird zum Ergebnis von Verhandlungs-, Anpassungs-, Beeinflussungs- und Problemlösungsprozessen, für die eine Reihe von Hilfstechniken entwickelt werden, wie Selektions-, Optimierungs- und Entscheidungsregeln[47].

Die Aufgabe des Führers ist also nicht mehr die einseitige Betonung der Belange der Produktion und Kapitalverwertung mit den autoritären Mitteln des Drucks, der Strafe und der Erzeugung von Furcht, sondern das ständige Bemühen um Harmonisierung der Organisationsziele mit den individuellen Bedürfnissen der Organisationsmitglieder. Die Orientierung der Führungskräfte auf die Bedürfnisse und Wünsche der Untergebenen führte auch tatsächlich nicht nur zu höherer Arbeitszufriedenheit, sondern auch zu deutlich erhöhten Leistungen und zu verminderten Arbeitsverweigerungen (wie Absentismus, Fluktuation, Streik, Sabotage etc.)[48].

Im Rahmen der Durchleuchtung der Motive der Arbeitenden in bürokratischen Organisationen wurden zwei zentrale Problemkreise entdeckt:
- die zunehmende Zersplitterung von Arbeitsvorgängen *(Arbeitsteilung)* mit den pathologischen Konsequenzen der einseitigen psychophysischen Beanspruchung, der Monotonie und Interesselosigkeit;
- die strenge Autoritätsstruktur *(Hierarchisierung)* mit den pathologischen Konsequenzen der objektiven und subjektiven Abhängigkeit und der eingeschränkten Selbstverwirklichung.

Diesem Problemkreis stehen entsprechende Veränderungsstrategien in zwei Dimensionen gegenüber:
- Versuche zur Erweiterung des (waagerechten) „Tätigkeitsspielraums“ und zwar mittels „job rotation“ und „job enlargement“;
- Versuche zur Erweiterung des (senkrechten) „Entscheidungs- und Kontrollspielraums“, und zwar mittels Partizipation, Mitbestimmung, „job enrichment“ und „autonomen Arbeitsgruppen“[49].

Daß die Mitarbeiterorientierung der Führung heute zunehmend in den Blickpunkt gerät, ist weder zufällig noch selbstlos: Zum einen wurden mit der permanenten Ausweitung und Steigerung der Produktion die psychophysischen und sozialen Kosten der Arbeit (Krankheit, Leistungszurückhaltung, Arbeitsverweigerung) immer höher[50].

---

[46] Diese Meinung vertreten insb. Argyris 1957 und Mayntz 1963, S. 58–80.

[47] Steuertechniken für die Organisation als „Entscheidungssystem“ entwickelten insb. Cyert/March 1963, S. 202 ff. und March/Simon 1958.

[48] Vgl. Ulich 1971, S. 47 ff.

[49] In der reichhaltigen Literatur zu diesen „neuen Formen der Arbeitsgestaltung“ s. insb. Ulich 1973 und Groskurth/Volpert 1975.

[50] Vgl. hierzu die Dokumente aus der Praxis in RKW, Menschengerechte Arbeit, Frankfurt 1976.

Zum anderen wird unter dem veränderten Entwicklungsstand der Produktivkräfte mit seinen komplexeren technischen und organisatorischen Vorgängen die Arbeitszeitdisziplin in ihrer alten Form ungenügend, ja dysfunktional; der veränderte Entwicklungsstand fordert immer mehr „prozeßunabhängige Qualifikationen" und „Bereiche eigenständiger Handlungsregulation" (Groskurth/Volpert 1975, S. 184).

Mit der Notwendigkeit mitarbeiterorientierter Führung ist allerdings noch nichts über ihre *Schwierigkeiten* gesagt. In den wenigsten Fällen lassen sich die Ziele der Organisation und die Bedürfnisse der Mitarbeiter ohne weiteres integrieren, da sie sich meist antagonistisch gegenüberstehen (s. Kap. III 3.); es besteht deshalb auch kein eindeutiger Zusammenhang zwischen Arbeitszufriedenheit und Leistung. Außerdem sind die Motivationen von Menschen alles andere als konstant – sie „ändern sich in Abhängigkeit von Zeit und Situation" (Morin 1974, S. 58). Und was die „eigentlichen" (ureigensten) Bedürfnisse von Menschen in Organisationen sind, ist bislang nicht feststellbar, sondern bestimmt sich mehr nach den unterschwelligen Wertsystemen des jeweiligen Forschers: während sich die „Professoren" um „Autonomie, Innen-Geleitetsein und Streben nach maximaler Selbstentfaltung" sorgen, fragen sich die Arbeiter, „warum (überhaupt) arbeiten?" (S. 55f.) und suchen ihre Selbstverwirklichung in der Freizeit.

5. Das Problem des 'idealen' Führungsverhaltens

Die Eignung von Führungskräften zur Steuerung der zwischenmenschlichen Beziehungen und der Arbeitsausführung in der Gruppe ist also weniger eine Frage von Persönlichkeitsmerkmalen und deren Diagnostik[51], als eine Frage von Verhaltensformen und deren Training. Konnte schon zum einen die Eigenschaftstheorie die zur Führung notwendigen Eigenschaften nicht widerspruchsfrei benennen, so ist andererseits das Individuum auch gar nicht auf einen unveränderlichen Reaktionstyp festgelegt. Die Änderungsfähigkeit des Menschen ist vielmehr ziemlich groß, weil er nicht nur aus den Wirkungen seines eigenen Verhaltens, sondern auch aus der Beobachtung des Verhaltens anderer lernen kann. Wir fragen jetzt deshalb nicht mehr nach den 'idealen' Führungs*eigenschaften*, sondern nach dem 'idealen' Führungs*verhalten*.

Jedes Führungskonzept (jede Führungsideologie) verlangt ein ganz bestimmtes Führungsverhalten, das nach außen als charakteristisches 'Gepräge' erscheint und deshalb meist als „Stil" bezeichnet wird. Das Verhalten des Führers hat immer Auswirkungen auf zwei Bereiche: auf die Erfüllung der Aufga-

---

51 Diese Erkenntnis hat z. B. weitreichende Konsequenzen für die Beschaffung und Entwicklung von Führungskräften. Im übrigen lassen sich lediglich Neigungen und Präferenzen und damit vielleicht auch der bevorzugte Führungsstil diagnostizieren, wie es z. B. Zaleznik (1975, S. 250ff.) mit dem TAT versucht.

be und auf die Befindlichkeit der Beteiligten. Wie wirken nun die verschiedenen Varianten der Willensdurchsetzung auf diese Bereiche?

5.1. Der patriarchalische Führungsstil

Führungskonzepte mit patriarchalischem (autokratischem) Muster haben Spezialisierung und Hierarchisierung zum Prinzip. Das bedeutet insbesondere die Trennung der kognitiven von den manuellen Arbeiten. Die Arbeiter sollen vom eigenen Nachdenken entlastet werden und ihre Verpflichtung beschränkt sich auf Gehorsam. Die Führungskraft spezialisiert sich zum alleinigen Entscheidungsträger.

Mit den Untergebenen als passive Befehlsempfänger wird die alten Tradition der patriarchalischen Herrschaft bis heute bewahrt: Die Autorität des Patriarchen beruhte auf Eigentum und persönlicher Anerkennung (Verehrung), dafür erfuhr der Untertan persönliche Sicherheit und Bedeutung durch dessen Fürsorge. Der patriarchalische Führungsstil war typisch für die Industriekapitäne des 19. Jahrhunderts, findet sich aber auch noch heute in kleineren Familienunternehmen und in mittelgroßen industriellen Betrieben, die durch die innovativen Fähigkeiten ihres Prinzipals der handwerklichen Grundlage 'zu schnell' entwachsen sind[52]. Der Prinzipal fühlt sich für alles zuständig und will alles selber machen, d. h. er versäumt es zu delegieren. Er ist damit nicht

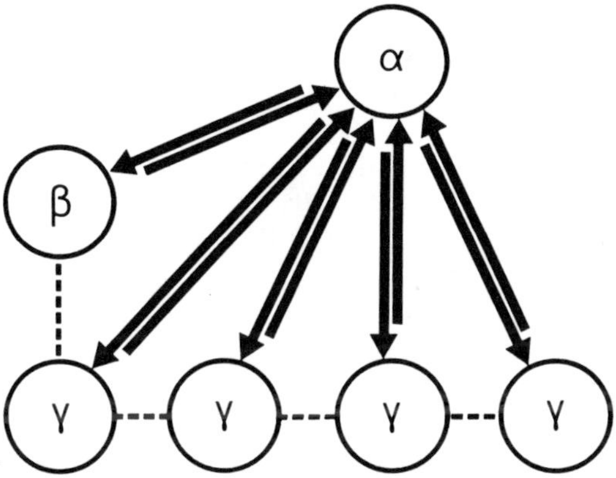

Abb. 2: Soziogramm zum patriarchalischen Führungsstil
Kommunikationsmuster: „Stern“, Informationen in Form von Anweisung (Befehl) und Rückmeldung
Beziehungen: Positive und negative Sanktionen, Ehrfurcht, Furcht, Anerkennung, Mißtrauen
Prinzip: Teile und herrsche, Information ist Macht

---

52 Eines der zentralen Probleme während unserer Tätigkeit in der Beratung mittelständischer Unternehmen. Bekannte Beispiele hierfür sind die Firmen Wienerwald, Grundig und Melitta (vgl. mm 3/79, S. 110).

allein: fast zwei Drittel der deutschen Klein- und Mittelbetriebe kennen kaum Teamarbeit, Kooperation und Delegation – Führung findet immer noch „par ordre du mufti" statt. Oftmals versteckt unter dem gemeinsam gepflegten Fürsorgekalkül wird dieses Führungsprinzip erkennbar in der Rhetorik des 'Herrn im Hause' bzw. der 'Betriebsfamilie'.

Die Leiden der Leitenden zentrieren sich hier auf den Prinzipal als einzige Führungskraft. Er fühlt sich regelmäßig *überlastet*, weil alle Kommunikationslinien ausschließlich zu ihm führen und die gesamte Initiative und Kontrolle von ihm ausgeht.

Die Bündelung der Kommunikation in der Person des Führers hat nicht nur Auswirkungen auf seine physische und psychische Befindlichkeit, sondern auch auf die Effektivität und das zwischenmenschliche 'Klima' der Organisation.

Wer alles selbst machen will, vergeudet Zeit und Kraft in zweitrangigen Aufgaben und verliert das Wesentliche aus den Augen. Die Leitung erschöpft sich in der Improvisation, die Organisation wird damit undurchsichtiger und schwerer steuerbar.

Die Organisation wird aber auch extrem statisch, da sie sich dem permanenten technischen und sozialen Wandel der Umwelt kaum anpassen kann. Ohne die Mobilisierung des schöpferischen Potentials der Geführten und mit dem Mythos der eigenen Unfehlbarkeit veralten die Einzelfähigkeiten des Patriarchen rapide. Das Nachfolgeproblem wird mit der Hoffnung auf ewige Schaffenskraft verdrängt.

Unter patriarchalischen Verhältnissen opfern die Untergebenen ihre Unabhängigkeit im Denken und Handeln, da ihnen die absolute Autorität des Fabrikherrn gegenübersteht. Eine Menge Probleme resultieren daraus:

Die Monopolisierung von Information und Kommunikation produziert eine ständige Unsicherheit in Sachfragen. Hilflosigkeit, Mißtrauen, Rivalität und eine Flucht in Privilegien sind die Folge.

Zudem wird eine ständige Kontrolle bis in Detail notwendig, die eine angstgeschwängerte Untertanenatmosphäre fördert. Fremdkontrolle bedeutet zudem den Einsatz mehr oder minder schwerer Sanktionen, die sehr wenig konstruktiv wirken. Einer Einflußnahme, die sich *nur* auf formale Sanktion und auf positionslegitimierte Autorität stützt, folgen die Unterstellten weder motiviert noch emotional verpflichtet, sie reagieren mit dem absolut notwendigen Minimum an Gefolgschaft und verwenden *mehr* Energie dazu, sich beim Nichtstun oder Falschmachen nicht erwischen zu lassen, als eine Sache ernsthaft zu bearbeiten[52a].

[52a] „Minimum acceptable behavior" (Blau/Scott 1963, S. 140f.) Zu den Schwierigkeiten mit Sanktionen siehe unser Kap. IV 4.2.2.

Mit der Aufgabe von Freiheit und Entfaltungsmöglichkeiten wird eine Gruppenloyalität zwischen den Untergebenen und gegenüber den Vorgesetzten sehr unwahrscheinlich. Das Interesse der Arbeitenden beschränkt sich zwangsläufig auf die Anreizmittel, insbesondere Geld, womit die Leitenden vor der Problematik begrenzter Stimuli (Belohnungsmittel) stehen. Unter diesen Umständen wird, wie Horst-Eberhard Richter (1976, S. 194 f.) zeigt, der „Mitarbeiter partiell psychisch infantilisiert" und sein Chef „einer erdrückenden Übervater-Rolle" ausgesetzt: die Mitarbeiter nehmen nicht mehr an den Problemen des Betriebes teil, sondern entwickeln eine „kindliche Bequemlichkeits- und Anspruchshaltung".

Der Patriarch früherer Zeiten konnte sich diesen Schwierigkeiten, die zudem durch die mangelnde Emanzipation der Geführten noch sehr abgeschwächt waren, durch „splendid isolation" entziehen. Der Manager heutzutage steht aber mitten in der Atmosphäre dieses Drucks und dieser Spannungen, so daß er sehr leicht, wie der Sozialpsychologe der Michigan-Schule Likert (1961, S. 136) nachweist, „nervous and worried" wird.

5.2. Der bürokratische Führungsstil

Das tayloristische Äquivalent zum scientific management in der Produktion ist die bürokratische Führung in der Verwaltung. Auch sie geht aus von der

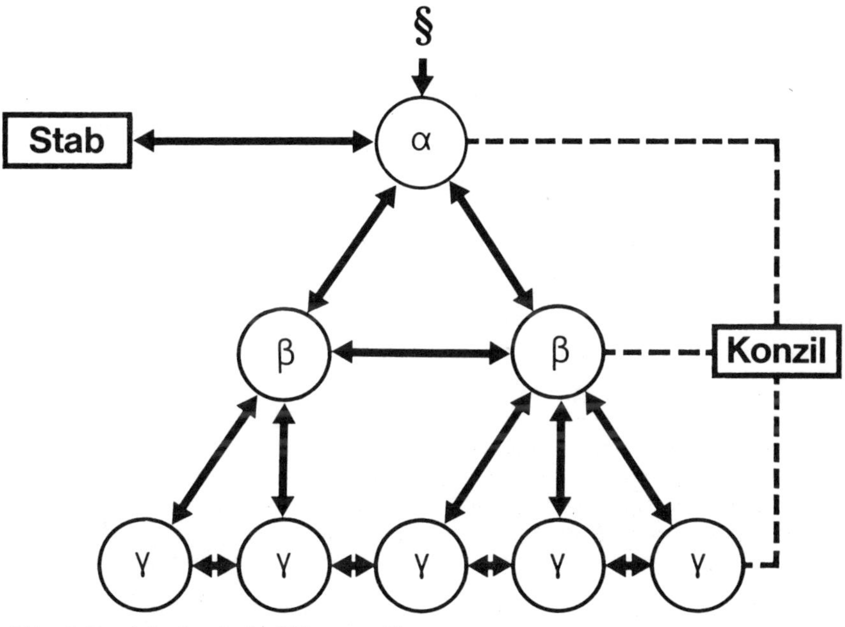

Abb. 3: Der bürokratische Führungsstil

Spezialisierung (Arbeitsteilung), Standardisierung (Formalisierung) und Zentralisierung (Leistungshierarchie). Der Klassiker der Soziologen, Max Weber, stellte hierfür folgende Prinzipien auf:

(1) Die Organisationsmitglieder gehorchen nur sachlichen Amtspflichten.
(2) Sie stehen in festen Über- und Unterordnungsverhältnissen („Amtshierarchie").
(3) Sie sind mit festen Amtskompetenzen ausgestattet.
(4) Sie erhalten feste Gehälter abgestuft nach Rang und werden befördert nach Amtsalter.
(5) Sie unterliegen einer strengen einheitlichen Amtsdisziplin und Kontrolle (WuG III, § 4).

Die unkontrollierte Willkür des Patriarchen wird bei diesem Führungsstil also abgelöst durch das Legalitätsprinzip. Das heißt, es werden nicht nur die Geführten, sondern auch die Führer diszipliniert, indem sie ohne Ansehen der Person („sine ira et studio") führen sollen, durch Fachwissen legitimiert sein müssen und durch Kontrollen und Befugnisse gezügelt werden.

Doch auch der bürokratische Führungsstil gerät dem Leitenden zum Problem:[53]

- Das Closed-system-Denken vernachlässigt die Notwendigkeit der Anpassung an eine sich ständig verändernde Umwelt; Schematismus und mechanisierte Verfahrensweisen sind nur bei Routineaufgaben erfolgreich, aber nicht bei Problemlösungsaufgaben. Der hohe Spezialisierungsgrad macht die Organisation außerdem sehr schwerfällig und überschwemmt den Leitenden mit Koordinierungsaufgaben.

- Der immanente Formalismus ignoriert wichtige Vorgänge innerhalb und zwischen den Menschen. Dem typischen 'Bürokraten' wird das Formale zum Inhalt, weshalb ihm auch alles Inhaltliche als Formales erscheint, er verwaltet gewissermaßen den Wert der Form. Unter einem Verhalten, das dem Schein das Wesen opfert, leiden aber alle. Die Führungskräfte sind „in Papierarbeit vergraben und haben kaum Zeit für so wichtige Funktionen wie das Motivieren von Mitarbeitern" (Bass 1965, S. 153); die Geführten fühlen sich gleichzeitig ignoriert (nämlich als Individuum) und bedroht (nämlich durch das verselbständigte Ritual).

- Bürokratien unterliegen leicht der Gefahr der Übersteigerung, indem ihre Techniken zum Selbstzweck entarten. Präzision wird dann zur Pedanterie, Stabilität zur Starrheit, Formalisierung zum Papierkrieg. Crozier (1963, S. 190f.) zeigt, daß häufig ein circulus vitiosus ausgelöst wird: steigende Standardisierung verringert den Ermessensspielraum der Mitarbeiter und den Neuheitscharakter der Aufgaben; damit verschlechtern sich Zufriedenheit und Motivation; um das Leistungsniveau zu halten, wird die Kon-

[53] Zu den Problemen bürokratischer Herrschaft siehe insb. Schluchter 1972, Crozier 1963, Marcuse 1965, S. 109ff.

trolle intensiviert, was die allseitige Frustration nur noch erhöht. Der Psychoanalytiker Fromm (1977, S. 333) glaubt deshalb, daß mit der eskalierten Kontrolle in „bürokratischen Systemen sowohl sadistische als auch masochistische Impulse auf ihre Kosten kommen".
Der Leitende ist von den Schwierigkeiten bürokratischer Administration doppelt betroffen: einmal direkt als unter den bürokratischen Apparat subsumierter Angestellter, zum anderen indirekt als dessen führender Agent. Er unterliegt damit selbst leicht den gängigen Gegenstrategien wie 'Unterlaufen der Regeln' oder 'besser nichts tun als was Falsches'[54]. Gleichzeitig muß er aber als Vorgesetzter gegen diese konfliktträchtigen und leistungshemmenden Verhaltensweisen kämpfen.

5.3. Der partizipative Führungsstil

Die Entwicklung der Produktivkräfte und Produktionsverhältnisse verlangt heute andere Führungsqualitäten als zu Beginn der Industrialisierung. Die

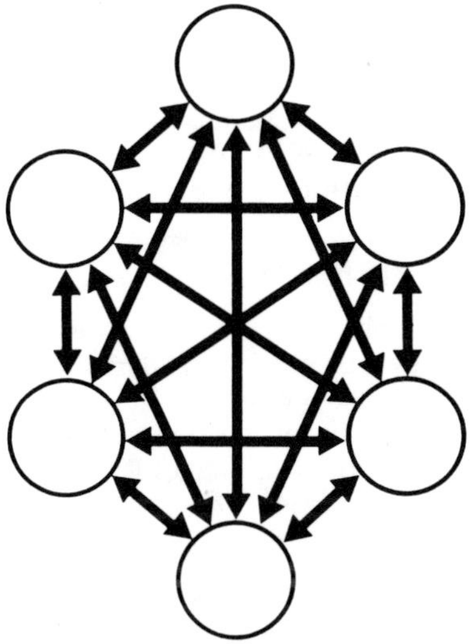

Abb. 4: Soziogramm zum partizipativen Führungsstil
Kommunikationsmuster: „All-Channel-Netz", vertikaler und horizontaler Informationsfluß mit hoher Redundanz
Beziehungen: Offenheit, Vertrauen, Selbstbestimmung, gegenseitige Motivation
Prinzip: Informationsaustausch, Wir-Gefühl, Funktionsverteilung

---

54 Saint-Simon (Organisateur, Oeuvres II, S. 17 ff., Paris 1819) spricht hier deshalb von der „Herrschaft der Müßiggänger (oisifs)" und Bahro (1977, S. 188) kritisiert diese Unproduktivität als „organisierte Verantwortungslosigkeit" im „real existierenden Sozialismus".

riesigen Betriebsgrößen und zunehmende Arbeitsteilung zwingt zur Delegation von Funktionen auf nachgeordnete Stellen, um überhaupt in der Lage zu sein, das dem Management anvertraute Eigentum zu funktionalisieren. Die Geführten werden deshalb mehr und mehr in den Führungsprozeß integriert durch Dezentralisierung von Entscheidungskompetenzen, Delegation der Verantwortung, Pluralinstanzen und Teamarbeit.

Die meisten sozialpsychologischen Untersuchungen[55] finden die partizipative (kooperative) Führung allen anderen Führungsstilen in der Qualität der Leistung und der Zufriedenheit, emotionalen Ausgeglichenheit und Belastbarkeit der Gruppenmitglieder deutlich überlegen.

Zur Effektivität partizipativer Führung liegen allerdings auch gegenteilige Befunde vor; insbesondere wenn es um Leistungskriterien geht: oftmals findet sich eine höhere Produktivität bei nichtdemokratischer Führung[56].

Aber auch eine höhere Zufriedenheit der Organisationsmitglieder scheint keineswegs zwingend; vielmehr stellen sich eine Reihe von Problemen der partizipativen Führung entgegen:

(1) „die tatsächliche Machtausübung entspricht nicht der formell gewollten;
(2) viele Manager können in der Tiefe ihres Herzens Autoritäts- und Statusverlust nicht ertragen;
(3) die Ziele hohe Leistung und echte Partizipation sind oft unvereinbar;
(4) es gibt Mitarbeiter, die gar nicht kooperieren wollen“[57].

Partizipativer Führungsstil ist also kein Patentrezept für die Zufriedenheit und Effizienz der Organisationsmitglieder.

Ratlos gegenüber dieser Uneindeutigkeit der wissenschaftlichen Ergebnisse, teilen die Leitenden eine bemerkenswerte Ambivalenz: zwar sind über achtzig Prozent der deutschen Manager mit dem kooperativen Führungsstil „einverstanden“, trotzdem wollen sie am liebsten „allein entscheiden“ (Pross 1971, S. 80 ff.). Diese Nichtidentität von Denken und Handeln weist darauf hin, daß das von allen neueren Führungskonzepten propagierte partizipative Verhalten nicht ohne Schwierigkeiten realisierbar ist.

Die Probleme beginnen bereits beim Vorgesetzten selbst: wer in seiner gesamten Sozialisation auf Autorität 'getrimmt' wurde, kann nicht so ohne weiteres 'über seinen eigenen Schatten springen' und sich plötzlich nichtautoritär verhalten[58]. Auch wenn es ihm gelingen sollte, sich partizipative 'Umgangsformen' zuzulegen, kann er nicht mit Erfolg rechnen. Wie Tausch (1970) zeigte, bleibt nämlich die nicht internalisierte Aneinanderreihung mitmenschlicher

---

[55] Vgl. Rosenstiel 1980, S. 155 ff.; Lewin 1939, S. 271; Likert 1961, S. 222 ff.; Argyris 1957, S. 191 ff.; Hofstätter 1967, S. 65; Katz/Kahn 1966, S. 332;
[56] Vgl. Berkowitz, Shaw und Morse/Reimer in Kunczik 1972, S. 280.
[57] Cooper/Marshall 1978, S. 89 f.; vgl. a. Blauner: Alienation and freedom, Chicago 1964.
[58] Vgl. Vroom 1964, S. 119.

Techniken erfolglos. Die Mitarbeiter werden die 'neu aufgesetzten Hüte' schnell als 'alte' entlarven und sich gegen eine bloße 'Betriebsklimakosmetik' wehren. So werden sie z. B. versuchen, die (ja eigentlich inhaltlose) Form auf alle möglichen und unmöglichen Bereiche zu übertragen, womit der Leitende vor die Alternative gestellt wird, entweder seine Autorität aufzugeben (Kumpelstil) oder sein nichtautoritäres Verhalten. Der mit der Partizipation eintretende Status- und Autoritätsverlust erfordert zudem ein ausreichendes Maß an Selbstbewußtsein. Der Führer muß sich der Anerkennung als Experte und des eigenen Einflußpotentials sehr sicher sein. Er muß es verkraften, daß nicht mehr alle Arbeitsergebnisse seinen 'Stempel' tragen und daß er trotzdem formell für sie verantwortlich bleibt.

Eine Reihe von Problemen stammen auch von den Geführten: Sie müssen 'reif' sein zur Partizipation, d. h. ihre soziokulturell geprägte Motivation, insbesondere ihr Leistungsbedürfnis und ihre Qualifikation bzw. Lernfähigkeit müssen ausreichend sein. Ist das Einflußpotential (Kenntnisse, Fähigkeiten) der Organisationsmitglieder zu unterschiedlich, verkehrt sich die erhoffte Nivellierung der Machtdifferenzen ins Gegenteil. Für die Identifikation mit den neuen Strukturen ist zudem nicht die objektiv angebotene Partizipation entscheidend, sondern die subjektiv empfundene, d. h. jede Diskrepanz zwischen den angebotenen und erwarteten Mitwirkungsmöglichkeiten führt zur Frustration.

Viele Probleme resultieren schließlich aus der Situation: Willensbildung in der Gruppe erhöht die Komplexität von Entscheidungen, was nicht nur die Kompetenz, sondern auch die Zeitintensität erhöht und verstärkte Koordinaton verlangt. Es gibt Aufgaben, die hierfür nicht geeignet sind oder speziell zubereitet werden müssen. Noch wesentlicher ist aber der situative Kontext, der soziale Hintergrund. Jede Organisationsstrukturierung hat nämlich neben dem Aspekt der „Rationalität" auch noch den Aspekt der „Absicherung von Herrschaftspositionen"[59].

Damit zerbricht die versuchte Individualisierung des Führerverhaltens, nach der es schien, als hätte ein Manager ein beliebig verfügbares Set an Kommunikationsformen zur Verfügung, das höchstens noch von seiner Persönlichkeitsstruktur abhängig ist. Es wird deutlich, daß der ganze Komplex der Gruppen*situation* fehlt: nämlich die Verhaltensmerkmale und Ziele der Geführten und die Sozialstruktur von Betrieb und Gesellschaft.

In Theorie und Praxis wurde zunehmend klar, daß die Wirkung des Führers ein komplexes Phänomen ist, das nicht auf einen bestimmten „Führungsstil" zu reduzieren ist. Es wurden deshalb mehrdimensionale Konzepte entwikkelt, die eine Reihe neuer Variablen miteinbezogen, z. B. die Aufgabenart (in Fiedlers „contingency model", 1964), gesellschaftliche und ideologische Bedingtheiten (Krech 1962, S. 434), die Zielorientierung (Blake/Mouton 1964)

---

59 Kieser/Kubicek 1978, S. 143; Vgl. unser Kap. II 3.4.

und Persönlichkeitsfaktoren (Vroom 1959, S. 322). Die vielfältigen Interdependenzen der einwirkenden Variablen sind aber noch nicht geklärt – es gibt „bisher keine Theorie, die das Zusammenwirken der einzelnen Elemente klären könnte“ (Schneider 1975, S. 177). Auf keinen Fall besteht eine einfache, eindeutige Beziehung zwischen dem Verhaltensmuster der Führer und der Zufriedenheit und Leistungsfähigkeit ihrer Gruppe. Es gibt also keinen idealen, immer und zu jeder Zeit erfolgreichen Führungsstil.

6. Individuelle Streßtoleranz und externe Stressoren

6.1. Das Modell der Streßtoleranz

Alle Versuche, Leiden auf der Ebene des Individuums anzugehen, waren somit zum Scheitern verurteilt: es konnte weder die ideale Führerpersönlichkeit, noch das ideale Führungsverhalten bestimmt werden; alle gefundenen Alternativen hatten vielmehr ihre eigenen pathogenen Konsequenzen. Wollte man die intrapersonalen und interpersonellen Konflikte minimieren, kam es immer auf eine Reihe nichtpersoneller (situativer) Faktoren an.

Der erste Versuch, über die Ebene des Individuums hinauszublicken, ohne sie aufzugeben, ist das Modell der Streßtoleranz[60]. Es erfaßt sowohl interne Dimensionen, wie die individuelle Toleranz gegenüber steigenden psychischen und physischen Ansprüchen, als auch externe, wie die Bestimmung von „Stressoren“. Das Modell der Streßtoleranz beinhaltet folgende Hypothesen:

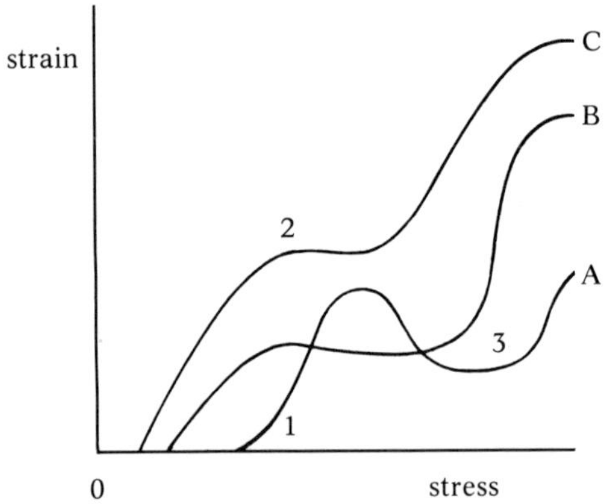

A, B, C = drei verschiedene Persönlichkeitsstrukturen

0 – 1 = subliminal (unter der Auslöseschwelle)

2 = Einsatz von Abwehrmechanismen

3 = Zusammenbruch der Abwehr und massive Angst

(frei nach Kahn 1964)

Abb. 5: Streßtoleranz

[60] Dieses Modell wurde von dem Endokrinologen Hans Selye entwickelt. Vgl. hierzu z. B. Bräutigam 1975, S. 57 ff.; Levi 1964, 1967.

(1) es gibt einen Bereich, in dem noch keine Reaktion erfolgt („neurohumorale Homöostase“);
(2) es gibt prädisponierende Faktoren in der Persönlichkeit (verschiedene Reaktionsweisen bei gleichen Auslösern);
(3) das auslösende Ereignis sind physische und/oder psychische Belastungen („Stressoren“);
(4) Streß soll durch Abwehrreaktionen kompensiert werden („generelles Adaptions-Syndrom“);
(5) wenn die Abwehrreaktionen nicht ausreichen, bricht das System zusammen („Erschöpfungsstadium“).

Eine Reihe empirischer Studien versucht die Auslöser von pathologischen Reaktionen in der Arbeitswelt zu isolieren; so benennt z. B. Levi folgende *Stressoren* (1967, S. 229 f.):
(1) Die Arbeitsanforderungen entsprechen nicht den Interessen und Fähigkeiten der Person
(2) störende externe Arbeitsplatzbedingungen (Licht, Lärm, Klima)
(3) Rollenkonflikte
(4) gruppenpsychologische Störungen (Statusinkonsistenz, Überwachung, Isolation etc.)
(5) unklare Abgrenzung von Verantwortlichkeit und Autorität
(6) Aufstiegsprobleme
(7) organisatorische Mängel
(8) ungenügende Information
(9) erzwungene Mobilität
(10) neurotische Dispositionen
(11) Störungen im Mensch-Maschine-System (technischer Wandel u. ä.)

Andere Forscher[61] fügten nach und nach hinzu „Zeitlimit für die Erfüllung einer Aufgabe“, „quantitative und qualitative Arbeitsüberlastung“, „Probleme ohne Lösung“ (mit der für Manager besonders bedrohlichen Gefahr des Führersturzes) und Bedrohung und Bestrafung.

Der Masse der gefundenen Stressoren stehen ebensoviele *Streßreaktionen* („strain“) des Individuums gegenüber: Arbeitsunzufriedenheit, Spannungsgefühle, Minderwertigkeitskomplexe, Niedergeschlagenheit, Selbstunsicherheit, Überempfindlichkeit, Furcht, Angst, Aggressivität; und die mehr sichtbaren Manifestationen wie schlechte Arbeit, allgemeine Unruhe, verstärktes Zigarettenrauchen, Kooperationsunfähigkeit, Arbeitsunfälle, Absentismus und vegetative Störungen. Auslösung und Art der Reaktion scheinen sich stark nach der jeweiligen psychischen Struktur zu richten[62]. Die Bedeutung der Streßsimuli für das Individuum ist nämlich abhängig von seinen höchstpersönlichen Erfahrungen und Lernprozessen.

---

61 Hare 1962, S. 255 f.; French/Caplan 1973; Hamblin, in: Sociometry 1958, 21, S. 322 ff.; Lanzetta, in: JAbnSocPsych 1954, S. 445 ff.
62 Cooper/Marshall 1968, S. 97 ff.; Levi 1967, S. 166 ff.

Bei der Streßreaktion bilden psychische und physische Prozesse eine funktionelle Einheit:

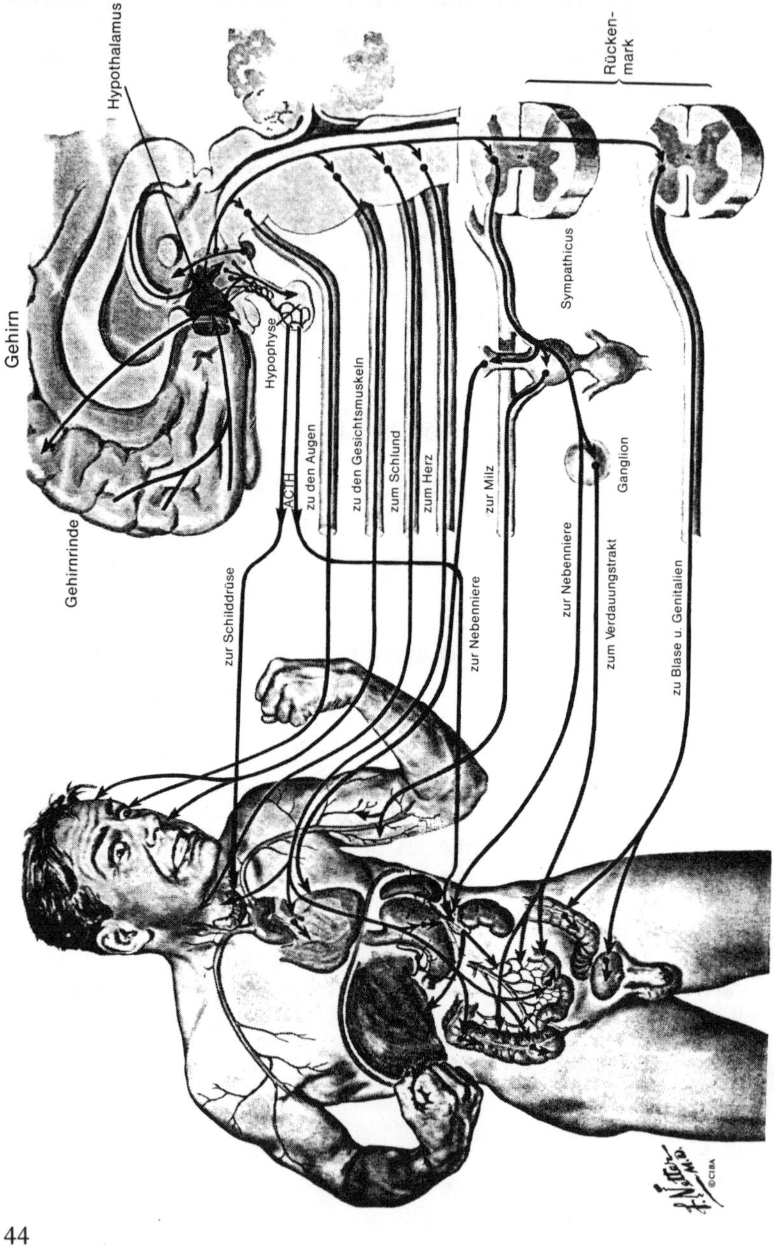

Abb. 6: Neuro-humorale Prozesse bei der Streßreaktion
Copyright the CIBA Collection of Medical Illustrations by F. H. Netter
Mit freundlicher Genehmigung der Ciba Geigy GmbH, Wehr.

Alle wahrgenommenen Reize werden zu Assoziationskernen des Thalamus und der Gehirnrinde geleitet, die sie mit einem bestimmten „Gefühlsetikett" (z. B. Angst) belegen und eine „allgemeine physiologische Erregung" auslösen. Diese Erregung entsteht, indem der Sympathicus Impulse in das Nebennierenmark ausschießt (Ausschüttung von Adrenalin) und indem die Hypophyse mit einem Hormon (ACTH) die Nebennierenrinde aktiviert (Ausschüttung von Corticoiden). Die ausgeschütteten Hormone bewirken eine „Alarmbereitschaft" des Organismus (beschleunigter Herzschlag, verstärkte Atmung, Verspannung der willkürlichen Muskeln, Pupillenerweiterung) und eine Drosselung unwichtiger Funktionen (Verdauung wird sich selbst überlassen, Denk- und Sexualfunktionen werden gehemmt). Das Individuum ist damit bereit zum Kampf oder zur Flucht.

Dieser Regulationsmechanismus, der das Individuum für bedrohende Situationen anpassen und das gestörte nervöse und humorale Gleichgewicht wiederherstellen soll, wird nun unter zwei Umständen zum Problem:

(1) die Alarmreaktion wird nicht abgerufen
(2) der Streßreiz übersteigt die individuellen Bewältigungsmöglichkeiten.

Werden die bereitgestellten Extra-Energien nicht in einer Kampfreaktion verbraucht (z. B. weil man es nicht wagt, den Chef anzuschreien), wirken sie für den Organismus schädlich: die nicht abgebauten, aktivierenden Hormone greifen eine genetisch vorgegebene Schwachstelle an (Galle, Magen, Darm, Herz etc.).

Eine noch massivere Störung des Hormonhaushaltes wird von einer Überdosis an Streß (Disstreß) bewirkt: es kommt zu einer Stillegung von Körpervorgängen, die mit Wachstum, Heilung und Fortpflanzung zu tun haben.

Inwieweit man sich 'abreagieren' darf und wann ein Reiz zum Disstreß wird, ist allerdings von einer Reihe individueller und sozialer Faktoren abhängig. Die Verknüpfungen zwischen Stimulus, Gefühl und Reaktion sind zum größten Teil angelernt. Und die Kompetenz zum Management komplizierter Stimuluskombinationen ist recht unterschiedlich verteilt.

Aus dem Streßmodell können wir demnach zwei wichtige Erkenntnisse festhalten:
- alle Streßreaktionen sind psychosomatisch (bis hin zur Krankheit), und
- diese psycho-physiologischen Störungen gehorchen den gleichen Gesetzen wie menschliches Verhalten.

6.2. Die sog. „Managerkrankheit"

Das Modell der Streßtoleranz wurde popularisiert (und verwässert) durch das Bild der „Managerkrankheit", wonach die ständige psychische und physische Überbeanspruchung, die Hetze und Unrast, die kaum noch tragbare Last der Verantwortung, die drückende Konkurrenz und die schlecht motivierten Arbeiter die Führungskräfte der Wirtschaft übermäßig belasten und zu „Aktivitätssucht", Ermüdungs- und Erschöpfungserscheinungen, Magengeschwüren und Herzinfarkt führen[63].

Dieses Bild wurde hinreichend empirisch bestätigt. So klagten laut French und Kahn, den Protagonisten der Mental-Health-Bewegung, fast die Hälfte der von ihnen befragten Manager über

- Zielkonflikte („gefangen in der Mitte")
- Überarbeitung („mehr Arbeit als Kapazität")
- Ambiguität („unsicher über Ziel und Wege")
- Verantwortung („ohne Einfluß auf Person und Ereignisse")

und zeigten die entsprechenden psychosomatischen Streßsymptome wie allgemeine Nervosität, Nikotin- und Alkoholmißbrauch, Herz- und Kreislaufkrankheiten (1962, S. 32ff.).

Die Managerkrankheit scheint also für das Industriezeitalter so typisch zu sein wie die Syphilis für die Renaissance und die Seuchen für das Mittelalter[64].

Andererseits sind die epidemiologischen Forschungsergebnisse recht widersprüchlich:

- so finden sich in Berufen mit hoher Streßbelastung (z. B. Werbung) keinesfalls mehr Streßsymptome,
- so leiden Top-Manager signifikant weniger an Koronarerkrankungen als das Mittelmanagement[65].

Mit dem Terminus „Managerkrankheit" kommt man also nicht weit. Er verstellt vielmehr den Blick für die komplexen Zusammenhänge zwischen Arbeit, Streß und psychisch-physischer Reaktion. Es wird einseitig auf eine Teilgesamtheit der Gefährdeten abgehoben und nicht das Wesen der Krankheit, womit sowohl die Symptomatik wie die Ätiologie verschwimmt. Ähnlich wie mit dem Begriff der „Zivilisationskrankheit" wird damit die kulturpessimistische Tradition der Mystifizierung (Dämonisierung) des „technischen Wandels"[66] fortgesetzt und die Frage nach den eigentlichen Ursachen abgeschaltet.

Aber auch das Streßmodell bleibt eigentlich der Ebene des Individuums verhaftet. Zwar betont es die *multifaktorielle* Bedingheit psycho-physischer Störungen, versäumt es aber, die einzelnen Faktoren zu hinterfragen und zu integrieren. In den Vordergrund rückt der Organismus als biologisches System; die Einflußgrößen werden lediglich in pluralistischer Form gesammelt:

„Die Beziehungen der einzelnen Faktorengruppen zueinander – asynergisch oder synergisch wirkend – ist noch sehr unklar und wird es solange bleiben

---

63 Vgl. Rosenstiel 1975, S. 91; Wiesenhütter 1959, S. 406ff.; vgl. a. Kap. II 4.2.

64 French 1962, 1973; Kahn 1964. Nach Henry Sigerist hat jede Epoche ihre charakteristischen Leiden. Zu den sozioökonomischen Parametern vgl. a. Hollingshead (1958). Vgl. a. Kap. II 4.2.

65 AMA-Survey Report „Executive Stress", 1979.

66 Zu dieser Mystifizierung der Begriffe vgl. Groskurth/Volpert 1975, S. 68.

müssen, als keine umfassende Verhaltenstheorie existiert, die biologische, psychologische und soziale Bedingungen integrieren kann“ (Keupp 1972, S. 6).

Sollen die Bedingungen des Leidens jenseits der Ebene des Individuums untersucht werden, ist dessen ganz spezifische soziale Situation näher zu durchleuchten, d. h. für Führungskräfte die Besonderheiten ihrer Position und der Organisation, in der sie wirken. Auf keinen Fall ist damit die Persönlichkeit des Führers hinfällig geworden (wie vielleicht auch die Falsifizierung der Eigenschaftstheorie nahelegen könnte), denn es bilden sich, wie jeder weiß, trotz gleicher betrieblicher und gesellschaftlicher Strukturen je nach Persönlichkeit recht unterschiedliche Verhaltensweisen (und Leidensformen) heraus. Die subjektiven Dispositionen haben wir ausführlich geklärt, so daß wir uns jetzt den objektiven Bedingungen zuwenden können.

KAPITEL II: KONFLIKTEBENE POSITION

1. Die Erfassung der objektiven Umwelt

Der immer wieder geübte Versuch (am pointiertesten z. B. in der Eliteideologie von Pareto), Handeln und Erfolg der Führungsschicht ihren individuellen Eigenschaften und Fähigkeiten zuzuschreiben, läßt – wie wir sahen – viele Fragen offen. Die Beziehungen zwischen Persönlichkeitsdimensionen und Verhaltensformen sind offensichtlich alles andere als konsistent. Der amerikanische Soziologe Talcott Parsons versuchte dieses Problem durch die Berücksichtigung situationsspezifischer Faktoren der normativen *Umwelt* zu lösen: konkretes Handeln setzt sich danach aus Elementen der individuellen Motivation („goal attainment") und den von der Situation diktierten Normen („pattern maintenance") zusammen[67]. Lewin, einer der Begründer der Gruppendynamik, konstruierte aus diesen „Kräften" ein sog. „Feld" und faßte Verhalten in die griffige Formel

$$V = f\,(P, U)$$

(V) das Verhalten einer Person ist durch ein Kräftefeld bestimmt aus:
(P) Charakteristika der Person wie Bedürfnisse, Erwartungen, Erfahrungen
(U) Faktoren der Umwelt wie Normen, Aufgaben, Verhalten anderer[67a].

Verhalten formt sich demnach im personalen und sozialen Feld, wobei die soziale Umwelt Wertmuster als Leitbilder für die Verinnerlichung gewünschter Zielorientierungen und Standards als Wegweiser für den geordneten Verlauf zwischenmenschlicher Beziehungen aufstellt.

Der Leitende denkt, fühlt, handelt also nicht nur als Individuum, sondern auch als Mitglied einer sozialen Gruppe in einem Netz von Beziehungen, Kommunikationen und Interaktionen. *Soziale Interaktion* heißt dabei jede Art wechselseitiger Bedingtheit im sozialen Verhalten; wenn also zwei oder mehr Personen sich in ihrem Verhalten durch Worte, Handlungen, Gesten etc. bewußt oder unbewußt beeinflussen[68].

Bei jeder Interaktion spielen eine Reihe von Faktoren zusammen:
(1) Persönlichkeit des Führers
(2) Bedürfnisse und Einstellungen der Geführten
(3) Beziehungsstrukturen und Eigenschaften der Gruppe
(4) Situation, z. B. das physische Umfeld, die Art der Aufgabe.

---

[67] Parsons versuchte mit Hilfe seines „interaktionistischen" Ansatzes die sozialen Beziehungen und Verhältnisse der Menschengruppen qualitativ und quantitativ auf drei Ebenen („subsystems") zu analysieren: dem „personality system", dem „social system" und dem „cultural system" (Parsons 1951, 1937, S. 719).

[67a] Lewin 1936, S. 112, 166; 1951, S. 25.

[68] Vgl. Secord/Backman 1964, S. 1; Irle 1975, S. 398; Watzlawick 1969, S. 50f; Gibb 1954, S. 914; French/Kahn 1962; Katz/Kahn 1966; Kornhauser 1956; Homans 1950.

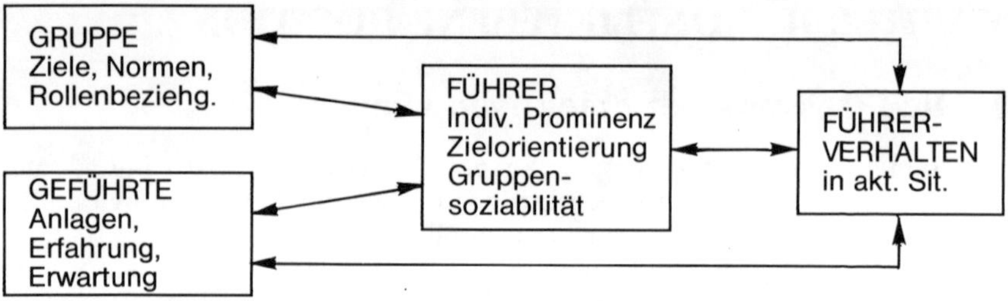

Abb. 7: Interaktionsmodell der Führung

Führen ist also kein einseitiger Akt, in dem einer sich qua Eigenschafts- und Verhaltensvorteile auf Kosten und Frustration der anderen 'hochspielt'. Zum Führen gehören immer zwei: einer der führt und einer der sich führen läßt; wer welche Rolle spielt, bestimmt sich nach der Qualität und Quantität der Interaktion, die er (mehr oder weniger bewußt) betreibt. Mit dem Instrument der „Interaktionsanalyse" von dem Harvard-Psychologen Bales (1970) läßt sich das in Gruppen sehr genau ablesen:

Interaktionen laufen grundsätzlich auf zwei Ebenen ab, die sich durch ihre Kommunikationsform (verbal/non verbal) und ihre Zielsetzung (Aufgabenerfüllung/sozioemotionale Beziehung) deutlich unterscheiden, nämlich auf der

- Inhaltsebene und
- Beziehungsebene[69].

Dabei bezieht sich der Inhaltsaspekt einer Kommunikation auf den Austausch von Daten und Informationen, der Beziehungsaspekt bestimmt die zwischenmenschliche Beziehung zwischen den Kommunikanten (z. B. Zuneigung, Ablehnung) und zeigt, wie die Daten aufzufassen sind.

Führer fallen nun dadurch auf, daß sie aus diesem Sortiment an Interaktionsmöglichkeiten viele Funktionen an sich ziehen und zum Spezialisten für Aufgabenerfüllung und zwischenmenschliche Beziehungen werden. Sie versuchen also, alle Führungsfunktionen in sich zu bündeln (d. h. sie strukturieren, analysieren, bewerten, orientieren, informieren, klären, bestärken, belohnen, entspannen usw.)[70].

---

[69] Watzlawick 1969, S. 53ff.; Habermas 1968, S. 321; Krappmann 1975, S. 13ff.; Bateson 1956.

[70] Progressive Gruppendynamiker versuchen dieses Bündel von Führungsfunktionen aufzuschnüren und unter die Gruppe zu diffundieren (Gordon 1979, 47ff.; Rogers 1972, S. 296f.; Benne/Sheats, in:JSocIss 1948, 4, S. 41ff.; Däumling 1974, S. 156ff. Andererseits wird mit zunehmender Gruppengröße die Interaktionsverteilung ungleicher und die Rollendifferenzierung stärker – es bilden sich machtbezogene Führer (Mayhew/Levinger: On the emergence of oligarchy in human interaction, Am.). Sociology 1977, S. 1017ff.

Interaktonsebene	Aktivität
Beziehungsebene +	1. Wirkt freudlich, bestärkt den anderen, hilft, belohnt, unterstützt
	2. Entspannt die Atmosphäre, stellt eigene Gefühle dar, scherzt, lacht
	3. Zeigt Akzeptanz, kann auch mal nachgeben
Inhaltsebene +	4. Macht Vorschläge, gibt Anleitung, strukturiert
	5. Äußert Meinung, bewertet, bezieht Stellung
	6. Orientiert, informiert, klärt, trägt Ideen bei
Inhaltsebene −	7. Erfragt Erklärungen, weiß nichts, schwätzt
	8. Fragt nach Meinungen und Ansichten
	9. Bittet um Anleitung und Verhaltensregeln
Beziehungsebene −	10. Stimmt nie zu, lehnt häufig ab
	11. Zeigt Spannung, zieht sich zurück, schweigt
	12. Wirkt unfreundlich, lehnt andere ab, greift an, streitet

a b c d e f

Phänomene der: a) Information
b) Bewertung
c) Kontrolle
d) Entscheidung
e) Spannungsregulierung
f) Stimmung

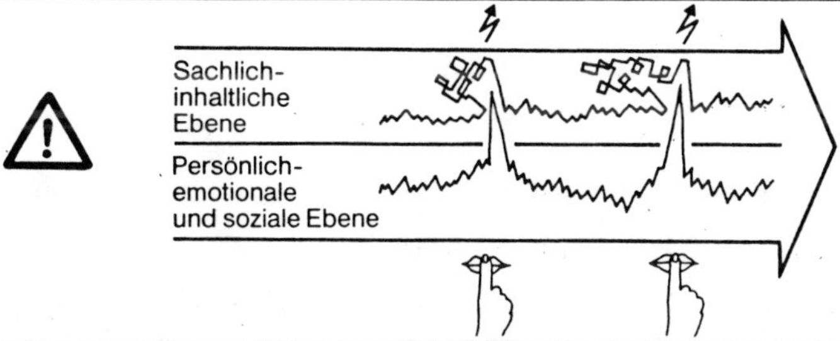

Abb. 8: Interaktionsanalyse nach Bales

Wie kommt es dazu, daß ein Gruppenmitglied alle Führungsfunktionen in sich vereinen darf?

Diese Frage ist mit dem interaktionistischen Ansatz nicht befriedigend zu klären, da er immer noch Individuum (Subjekt) und Gesellschaft (Objekt) trennt, indem er das „isolierte einzelne Individuum, das gleichsam nur zufällig irgendwo in der weiten Welt auf einen anderen Menschen trifft," zugrunde legt. Aber das gibt es nicht, denn „die Bezogenheit von Menschen aufeinander, ihre Ausgerichtetheit aufeinander, ihre Abhängigkeit voneinander geht viel tiefer, als der Begriff der Interaktion es anzeigt" (Elias 1972, S. 39).

Keine Lösung scheint die interdisziplinäre Sammlung einzelner Erkenntnisse aus verschiedenen wissenschaftlichen Sachgebieten, denn die Gräben zwischen den einzelnen Disziplinen sind mit scharfen Pfählen gespickt. Jede Disziplin hat ihre eigenen Sprach- und Denkkonventionen, Methoden, Traditionen und professionellen Statussymbole. Es gibt kaum gemeinsame Grundlagen, eher immer kleinere Grabenbeete, aufs bunteste angebaut, mit immer höheren Mauern des Spezialistentums um jedes Fleckchen[71]. Entweder wird dabei das Individuum exkommuniziert, indem nicht mehr die Menschen agieren, sondern die gesellschaftlichen Verhältnisse, oder es wird die Gesellschaft exkommuniziert, wenn psychische Attribute soziale Institutionen 'erschaffen'.

Parsons (1951) Lösung war der Versuch, diese disparaten Disziplinen in einer allgemeinen Handlungstheorie zu verbinden. Der Soziologe Luhmann (1973) entwickelte diesen Ansatz weiter, indem er versuchte, Probleme des Funktionierens sozialer Systeme von der Ebene der Handlungstheorie auf die der *Systemtheorie* zu transponieren: es geht nicht mehr um Handlungsrationalität, sondern um „Systemrationalität"[72]. D. h. Verhalten wird nicht mehr durch einfache Kontingenzen in dem Sinne erklärt, daß jedes Handeln zielgerichtet ist, indem es die Reaktionen anderer und soziale Wertmuster einkalkuliert. Menschliches Handeln unterliege vielmehr „doppelten Kontingenzen" insofern als es nicht nur „fremdes Verhalten, sondern darüber hinaus fremdes Erwarten" mit all seinen Launen berücksichtige. Es folge nicht bloßen Ursachen-Wirkungs-Relationen, sondern bestehe aus „Wechselwirkungen", aus „Funktionen".

---

[71] Horst E. Richter vergleicht diese Situation mit der von „angstneurotischen Familien", die sich, „um ihre Identität zu schützen", immer mehr abkapseln und ihre Normen rigide verteidigen (1976, S. 104).

[72] Das „kybernetische Zeitalter" erschlossen für die Sozialwissenschaften vor allem Parsons und Luhmann (vgl. Kiss 1975, S. 321), Senghaas und Klaus – für die psychosomatische Medizin insb. Uexküll, Ashby und Vester – für die Psychotherapie Frör (1976). Vgl. aber auch schon Hegel, Enzy, § 7.

2. Systemtheorie der Führung

Um Ordnung in die Komplexität der Erscheinungen zu bringen, Strukturen und Funktionen aufzudecken, und das dahintersteckende 'Wesen' eines Problems zu enthüllen, scheint bislang kein Konzept geeigneter als die Systemtheorie.

Die Systemtheorie bricht mit den gefährlichen Verkürzungen der traditionellen Wissenschaft: es wird nicht mehr die „Natur von Entitäten" isoliert, wobei die Begriffe sich meist verdinglichten, sondern es geht um die „Wechselwirkungen menschlicher Beziehungen" und um „Ganzheiten" (Watzlawick 1969, S. 23 ff.). Typisches Beispiel hierfür ist der immer wieder geübte Versuch, die 'Seele' des Menschen zu erfassen: der wissenschaftliche Beobachter wählt einen Begriff, um die Lücken zu füllen, die die Nichtbeobachtbarkeit des Systems verursacht. Dieser Begriff nimmt eine Scheinwirklichkeit an und man beginnt das Ding „Seele" im Körper zu suchen und zu messen. Gleichzeitig gehen alle Beziehungsstrukturen verloren (z. B. Lernprozesse, das Verhältnis von Bewußtem zu Unbewußtem usw.).

Die Systemtheorie liefert außerdem Erklärungen für Phänomene, die aus dem üblichen deterministischen Blickwinkel unklar bleiben, weil dieser nur lineare Kausalitätsabläufe kennt. Sie benutzt hierzu das Prinzip der Rückkopplung (*feed back*). Hoffnungslose Streitfragen über Ursache und Wirkung lösen sich damit auf: z. B. welcher Partner 'unschuldig' ist, weil er auf die Böswilligkeiten des anderen nur 'reagiert'; ob der Führer die Geführten sucht, oder umgekehrt. Die Abläufe in Rückkopplungskreisen sind vielmehr ohne Anfang und Ende und relativ willkürlich „interpunktiert" (s. u.)[73].

Die objektive Realität von Organisationen (Unternehmen) läßt sich sehr gut als *System* darstellen und Führung als dessen *Steuerung und Regelung*. Diese Steuerung soll vor allem die Verhaltensweisen der Organisationsmitglieder bestimmen oder zumindest modifizieren (Beeinflussung). Denn jeder zweckgerichtete Prozeß bedarf der Leitung, wobei Leitung als Bestandteil, als Funktion dieser Prozesse aufgefaßt werden muß. Jede gemeinschaftliche Arbeit bedarf einer Direktion, welche die individuellen Tätigkeiten koordiniert und die allgemeineren Funktionen (z. B. Planung) wahrnimmt.

Die Führungs- und Leitungsprozesse in Unternehmen lassen sich interpretieren als „vermaschte" Regelkreise mit folgenden Teilfunktionen und Eigenschaften[74].

(1) *Situation:* Ein Zustand oder ein Prozeß soll beinflußt werden, z. B. die Aktivitäten einer Gruppe, die Produktivität eines Mitarbeiters, die Organisation eines Betriebes.

---

73 Watzlawick 1969, S. 29 ff., 47 ff., 57 f.

74 Die Führung als kybernetisches System sehen insb. Beer (1967), Haberstroh in March (1965), Klaus/Buhr (1964). S. 651.

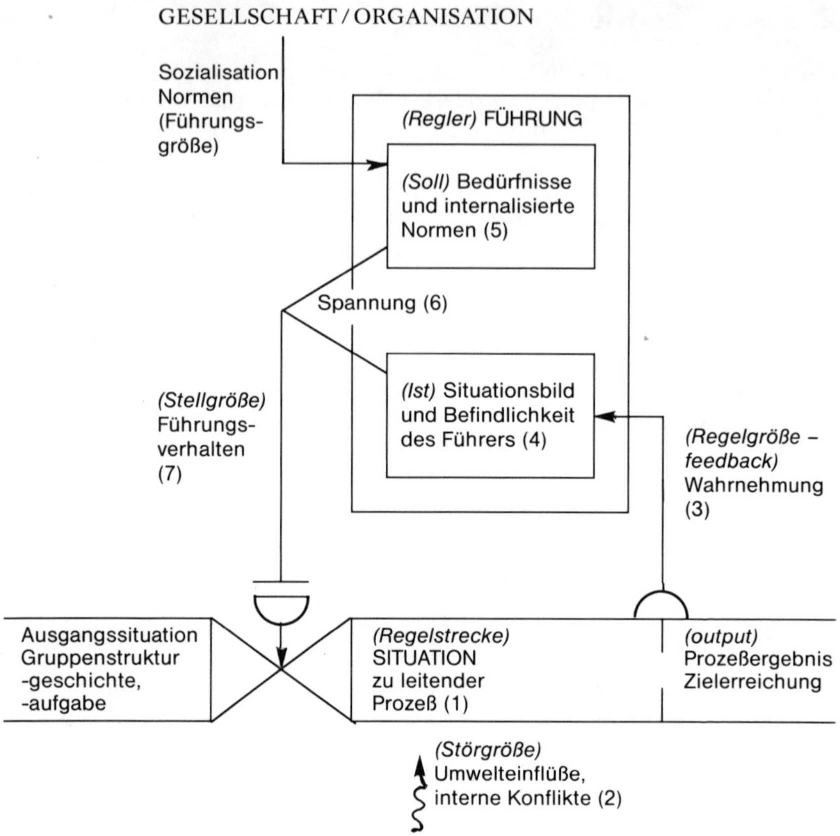

Abb. 9: Führung als Regelung eines sozialen Systems

(2) *Störung:* Externe oder interne Ereignisse können eine Situation derart verändern, daß eine Korrektur notwendig wird, z. B. Marktveränderungen, Fehler von Mitarbeitern.

(3) *Wahrnehmung* des zu leitenden Prozesses, wobei die Probleme des nicht übereinstimmenden Zeichenvorrats der Kommunizierenden (Sprache, Codierung, nonverbale Signale) und der Wahrnehmungseinschränkung durch Abwehrmechanismen auftauchen (vgl. a. Katz/Kahn 1966).

(4) *Situationsbild und Befindlichkeit des Führers:* Das Ergebnis der bewußten und unbewußten Wahrnehmung ist ein subjektives Bild der Situation. Dieses wird bestimmt von den Informationsgewinnungs- und Problemlösungsfähigkeiten, den Vorerfahrungen und Vorurteilen des Führers.

(5) *Bedürfnisse und internalisierte Normen:* Sollwerte sind die gesellschaftlichen bzw. organisatorischen Normen und die individuellen Bedürfnisse. Sie haben sta-

bilisierende Funktionen und sind gegen Veränderungen stark abgesichert, indem sie internalisiert werden. Es kommt deshalb häufig vor, daß diese Führungsgrößen der Entwicklung des Systems (Organisation) hinterherhinken.

(6) *Spannung:* Diskrepanzen zwischen Ist- und Sollwert lösen gewissermaßen „automatisch“ Aktionen aus, welche die Situation verändern. Die Spannung wird nämlich als bedrängendes Gefühl (wie Angst, Aggression, Schuldgefühl etc.) erlebt und fungiert so als „Motor“, das Ziel zu erreichen.

(7) *Führungsakt:* Es erfolgen Lösungsversuche, die Störgrößen auszuschalten und das Systemgleichgewicht wieder herzustellen[75]. In sozialen Regelkreisen darf diese Selbstregulation jedoch nicht mit Selbstlauf verwechselt werden, da stets Menschen beteiligt sind, die die Regelkreise mehr oder weniger bewußt organisieren und auch Bestandteile dieser Regelkreise sind.

(8) *Komplexität:* Im Bereich des Individuums und der Organisation wirken viele Subsysteme zusammen, wie die Organsysteme, wie Es – Ich – Überich, wie Familie und Bezugsgruppen, wie Vorgesetzter – Untergebener, die voneinander abhängig sind und sich gegenseitig in komplizierter Weise beeinflussen. Die Regelkreise „vermaschen“ sich, d. h. die Führungsgrößen eines Regelkreises sind die Regelgrößen einer anderen Regelkreisstruktur.

(9) *Multistabilität und Lernen:* Die Aufrechterhaltung des stabilen Zustandes angesichts wechselnder Umweltbedingungen ist nicht nur auf einem Niveau möglich. Wollen hochkomplexe Systeme langfristig überleben und sich höher entwickeln, müssen sie die zunehmenden Anforderungen an ihre Adaptivität verarbeiten, sie müssen lernen[76].

(10) *Interpunktion:* Die Prozesse im System (Kommunikation, Interaktion) laufen nicht in Kausalketten ab, wie „Reiz – Reaktion“, wie „wenn – dann“, sondern in Regelkreisen. Wo also ein Prozeß beginnt, ist offensichtlich relativ und wird willkürlich festgesetzt („Interpunktion“), ebenso, wer dominant, also „Führer“, und wer abhängig, also „Geführter“ ist; eins ist ohne das andere nicht möglich. Die Gliederung dieser Interaktionsketten und damit die Beziehung der Kommunizierenden ist organisatorisch bzw. gesellschaftlich bedingt (Watzlawick, S. 57 ff.). Führung wird damit zu einem gesellschaftlichen Verhältnis und bestimmt durch den Charakter der jeweiligen Produktionsweise.

Wir haben jetzt das geeignete Werkzeug, um die objektive Realität des Leitenden auf Störungsquellen hin zu durchleuchten.

3. Die Strukturierung von Organisationen als Störungsquelle

Unternehmen sind komplexe, offene, dynamische Systeme mit einer unendlich großen Anzahl von Elementen und Beziehungen. Die formale Anordnung dieser Elemente findet ihren Ausdruck in der Organisationsstruktur.

---

75 Die homöostatische Funktion der Führung wurde bekannt durch Barnard (1938, S. 215): „Führungsarbeit ist die spezialisierte Arbeit der Aufrechterhaltung des Organisationsbetriebes“.

76 Vgl. Watzlawick „Neukalibrierung“ 1969, S. 135; Parsons/Shils 1952, S. 125; March 1965, S. 1116.

Diese Strukturierung charakterisiert das Wesen von Organisationen und bezieht sich auf quantitavive und qualitative Aspekte der[77]
- Spezialisierung (Arbeitsteilung)
- Formalisierung und Rationalität
- Oligarchie
- Hierarchie und Autorität.

Es soll untersucht werden, inwieweit diese Strukturierung hier und heute für Führungskräfte *pathogen* wirken kann.

3.1. Spezialisierung (Arbeitsteilung)

Arbeit geschieht seit jeher gemeinschaftlich. Dabei ist es natürlich, die Arbeiten nach oder unter Berücksichtigung von Geschlecht, Konstitution, Anlage, Fähigkeiten, Erfahrungen usw. aufzuteilen. Die Differenzierung eines ganzheitlichen Arbeitsprozesses in qualitativ verschiedene Teilprozesse und Verteilung derselben an verschiedene Gruppen arbeitender Menschen (Arbeitsteilung) ist untrennbar mit der Entwicklung der materiellen Produktivkräfte verbunden (bzw., wie Durkheim es nennt, der „Civilisation"). Die Spezialisierung in Gesellschaft und Organisation erhöht die Effektivität, indem sie die besondere Einzelfähigkeit fördert, erhöht aber auch Reibungsverluste und zwischenmenschliche Spannungen, indem sie unterschiedliche Wertschätzung, Autoritätskonflikte und Anonymität der Arbeitenden produziert. „Wo man den einzelnen Arbeitsvollzug in zu kleine Teile auseinanderbricht, müssen wir sowohl mit niedrigem Ausstoß wie mit niedriger Arbeitsmoral rechnen" (Worthy 1950, S. 174).

Welch pathogene Wirkung fortgeschrittene Arbeitsteilung hat, zeigt Karl Marx besonders deutlich und drastisch:

„Eine gewisse geistige und körperliche Verkrüppelung ist unzertrennlich von der Teilung der Arbeit im ganzen und großen der Gesellschaft. Sie verkrüppelt den Arbeiter in eine Abnormität, indem sie sein Detailgeschick treibhausmäßig fördert durch Unterdrückung einer Welt von produktiven Trieben und Anlagen . . ., die besonderen Teilarbeiten werden nicht nur unter verschiedenen Individuen verteilt, sondern das Individuum selbst wird geteilt" (K I, S. 384, 381).

Die „kapitalistische Form der Arbeitsteilung" schließlich treibe diese Fragmentierung und Partialisierung der objektiven und subjektiven Elemente des Produktionsprozesses zum Höhepunkt: sie zerreißt jeden organisch einheitlichen Arbeits- und Lebensprozeß und bildet den physisch und psychisch besonders angepaßten Spezialisten heraus. Dies ist nicht nur für den Arbeiter pathogen, sondern „zeigt sich um so krasser, je höhere, entwickeltere, 'geisti-

---

[77] In Anlehnung an Webers „Voraussetzung bürokratischer Herrschaft" (WuG, Kap. IX, 2.) und Presthus (1966). Vgl. Aston-Gruppe in Rosenstiel 1980, S. 263ff.; Beer 1967, S. 24, 61.

gere' Leistungen diese Arbeitsteilung verlangt. Die Trennung der Arbeitskraft von der Persönlichkeit des Arbeiters, ihre Verwandlung in ein Ding, in einen Gegenstand, den er auf dem Markte verkauft, wiederholt sich auch hier. Nur mit dem Unterschied, daß nicht sämtliche geistige Fähigkeiten durch die maschinelle Mechanisierung unterdrückt werden, sondern eine Fähigkeit von der Gesamtpersönlichkeit losgelöst, ihr gegenüber objektiviert, zum Ding, zur Ware wird" (Lukacs 1923, S. 110f.)

Tatsächlich wird auch dem Manager der Einblick in größere Wirkungszusammenhänge und damit seine persönliche und gesellschaftliche Funktion zunehmend verwehrt. Sein eigener Entscheidungs- und Handlungsspielraum wird mehr und mehr eingeschränkt und seine Aufgaben sind bis ins Detail zerlegte Teilarbeiten: er wird zum „bloßen Spezialisten für ..." Damit degeneriert er aber zu einer pathologischen *Teilpersönlichkeit*, denn „people become what they do"[78]: Muß jemand ständig monoton 'Papier schaufeln', wird er zum trockenen „paper"-ausspuckenden Bürokraten, der die Fähigkeiten zu mitmenschlichen Kontakten verliert; hat jemand ständig die Tätigkeit anderer zu überwachen, droht er nach und nach zum zwanghaften 'Schnüffler' zu werden; der gute Verkäufer wird auch sich gut verkaufen und schließlich seine menschlichen Beziehungen auf Tausch-Relationen reduzieren.

3.2. Formalisierung und Rationalität

Zur Erfüllung ihrer Ziele braucht jede Organisation eine gewisse Rationalität und Formalisierung, denn nur durch Vernunft und stringente Leitung und Planung können Mittel und Zweck in eine sinnvolle Relation gebracht werden. Je komplexer und spezialisierter Organisationen sind, desto notwendiger wird die rationelle und konsequente Zielverfolgung aller: fiel in der Urproduktion z. B. ein Jäger aus, so reduzierte sich das Gesamtergebnis nur um dessen Beitrag, das gleiche am Fließband kann zum totalen Zusammenbruch der Produktion führen.

Für die Führungskräfte bedeutet Formalisierung die Gestaltung von Aufbau und Ablauf der Organisation. Durch diesen Gestaltungsprozeß werden von den Leitenden bestimmte Verhaltenserwartungen mit genereller Gültigkeit (vgl. Blau/Scott 1963) explizit gesetzt, gleichzeitig unterliegen sie aber diesem Verhaltenskodex. Sie haben damit einerseits Probleme bei der Durchsetzung dieser Formalisierung, andererseits verspüren sie selbst die Konsequenzen steigender Formalisierung in der Einengung des eigenen Interessen- und Handlungsspielraums.

---

[78] French/Kahn 1962, S. 21. Vgl. hierzu Groskurth/Volpert 1975, S. 52ff., 155ff.; Ulich 1973; Rebell 1975, S. 76f.; Richter 1976, S. 200. Zum „Warencharakter" menschlicher Beziehungen s. Duhm 1972, S. 37ff.

Zur Formalisierung dienen eine Reihe organisatorischer Instrumente:
- die Verteilung von Aufgaben, Kompetenzen und Verantwortung auf bestimmte Stellen (Delegation);
- Standardisierung und Arbeitszerlegung.

Jedes dieser Instrumente ist nun mit einem Bündel von Schwierigkeiten versehen, man denke nur an die Erfüllung von Forderungen wie „Aufgabe, Kompetenz und Verantwortung müssen einander entsprechen", „Stelle und Stelleninhaber müssen einander angepaßt werden", „die Leitungsspanne ist zu optimieren" usw. Hinzu kommt, daß der Leitende zur Erfüllung der rationalen Ziele der Organisation dafür sorgen muß, daß
- die Organisationsmitglieder ständig präsent sind („decision to participate"),
- die Organisationsmitglieder die geforderte Leistung erbringen („decision to produce"),
- Spannungen und Konflikte minimiert werden[79].

Formalisierung ist dabei ein sehr wirksamer Raster zur Verhaltensregulation, indem unberechenbare Eingriffe fehlbarer Vorgesetzter und undefinierte Spielräume von Mitarbeitern eingegrenzt werden. Die Betroffenen genießen mehr Verhaltenssicherheit und weniger aversive Konsequenzen.

Andererseits bedeutet konsequente Formalisierung aber entweder eine utopische Fiktion (an die man sich zum Schein hält) oder eine Realisierung des Orwellschen Alptraums des total gesteuerten Menschen. Die Tendenz zur Reglementierung aller Verhaltensbereiche (abzulesen an der steigenden Flut an Normen und Gesetzen) und Verdinglichung zwischenmenschlicher Beziehungen wird von kritischen Psychologen wie Fromm und Presthus bereits mit Beunruhigung registriert[80].

3.3. Oligarchie

Die Oligarchie, die Kontrolle durch Minoritäten, scheint typisch für alle großen Gruppenverbände, die die Einhaltung von Ordnung und Kontinuität, „überhaupt das Fortführen und Imstandeerhalten des bereits Entschiedenen" (Hegel Recht § 278) auf ihr Panier geschrieben haben. Bereits um die Jahrhundertwende erkannte der Soziologe Michels[81], daß die Tendenz zur Oligarchie mit der Organisationsgröße zunimmt: die wachsende Zahl von Mitgliedern erschwert deren Kommunikation; Unwissenheit und Apathie breiten sich aus, womit Spezialisten und Experten notwendig werden, um die Ziele der Organisation zu erfüllen. Hierbei werden sich vor allem langjährige Amtsträger („*Machtprofis*") und omnipotente Führer mit Geschick und Erfahrung

---

79 Katz/Kahn 1966, S. 150ff., 337. March/Simon 1958, S. 48.

80 Fromm 1947, S. 67 ff.; Presthus 1966, S. 28; Schneider 1973, S. 183 ff.; Lukacs 1923, S. 177 ff. Vgl. a. unser Kap. IV 4.3.

81 Zur Ursache und Auswirkung von Oligarchien vgl. Michels (1911), Crozier (1979), Krüger (1976), Tjaden 1973, S. 45; Bahro 1977, S. 191ff.

durchsetzen. Richter (1976, S. 206) zeigt, daß für derartige Karrieren „eine geradezu machiavellistische Eleganz im opportunistischen Taktieren“ und nur ein „Minimum von echtem Sachwissen“ notwendig ist. Gleichwohl können sich nur die wenigsten dieser 'Machtträger‘ zu den eigentlich herrschenden Eliten zählen. Die Macht scheint nach außen zwar breit gestreut, „aber es handelt sich (nur) um eine entliehene, zeitlich begrenzte Macht – in Wirklichkeit verwaltet diese Gruppe lediglich die Macht einer kleinen Elite und erfreut sich dabei der Machtfassade, die ihr diese Art von Teilhabe zur Schau zu stellen ermöglicht“ (Presthus 1966, S. 55).

Im Grunde dienen die Leitenden nur der Legitimation und der Realisation der zentralen Entscheidungen. Auf die „originären Führungsentscheidungen“ (Gutenberg 1961, S. 51ff.) und die Festsetzung der Oberziele haben sie kaum Einfluß (vgl. Kap. III 6.4.2.).

3.4. Hierarchie und Autorität

Im Prinzip der Arbeitsteilung ist bereits die Trennung zwischen körperlicher und geistiger Arbeit, zwischen herrschender und beherrschter (disponierender und ausführender) Arbeit angelegt. Diese Antinomie liegt „im Wesen der Arbeit selbst“, denn jede zielorientierte, bewußte Tätigkeit erfordert eine „bestimmte Umsicht und Voraussicht“ und diese ist „von Anfang an schon verschieden verteilt“ (Marcuse 1965, S. 43). Je stärker die Arbeitsteilung, desto stärker wächst der Zwang nach Koordination der verteilten Aktivitäten und Kontrolle des angemessenen Rollenverhaltens durch eine Leitung, die das gesamte System überblickt.

Ist aber diese Leitungsarbeit selbst wieder spezialisiert, wie das bei fortgeschrittener Arbeitsteilung der Fall ist (z. B. in Finanz- und Marketingmanagement, oder nach Regionen), so bedarf es wiederum erneuter Koordination und Kombination auf höherer Stufe und damit weiterer Hierarchisierung.

Welche Wirkung hat nun aber diese Hierarchisierung, diese skalare Ordnung der Position und Arbeitsrollen?

Hierarchische Gliederung bedeutet zunächst lediglich Über- und Unterordnung; wie diese allerdings abläuft, wird (makroskopisch) bestimmt durch die Art der sozioökonomischen Gesellschaftsformation und (mikroskopisch) durch die „narzißtische Organisation des Ich“[82].

In mikroskopischer Betrachtung reaktivieren sich, wie wir hörten (Kap. I, 3.1.), mit der Einordnung in hierarchische Strukturen frühkindliche Abhängigkeitsverhältnssse. Je nach narzißtischer Organisation des Ich (Selbstbewußtsein) regrediert das Indididum mehr oder weniger zur Identifizierung

82 „Narzißmus“ nennt Freud die Zuwendung der Sexualität zum eigenen Ich. In reifer Form als positive Selbstachtung und Fähigkeit zur Liebe anderer Menschen, in pathologischer Form als Größenwahn oder als Bedürfnis nach Idealisierung eines Übervaters (Freud 1915, S. 94f., 42f., 60f.; Kohut 1966).

mit einer Vaterfigur: Der Führer wird introjiziert und als „Ich-Ideal“ mit Libido besetzt; d. h. man will wenigstens in der Phantasie an dessen Macht und Ruhm teilhaben (Idolbildung).

Komplementär zu dieser Herausbildung unterwürfigen Verhaltens finden sich Gruppenmitglieder, die verstärkt interagieren und Dominanzverhalten zeigen. Sie ergreifen die Initiative (Aggression im ursprünglichen Sinn von „aggredi = herangehen“) und versuchen, Personen, Objekte und Prozesse unter Kontrolle zu bringen. Die Gruppe hierarchisiert sich in einer „Hackordnung“[83]:

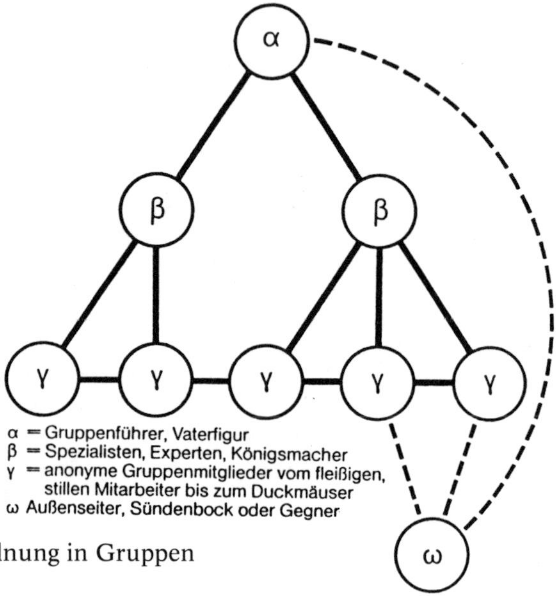

Abb. 10: Rangordnung in Gruppen

Der Sozialpsychologe Hofstätter (1957, S. 130 ff.) benennt die Funktionen dieser Herrschaftshierarchie:
- die Gruppe wird stabilisiert, indem Rangstreitigkeiten überflüssig werden
- die Leistungen der Mitarbeiter werden koordiniert
- extremes Konvergenzverhalten wird verhindert (z. B. Massenemotionen)
- Futter- und Paarungsprivilegien werden zur Arterhaltung gesichert.

Obgleich die Auseinandersetzung um Autorität typisch für die Anfangsphasen von Gruppen ist (Bennis 1964), ist die Herausbildung einer Dominanz-Hierarchie *keineswegs ein naturnotwendiges Gesetz* (nicht einmal für alle Tierherden, wie Fromm 1977, S. 137 ff., nachweist).

[83] Hofstätter 1957, S. 129 f. Vgl. a. Schindler, in: Psyche 1957/58, S. 308 ff. u. Schjelderup-Ebbe, in: Zf.Psych. u. Physiol. 1922. Die Schreckensvision totaler Hierarchisierung findet sich in Aldous Huxleys „Brave New World“.

Hierarchische Strukturen bilden sich nur unter „umweltbedingtem Streß", unter bestimmten sozialen Konstellationen, wobei eine breite Spannweite von funktionaler Koordination bis zur Entartung in „Herrschaft" (s. Kap. IV 4.3.) besteht. In Klassengesellschaften z. B. hat Autorität neben der Koordinationsfunktion auch die weniger sichtbare Funktion der Aufrechterhaltung der Herrschaft (Kieser/Kubicek, 1978, II, S. 142), der Übermittlung des Willens der Machtelite bis in die untersten Ränge von Organisationen und Gesellschaft. Monopolisiert eine Klasse „Macht und Privilegien", d. h. „bestimmt sie darüber, wie der Surplus einer Gesellschaft verteilt wird" (Lenski 1973, S. 71), bilden sich Strukturen von Herrschaft und Abhängigkeit, von Befehl und Gehorsam. Autorität gewinnt damit aber despotische Form und fordert „kasernenmäßige Disziplin" und „zwanghafte Arbeitstugenden" (Schneider 1973, S. 185). Mit dem *Kampf um Macht und Privilegien* und den latent gewaltsamen Formen der Austragung ist ein sehr breites Feld von Konflikten eröffnet.

„Die Herrschaftsstruktur industrieller Betriebe ist die allgemeinste Quelle aller Konflikte. . . Im Grunde ist industrieller wie sozialer Konflikt immer eine Auseinandersetzung um Machtbefugnisse (Dahrendorf 1967, S. 94, 99).

Wo stehen nun die Leitenden in diesem Kampf?

4. Der Status der Leitenden als Störungsquelle

4.1. Status als soziale Position

Wo stehen die Führer und Leiter im sozialen Raum der Organisation? Es ist dies die Frage nach der „sozialen Position", die den Ort und die Beziehungen eines Individuums in einem Sozialsystem anzeigen soll. Der Yale-Anthropologe Linton nannte eine derartige Position „Status" und definierte ihn als „eine Sammlung von Rechten und Pflichten"[84].

Es ist ein ganzes Bündel von sozialen Pflichten und Rechten, das an den Träger von Statuspositionen geknüpft wird: er muß eine bestimmte Bildung haben, muß sich in einer bestimmten Weise verhalten, eine bestimmte Herkunft vorweisen etc., dafür genießt er soziales Ansehen, Einkommen, Verantwortung, Macht usw.

Auch „Status" hat seinen Ursprung in der Arbeitsteilung: wir sahen, daß in der Arbeitsteilung bestimmte Verhaltensweisen herausdifferenziert und spezialisiert werden. Diese verfestigen sich zu abgegrenzten Aufgaben (Jagen, Handeln, Lehren, Betrieb leiten), die sich schließlich zu bestimmten Positionen (Jäger, Händler, Lehrer, Betriebsleiter) kristallisieren. Aus der engen Verbundenheit mit der Arbeit könnte man nun vermuten, daß Status direkt mit der ökonomischen Lage korrespondiert. Status als lokalisierte Position in der

---

84 Linton: The study of man, New York 1936. Vgl. a. Bolte 1967, S. 246 ff.

sozialen Hierarchie repräsentiert jedoch die für sozial bedeutsam erachteten (geschätzten) Unterschiede; diese soziale Wertschätzung läßt sich nicht unbedingt aus ökonomischen Kriterien erklären (man denke nur an das Prestige des Bettelmönchs)[85].

Welchen Einfluß hat aber die spezifische soziale Position und damit verbundene Wertschätzung des Leitenden auf seine Befindlichkeit?

4.2. Die Korrelation von Status und Leiden

Unsere Leistungsgesellschaft ist dadurch gekennzeichnet, daß fast jeder danach strebt, geschätzt zu sein, wichtige Dinge zu tun und Prozesse zu steuern. Ziel jeder Interaktion scheint das Bemühen um höheren Status, und je knapper die begehrten Positionen sind, desto mehr wird darum gerungen. Typisch für Industriebetriebe ist zum Beispiel der Kampf der jungen Stabsleute um mehr Ansehen, indem sie die Besonderheiten ihrer Abteilung betonen, versuchen, mehr Untergebene um sich zu scharen und danach drängen, in Linienpositionen springen zu können[86].

Status wird aber augenscheinlich nicht gratis vergeben, die Alltagserfahrung, aber auch eine ganze Reihe empirischer Untersuchungen zeigen, daß er *psychisch* und *physisch bezahlt* werden muß. Zum Beispiel findet sich eine starke Tendenz der „Oberklassen" zu „Neurosen", wobei sich insbesondere depressive psychosomatische Symptome häufen[87].

Nicht nur gesamtgesellschaftlich korreliert Status signifikant mit Leiden, die gleiche Tendenz ist auch in industriellen Organisationen zu finden. Der populärwissenschaftliche Publizist Packard (1963, S. 315) findet Führungskräfte stark von Stoffwechselstörungen (Blutdruck, Schilddrüse, Galle, Magen) betroffen. Empirische Befunde[88] zeigen für Führungskräfte Häufungen in Arteriosclerose, Herzinfarkt und Ulcus, oder zumindest biochemische Warnzeichen, wie erhöhte Pepsinsekretion, erhöhter Harnsäure- und Cholesterinspiegel; sie fühlen sich von Arbeitsfülle und Verantwortung überbeansprucht, im permanenten Streß und klagen über alle möglichen psychovegeta-

---

85 Zur Beschreibung von Status und Prestige vgl. z. B. Bolte 1967, S. 243ff.

86 Vgl. Dalton, Am.Soc.Rev. 1950, S. 342ff. Vgl. unser Kap. IV 2.4.3. Man beachte auch den Statuskampf in „wettbewerbsneutralen Institutionen wie Kirchen und Gewerkschaften"

87 Die berühmte New Haven Study von Hollingshead/Redlich, 1958, Kap. 8. Die Untersuchungen von Tietze (AmJSoc 1941, S. 165ff.) und Mintz (JSocPsych 1964, S. 101ff.) zeigen eine starke Korrelation zwischen hohem Status und depressiven Störungen. Rennie/Srole (PsychosomMed 1956, S. 449ff.) fanden eine Verteilung psychosomatischer Symptome nach Status in Form einer flachen U-Kurve.

88 French 1962, S. 70ff.; Lee/Schneider (JAMA 1958, S. 1447ff.); Pell/D'Alonzo (JAMA 1961, S. 463ff.); Morris/Crawford (BritMed 1958, S. 1485ff.); Ferber, L.V.: Macht Arbeit krank? Arbeit und Leistung, I, 1972, S. 257ff.; II, 1974, S. 57ff.

89 Entfällt

tiven Störungen. Es scheint also, als wirke der Verlust an körperlicher Arbeit und der Gewinn an Bedeutung und Verantwortung pathogen.

An dieser Stelle zeigt sich allerdings die alte Problematik, daß korrelative Beziehungen nichts über Kausalitäten aussagen: erreichen nur Personen mit einer typischen physischen und psychischen Prädisposition einen bestimmten Status, oder prägt der Status die psychophysische Kondition? Nutzen Führungskräfte nur deshalb häufiger das therapeutische Angebot, weil sie gesundheitsbewußter sind? Gehört es zum 'Image' des Erfolgreichen, stets über Streßsymptome zu klagen?

Die empirische Forschung versucht, dieses 'Henne-Ei-Problem' mit Hilfe von intervenierenden Variablen zu klären, wie Arbeitszufriedenheit, typische Probleme der Stelle, Fremd- und Selbsteinschätzung der Tätigkeit, Streßfaktoren etc.[90]

Obgleich sich für unsere kybernetische (dialektische) Betrachtungsweise die Wenn-dann-Problematik nicht stellt, sind diese intervenierenden Variablen für die Beziehungskette Status – Leiden sehr wichtig. So verweisen uns 'Probleme der Stelle' und 'Selbsteinschätzung' auf tieferliegende Mechanismen wie Statusinkongruenzen und Statusängste.

4.3. Statusinkongruenz

Status ist heute nicht mehr so eindeutig fixiert und kongruent wie in Zeiten, in denen die „gesellschaftliche Position durch Geburt bestimmt wurde", in denen „ein hoher Berufsstatus mit einem hohen Abstammungsstatus und einem hohen Einkommensstatus zusammentraf" (Bolte 1967, S. 58, 248). Heute haften Prestige, Einkommen, Macht, Verantwortung, Bildung, Herkunft und Alter nicht mehr unbedingt zusammen, sondern klaffen mehr und mehr auseinander. Diese Statusinkongruenzen führen zu erheblichen *Statusunsicherheiten*, zu „psychischen Störungen und Frustrationen" (Cooper 1978, S. 92).

Führungskräfte sind von Statusinkongruenzen in Organisationen besonders betroffen. Das liegt zum einen daran, daß sie auf eine angemessene Einstufung in die Rangpyramide mehr Wert legen als andere Organisationsmitglieder; schließlich glauben sie, in Form von Ausbildung, Erfahrung und Konformität auch mehr dafür investiert zu haben.

Zum anderen erscheint eine gerechte Statusverteilung in steilen Hierarchien gar nicht möglich: die Machteliten unterscheiden sich in Ausbildung und Fähigkeiten kaum von anderen Mitarbeitern, sie verdanken ihren Status anderen Faktoren.

Die Inkongruenz zwischen Status und Fähigkeiten ist aber besonders pathogen, sie führt zu Irritationen, Konflikten und Frustrationen bei den Führern

---

90 Kornhauser 1965; French 1962, S. 46, 75ff.; Kahn 1964, S. 143; Inkeles, in: AmJSoc 1960, S. 1ff.

und Geführten[91]. Nicht von ungefähr forderte Platon, der König solle Philosoph sein, denn wo Macht und Fähigkeit auseinanderklaffen, könne es nur Konflikte geben. Heute bestimmt sich aber Autorität in bürokratischen Organisationen weniger nach Talent und Erfahrung als nach Eigentum, Konformität und guten Beziehungen.

Eingebunden in die Herrschaftsstrukturen können die Leitenden die Verteilung von Macht und Status nicht hinterfragen. Ihnen bleibt nur die Umwertung der Statusfaktoren und -kennzeichen: die wahrnehmbaren Unterschiede nach unten werden betont, die nach oben abgeschwächt.

Statusinkongruenzen finden sich nicht nur im Verhältnis der Leitenden zu den Machteliten, sondern auch zu den Geführten. Manager verdanken ihre Position häufig weniger ihren Begabungen und Kenntnissen als ihrer Anpassungsfähigkeit. Ihre Macht beruht also auf formaler Bestimmung, nicht auf persönlicher Überlegenheit. Das hat aber konfliktträchtige Konsequenzen: Zum einen läßt sich eine Gruppe nicht ohne weiteres durch Zwang einen Führer 'vor die Nase setzen'. Sie wird sich weniger um ihre Aufgabe kümmern, als darum, den ungeliebten Führer zu ignorieren, zu umgehen und 'abzusägen'. Zum Beispiel werden Betriebsleiter ohne fachspezifische Erfahrungen von ihren Mitarbeitern gerne unterlaufen, weil sie ihnen keine „Expertenmacht" zuschreiben; hochqualifizierte Mitarbeiter neigen dazu konspirative Cliquen zu bilden, in denen sie ihren Verlust an Selbstwert kompensieren können.

Typisch für die Inkongruenz von Status und Fähigkeiten ist auch das Phänomen traditioneller Organisationen, daß der Status mit dem Lebensalter zunimmt, während viele Fähigkeiten abnehmen[92]. In diesen Problemkreis gehört auch der in allen herkömmlich organisierten Unternehmen auftretende Stab-Linien-Konflikt, in dem junge Akademiker an den Stühlen in Ehren ergrauter Hierarchen sägen.

Wird eine Führungskraft also lediglich 'hochgelobt', oder sind ihre überlegenen Fähigkeiten für die Geführten nicht erkennbar, wird die *mangelnde Wertschätzung* folgende Prozesse fördern:
- der Führer qua Position wird die mangelnde Wertschätzung verdrängen, meist überkompensieren, so daß es zur Selbstüberschätzung kommt.
- Die Geführten werden versuchen, seine Führungsakte zu stören oder zu unterlaufen und einen informellen Führer qua Ansehen wählen. Die Überlagerung formaler Strukturen durch spontane, informelle Gruppierungen ist aber eine ständige Konfliktquelle (Moreno 1934, S. 701f., Bass 1960, S. 326ff.)

---

91 Cooper/Payne 1978, S. 92. Platon, Politeja, 5 BXVIII. Zum ability-status-conflict s. unser Kap. IV 2.3.1.

92 Bass 1960, S. 335. Weshalb z. B. Hackethal, Auf Messers Schneide, S. 219, fordert, Chirurgen sollten nach dem 60. Lebensjahr nicht mehr operieren.

Die Wertschätzung eines Führers durch seine Gruppe wird in der industriellen Praxis tatsächlich viel zuwenig beachtet. Sie bestimmt aber Betriebsklima, Arbeitszufriedenheit und Konfliktfreiheit, ja ob ein Beeinflussungsversuch überhaupt Chancen hat (Bass 1954, S. 465ff.).

4.4. Statusängste

In der fortgeschrittenen Industriegesellschaft haben Führungskräfte wenig Möglichkeiten, Wertschätzung und (Selbstbewußtsein) durch fachliches Können und das Vollenden eines ganzheitlichen Arbeitsvollzugs zu erlangen. Findet aber das Individuum in der Arbeit als solcher weder Selbst- noch Fremdbestätigung, muß es seine Energie und sein Interesse auf Nebenprodukte der Arbeit, wie beispielsweise auf Status legen. Das Erreichen von Status und Prestige wird zum wesentlichen Faktor der persönlichen Identität: die Machteliten verleihen damit nicht nur materielle Belohnungen wie Position und Einkommen, sondern auch Selbstwert, was die Beliehenen genauso diszipliniert wie ängstlich macht. Statusangst reaktiviert frühkindliche Abhängigkeitsverhältnisse für die Organisation und stabilisiert damit die herrschenden Autoritätsstrukturen[93].

Besonders betroffen sind dabei die Führungskräfte, die weder die Machteliten stellen bzw. eng mit ihnen verbunden sind, noch die resignative Chancenlosigkeit der unteren Ränge teilen. In den mittleren Führungsrängen großer Organisationen herrscht regelrechte 'Statuspanik': man ist voller Angst, zu scheitern, auf ein Nebengleis abgeschoben zu werden, Status, Wertschätzung und Macht zu verlieren, fremdbestimmt zu werden, oder bisherige Gruppenbindungen aufgeben zu müssen.

Statusangst hat seine Quelle nicht nur oben in den Machteliten: je näher die unteren Ränge rücken, indem sie sich ähnliches Einkommen und ähnliche Statussymbole verschaffen, desto stärker wird der Zwang, Status zu betonen, indem man kleinste Unterschiede überbewertet, elitäre Peergruppen bildet und sich zum Experten stilisiert, der mit bürokratischen Regeln die Verhaltensweise der anderen bestimmt (vgl. Mills 1956, S. 239ff.).

„Das Bedürfnis nach Status kann", wie der Sozialpsychologe Brown feststellt, „durch nichts anderes kompensiert werden. Statusverlust führt zu sozialer Isolation und ist der häufigste Grund für Neurosen" (1954, S. 281).

4.5. Sensitivität für Statussymbole

Statusängste werden an der Sensitivität für Statussymbole besonders deutlich. Je weniger die Produktionsverhältnisse eine Identifikation mit der Arbeit und ihrem Ergebnis zulassen, desto empfindlicher reagieren die Arbeitenden auf Statussymbole. Diese erhalten einen Wert, als würden sie Macht und Fähigkeiten verursachen, denn markieren. Arthur Millers „Tod eines

---

93 Vgl. Presthus 1966, s. 156.

Handlungsreisenden" verdeutlicht dieses Problem des Selbstzweifels und der Verwirrung über Statussymbole besonders treffend.

Das Merkwürdige an den Statussymbolen ist, daß die *Symbole* dem Menschen *wichtiger* erscheinen, als der tatsächliche Status. So ist es z. B. weitverbreitet, durch die Gewährung von Symbolen für Wertschätzung eine tatsächliche Statusverminderung in ihren emotionalen Kosten abzukaufen. Mitarbeiter werden mittels Wortmagie ins Abseits gelobt, d. h. Machtverlust wird durch Prestige kompensiert, was Laurence Peter (1969, Kap. 3) „laterale Arabeske" nannte und in deutschen Büros als „Elefantenfriedhof" kolportiert wird. Die übermäßige Empfindlichkeit von Führungskräften gegenüber Statussymbolen wird immer wieder zitiert[94]; wir wollen deshalb klären, was Statussymbole überhaupt sind und welche Funktion sie haben.

Um den Status ihrer Mitglieder zu markieren, verfügen alle Gesellschaften und Organisationen über eine Reihe von „cues" (Hinweisreizen) in Form einprägsamer Symbole und Rituale, Requisiten, Insignien, Privilegien und Tabus. Statussymbole sind Grenzmarkierungen, Bezugspunkte der Macht, die Aggressionen dämpfen und die Leistungswirksamkeit erhöhen sollen. Die Hauptfunktion ritualisierter Verhaltensformen besteht also einmal darin, die destruktiven Elemente von Machtkonflikten abzuschneiden; auf den Träger von Statussymbolen wird rituell reagiert, was manchmal zu amüsanten Verdrehungen führen kann (Hauptmann von Köpenick). Können und Vermögen signalisierend, sollen Statussymbole außerdem Anreize zu weiteren Hochleistungen bieten, indem sie als allgemein sichtbare Anerkennung wirken.

Statussymbole zur Demonstration von *Wertschätzung* und *Herrschaftsbeziehungen* scheinen sich durchgängig in allen Gesellschaftsformen zu finden. So stellen Eingeborene vor ihren Hütten riesige Mengen von Yamswurzeln und Vieh zur Schau, schmücken sich mit bunten Steinen und Federn, horten Wertsachen über den notwendigen Lebensunterhalt hinaus und arbeiten wie die „Wilden", um überschwänglich prahlen zu können[95]. Ebenso dreht sich in den Staaten mit fortgeschrittenen Produktionsverhältnissen ein Großteil aller Anstrengungen um statussymbolisierende Dinge wie Datschas, Luxuslimousinen, Titel und Orden. „In Deutschlands Büroetagen werden die Stiellänge der Blumen, der Möbel-Komment, der Gardinen- und Teppich-Kodex und die Quadratmeter-Regel so strikt beachtet wie die Konventionen in einer Pavianherde"[96].

Büroausstattung, Raumfläche, Vorhänge, Tapeten, Teppiche, Blumen, Bücherschrank, Anzahl der Telefone, Etage, Vorzimmerdamen, Extralifts und -toiletten, gesondertes Kasino, Parkplatz, Dienstwagen, Spesenersatz, besondere Sozialleistungen, VIP-Service und viele andere exklusive Zeichen

---

94 Z. B. Bass 1960, S. 267 ff.; Page 1973, S. 216 ff.; Packard 1963; Bolte 1967, S. 242;
95 Page 1973, S. 224 f., 240 f.
96 Der Spiegel, 3.5.71, S.46, s. a. Bolte 1967, S. 242.

und äußere Ehren sollen einer ehrerbietigen und unterwürfigen Haltung Vorschub leisten und für die vielen Mühen entschädigen. Packard (1963, S. 276) fand als seltsamstes Statussymbol des Präsidenten eines New Yorker Unternehmens gar einen Picasso auf der Herrentoilette des Top-Managements.

Der persönliche Status wird außerdem durch streng reglementierte Kommunikationsformen verstärkt. Es werden Vorkehrungen getroffen, die den Zugang zur Autoritätsperson formalisieren und den Eindruck des Mit-wichtigen-Dingen-Beschäftigtseins erwecken. So ist es zum Beispiel alte afrikanische Sitte, Häuptlinge nie direkt anzusprechen, sondern nur über einen vermittelnden Stammessprecher (Page 1973, S. 8), da erst eine gewisse Distanz die richtige Würde verleihe. Ähnlich kommunizieren bei uns Vorgesetzte gerne durch die Vermittlung einer Sekretärin, lassen im Vorzimmer warten, bestimmen Ton, Stil, und Dauer der Unterredung, suchen selten Untergebene auf, sondern 'zitieren' diese zu sich und versuchen alles, den Anschein von Distanziertheit und Würde zu erhöhen.

Maßstab der Macht
Distanzzonen als Gradmesser des Status

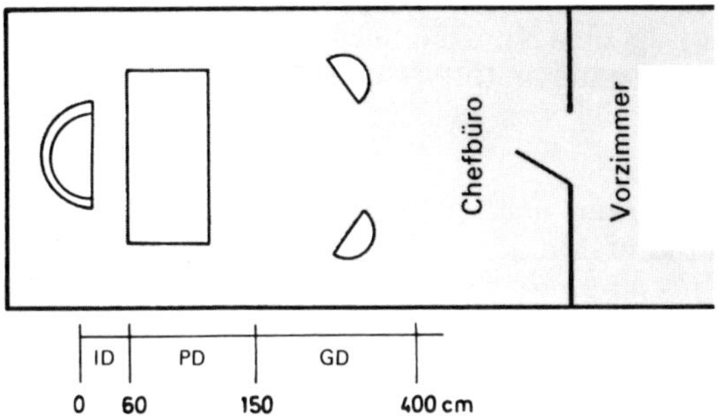

ID = Intime Distanz (0–60 cm): Liebe, Freundschaft, Vertrautheit
PD = Persönliche Distanz (60–150 cm): persönliche Beziehung, Zeichen besonderer Gunst (Händeschütteln), Dominanzgrenze der Person
GD = Gesellschaftliche Distanz (150–400 cm): offizielle (geschäftliche) Anlässe, Abstand, um zu beherrschen und größer und mächtiger zu wirken

Abb. 11: Distanzzonen im Büro

Besondere Bedeutung bei dieser Statusmarkierung kommt der nonverbalen Kommunikation zu. Sie verdeutlicht durch bestimmtes *Revierverhalten*, (Distanzzonen), spezifische Körperhaltung (Dominanzausdruck) und geschicktes Arrangement von Stühlen und Tischen die Beziehung zwischen Autoritätsperson und Besucher. So symbolisiert z. B. die Entfernung, bei der der Eintretende vor dem Sitzenden stehenbleibt, den Rangunterschied zwischen den beiden[97].

---

97 Vgl. hierzu Hall, E.: The hidden dimenson, Garden City 1966; Burns, T.: Nonverbal communication, in: Discovery 25, 1964, S. 30ff.; Fromm 1977, S. 136; Watzlawick 1969, S. 63ff.

Das Revierverhalten von Managern ist häufig unbewußt und wird mit reichlich trivialen Rechtfertigungen rationalisiert („wenn meine Türe offen ist, werde ich von meinen Mitarbeitern mit allem möglichen Kram belastet", „ein guter Manager hat ein festes Tagesprogramm"). Mitunter werden recht kuriose Versteckspiele praktiziert: so fand ich bei einem mittelständischen Möbelproduzenten die Türe zum Patriarchen ohne Klinke und in einer größeren Vertriebsgesellschaft eine Leuchtanzeige „Bitte nicht eintreten".

Was treibt die Führer dazu, sich so zu plagen, um mehr oder weniger nutzlose Statuszeichen anzuhäufen, oft unter schweren Risiken für ihre physische und psychische Gesundheit? Daß es dabei um Prestige, Ansehen gehe, verweist darauf, daß es sich hier um Probleme des *Selbstwerts* handelt. Das Bedürfnis, bestätigt, geschätzt, bewundert, begehrt, ja eigentlich 'geliebt' zu werden, in psychoanalytischer Diktion der „Narzißmus", ist hier der Motor. Die Interaktionspartner dienen als Spiegel, in denen man sich als liebenswert gespiegelt sehen will: „Das Kind fühlt sich minderwertig, wenn es merkt, daß es nicht geliebt wird, und ebenso der Erwachsene" (Freud 1932, S. 503).

Bleiben also Bestätigungen der Umwelt aus, kommt es zu Minderwertigkeitsgefühlen, zu Spannungen zwischen Ich und Ich-Ideal[98], die unter bestimmten Umständen chronisch werden: „Die Primärgruppe – in der Industriegesellschaft meist die Mutter – versagt dem Kind das akzeptierende Widerspiegeln des eigenen Selbst, das es dann später an toten (wie der mythischen 'Narziß') und lebendigen Spiegeln vergeblich und zwanghaft finden möchte" (Kohut 1966, S. 561).

Gesellschaftlich vermittelt, wirken narzißtische Persönlichkeitsstörungen auch gesellschaftlich vermittelnd: Mit dem zwanghaften Interesse für Prestigesymbole und Rangordnungen reproduzieren sich Hochleistung und Herrschaft, verschärft sich aber andererseits Statuswunsch zu *Statusangst*. „Statusangst entsteht aus Prestigeforderungen, deren phantastischen Dimensionen bloß noch ihr Pathos entspricht" (Presthus 1966, S. 259).

Die zunehmende Abhängigkeit und die abnehmenden objektiven Differenzen in Ausbildung, Herkunft und Belohnungen bei den leitenden Angestellten lassen die Statusangst geradezu zur „Statuspanik" (Mills 1956) werden. Je mehr die Massenproduktion die Symbole des materiellen Erfolgs auf breiter Ebene zugänglich macht (Kleidung, Auto) und die Eliten entzaubert zu werden drohen, desto mehr verlagern sich Statuswünsche auf subtile, nicht materielle Unterscheidungsmerkmale, die man sich weniger leicht aneignen kann. Es kommt zur Prestigeaufladung aller Unterschiede, zum „Narzißmus der kleinen Differenzen"[99].

---

98 Ich-Ideal: Gruppe von Vorstellungen, an denen sich das Ich mißt, bewertet, u. denen es nachstrebt. Niederschlag der Identifizierung mit den Eltern und des kindlichen Narzißmus.

99 Bolte 1967, S. 327; Freud 1929, S. 243.

5. Der soziale Aufstieg als Störungsquelle

5.1. Der Zwang zum Erfolg

Niemand nähme die vielfältigen Mühen und Leiden in Organisationen auf sich, hätte er nicht den Glauben an eine materielle und symbolische Belohnung dafür. Für Manager bedeutet Karriere die Erfüllung ihrer zentralen Bedürfnisse nach Anerkennung, materieller Sicherheit, Selbstverwirklichung und Prestige. „Der Erfolg im Beruf wird zur Bedingung, unter der man uns liebt" (Plack 1974, S. 49). Wo Anerkennung und Sicherheit nur in der steten Flucht in den Erfolg zu erreichen sind, verformen sich konstruktive Leistungsbedürfnisse in Erfolgszwänge, übersteigerten Ehrgeiz und Versagensängste, die Arbeitswelt und Privatleben destruktiv verändern.

Ehrgeiz und Aufstiegsambitionen werden gerne durch einen angeborenen „Konkurrenztrieb" erklärt und gerechtfertigt. Interkulturelle Vergleiche zeigen jedoch, daß Rivalitätsverhalten und Leistungszwang keineswegs naturnotwendig sind, sondern sich nur unter bestimmten Umständen herausbilden und in Form sozialer Normen über die Familie als Agentur der Gesellschaft anerzogen werden. Psychoanalytiker finden insbesondere die bürgerliche Gesellschaft als herausragendes Beispiel einer „anal-retentiven" Kultur: eine Kultur die ihre Kleinkinder einem rigiden Leistungs- und Reinlichkeitszwang unterwirft und sie in Richtung Ehrgeiz, Erfolg, Arrivement und Wettbewerb trimmt. Menschen dieser Kultur streben gewissermaßen nach jenen Höhen, die ihre Autoritätsfiguren bereits in ihrer Kindheit für sie ausersehen haben[100].

Vor den Zugang zu den Prachtstraßen von Einfluß, Prestige und Geld haben jedoch Schrankenwärter der Macht Barrieren gesetzt, die zu überwinden das Befolgen ihrer Bedingungen erfordert.

5.2. Aufstiegsbarrieren

Für Führungskräfte sind die zentralen Ziele der abendländischen Leistungsgesellschaft 'Aufstieg, Erfolg, hoher Status, Prestige' zwar ureigenstes Bedürfnis geworden, jedoch nicht ohne Schwierigkeiten zu erreichen. Man kann sich das gut verdeutlichen, wenn man die Pyramidenfigur einer hierarchischen Organisation einfach umdreht:

Wie man sieht entsteht ein Trichter und je enger dieser wird, desto stärker wird der Kampf ums Durchkommen; in der sehr begrenzten Zeit des Arbeitslebens wird es nur wenigen gelingen, die Engpässe zu passieren und bis zur

---

100 Fast alle psychoanalytischen Zivilisationstheorien beschreiben die bürgerliche Gesellschaft als „anale" Kultur, s. Freud 1929; Fromm 1977, S. 330ff.; Schneider 1973, S. 179ff. Zu „konkurrenzfreien" Kulturen vgl. Parin, P.: Der Ausgang des ödipalen Konflikts in 3 verschiedenen Kulturen, Kursbuch 1972.

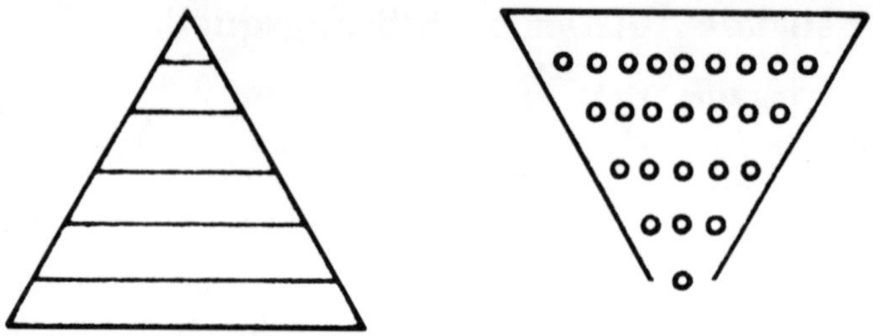

Abb. 12: Das Aufstiegsdilemma

Spitze vorzustoßen. Tatsächlich ist es empirisch nachgewiesen, daß in der Bundesrepublik und in den USA dreiviertel der Bevölkerung keine nennenswerte vertikale Mobilität mitmachen[101].

Welche Kriterien bestimmen aber den Aufstiegserfolg des restlichen Viertels? Unter Zugrundelegung von Max Webers „Typen des sozialen Handelns" (WuG I, § 4) lassen sich vier grundsätzliche Arten von *Auslesekriterien* differenzieren:
- „traditionelle" wie Herkunft, Abstammung, Alter, Eigentum;
- „emotionale" wie Sympathie, Antipathie, Identifikation;
- „wertrationale" wie Konformität, Anpassung, Gesinnung, Loyalität;
- „zweckrationale" wie Leistung, Erfahrung, Ausbildung, Intelligenz.

Welche dieser Auslesekriterien bestimmen nun wesentlich den Erfolg oder Mißerfolg der Leitenden?

5.2.1. Leistung

Wir hörten bereits, daß die Grundlagen der Leistungsmotivation in der frühen Sozialisation gelegt werden. Leistungskönnen gilt in dieser Gesellschaft als zentraler Wert und Ziel für alle. Dementsprechend beruhen das berufliche Selbstverständnis und die Aufstiegserwartungen der Führungskräfte auf der Vorstellung, daß ihr beruflicher und sozialer Status von ihrer individuellen Leistung bestimmt wird.

Empirische Untersuchungen (z. B. Offe 1970, S. 59ff.) weisen jedoch nach, daß das Leistungsprinzip für den Aufstieg und die Zuweisung von Status mehr und mehr an Bedeutung verliert. In kooperativ organisierten Arbeitsprozessen ist es nämlich schwierig, einen positiven Beitrag zum Organisationsziel als solchen zu identifizieren und der Arbeitstätigkeit einer bestimmten Person zuzurechnen. Die höheren Instanzen können die individuelle Leistungstüchtigkeit nur noch sehr schwer beurteilen, so daß sie auf andere Attribute wie Ausbildung, Loyalität und Konformität Zugriff nehmen müssen.

---

[101] Bolte 1959; Mills 1956, S. 127 ff.; Lipset/Bendix: Social mobility in industrial society, Berkely 1959.

Gilt Leistung nicht mehr als Auslesekriterium, wird die Lage für die Leitenden prekär: ihr mühsam anerzogenes Bedürfnis nach Selbstdarstellung ihres persönlichen Leistungskönnens wird immer weniger befriedigt. Zudem stehen sie in einem Legitimitätsvakuum, wenn sie ihre Statusansprüche nicht mehr mit persönlicher Produktivität rechtfertigen können.

Status kann unter diesen Umständen nur durch „periphere Rollenelemente" wie Anpassung und Loyalität legitimiert werden. Derartige „Qualifikationen" lassen sich jedoch (im Gegensatz zur Leistung) kaum durch Erfahrung steigern, so daß mit steigendem Alter die erreichte Position zunehmend unsicherer wird.

5.2.2. Herkunft

Welche Chancen bestehen für den Leitenden überhaupt, Karriere zu machen? Sind Hoffnungen angebracht, in die obersten Führungsschichten vorstoßen zu können oder eher Resignation, weil eine angestammte Clique von Wirtschaftsaristokraten die Macht ausschließlich unter sich aufteilt?

Empirische Untersuchungen der Herkunft der Manager zeigen, daß nur die Söhne der Mittel- und Oberschicht Zugang zur Konkurrenz um die Führungsstellen in Großunternehmen erhalten. Etwa jeder zweite startete schon auf der sozialen Ebene, der sein heutiger Beruf zuzurechnen ist (Pross 1971, S. 36ff., Priewe 1973, S. 265ff., Bottomore 1966).

Berufe der Väter leitender Angestellter		
	USA	BRD
Selbständige mit großen Unternehmen	8%	6%
Leitende Angestellte	15%	15%
Selbständige mit kleineren Unternehmen	18%	20%
Freie (akademische) Berufe	14%	7%
mittlere und untere Angestellte	19%	13%
Arbeiter	15%	5%
Beamte	–	29%

Empirische Untersuchung nach Pross/Boetticher.

Abb. 13: Berufe der Väter leitender Angestellter

Die schöne Geschichte vom unaufhaltsamen Aufstieg des fleißigen Tellerwäschers zum Großindustriellen entpuppt sich als Märchen: die vertikale Mobilität zu Positionen des Top-Managements ist sehr gering, die Hälfte der Vorstandsmitglieder stammt bereits aus der Oberschicht.

Die Frustration der von der Gesellschaft stets von neuem geweckten Aufstiegshoffnungen darf nicht unterschätzt werden: es sind die zerstörten Illusionen aufstrebender, qualifizierter Mitarbeiter, die den Grundstein für einen pathogenen Zustand schaffen, der als „Neidärger" bezeichnet wird.

5.2.3. Ausbildung

In industriellen Gesellschaften gilt, daß der 'Makel' niedriger Geburt am ehesten durch eine ausgewogene Ausbildung zu überwinden ist.

Tatsächlich sind zwei Drittel der deutschen Manager Akademiker und auch in den USA genossen Spitzenangestellte eine zwölfmal umfangreichere Ausbildung als die entsprechenden Altersgruppen der Bevölkerung[102]. Ob dabei die erworbenen Kenntnisse und Fähigkeiten ausschlaggebend sind oder Titel und die nichtkognitiven Erfahrungen ist jedoch unklar. Immerhin fand der

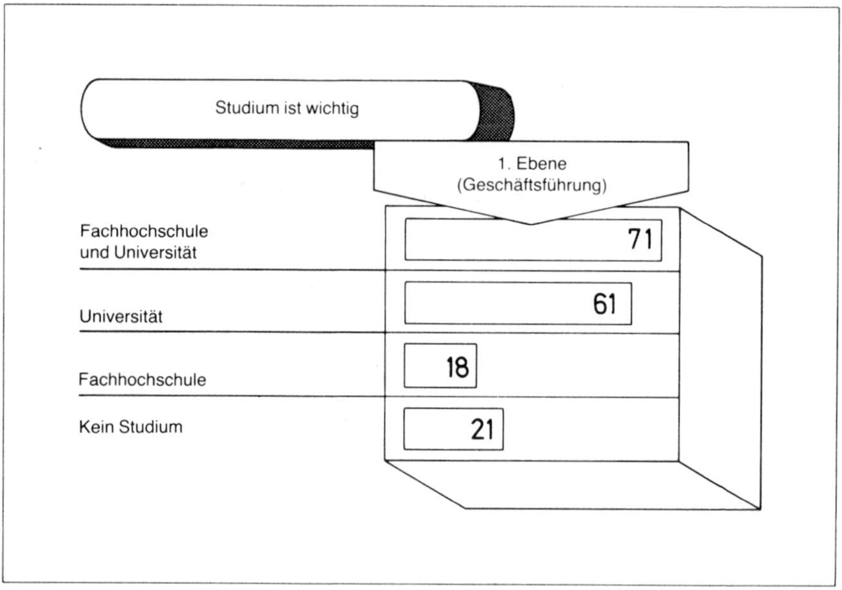

Abb. 14: Die Ausbildung leitender Angestellter

[102] Pross/Boetticher 1971, S. 59 ff.; vgl. a. Hartmann 1973, S. 33; für die USA Newcomer 1955, S. 146.

amerikanische Betriebspsychologe Herzberg keinen Zusammenhang zwischen Intelligenz und Eignung und dem am Rang oder Gehalt gemessenen persönlichen Erfolg (1959, S. 129). Überragende Intelligenz und Fähigkeiten können für den Aufsteiger sogar hinderlich sein: einerseits darf die Intelligenzspanne zwischen Führer und Geführten nicht zu groß werden, wie gruppendynamische Erfahrungen zeigen, andererseits werden Vorgesetzte einen zu klugen Aufsteiger fürchten, denn dieser könnte ja 'an ihrem Stuhl sägen' und ihre Inkompetenz beweisen.

Die Allgemeingültigkeit dieses „Oberhäuptlingsdilemmas", wonach dieser einerseits kluge und tüchtige „Unterhäuptlinge" braucht, damit seine Gruppe gedeiht, diese aber, wenn sie wirklich klug und tüchtig sind, alles versuchen, ihm die Macht zu entreißen, wird durch interkulturelle Vergleiche bestätigt (Page 1973, S. 93 ff.). Ebenso die Strategien zur Lösung dieses Dilemmas:

- Der Führer baut Schutzschichten um sich auf, indem er dafür sorgt, daß sich seine nächsten Unterführer überspezialisieren und dadurch als spezielle Herausforderer nicht mehr in Frage kommen, er fördert also das „Fachidiotentum".
- Der Führer befördert die Ehrgeizigsten und überträgt ihnen gleichzeitig Aufgaben, die sie nie schaffen können. Der katastrophale Fehler ist nur noch eine Frage der Zeit und der 'Überambitionierte' wird mit Schimpf und Schande davongejagt.
- Der Führer pflegt den „Mythos des göttlichen Häuptlings", d. h. er verbreitet ein Image übermenschlicher Fähigkeiten und Unverwundbarkeit, und den Glauben, daß alle Wohlfahrt seiner Untergebenen von ihm abhänge. Für alle Unterführer bedeutet das jahre-, ja jahrzehntelange Immobilität.

5.2.4. Konformität und Loyalität

Überlegenes Wissen und Können ist demnach nicht unbedingt karrierefördernd, wenn auch Beförderungen gerne mit Fachkönnen und Führungsfähigkeit legitimiert werden. Viel entscheidender und leichter wahrnehmbar für die Machteliten ist die Identifikation mit ihren Zielen und die bedingungslose Akzeptanz ihrer Autorität, also die Konformität und Loyalität des ambitionierten Mitarbeiters.

Das bedeutet nicht unbedingt 'Radfahren' oder untertänige 'Kriecherei', sondern ein feines Gespür dafür, was oben verlangt wird und was gerade opportun ist. Der populäre Konflikttheoretiker C. W. Mills gibt dafür ironische (aber nicht unrealistische) Tips:

> „Verwirre deine Vorgesetzten nie mit Details, sondern laß deine Entscheidung wie eine Zeremonie ablaufen. Stelle Binsenwahrheiten als den tiefschürfendsten Gedanken dar. Sprich wie der ausgeglichene, kompetente Diplomat und sage nie direkt nein. Sei der tolerante Mann, der alle Möglichkeiten offen hält und bringe deine Fakten voller Optimismus. Spiele den Leuten vor, was sie gerne sehen möchten, aber zeige nie, wie intelligent du wirklich bist" (1959, S. 142 f.).

Streben nach hohem Status fordert also Verhalten, wie der Statuszuweisende es wünscht. Häufig verläuft diese Anpassung nach dem *Patenschaftsprinzip*: Der Ambitionierte sichert durch Absprachen mit einem 'Paten' sein Vorwärtskommen und dieser sichert sich damit eine Gruppe loyaler 'Mitläufer'. Nach der amerikanischen Lebensregel „it is not what you know but who you know that counts" bleibt dem Karrieristen kaum Zeit, sich der eigentlichen Arbeit zu widmen. Sein ganzes Trachten muß vielmehr dem Umwerben der ehrwürdigen Statusverleiher gelten. Seine ganze Geschicklichkeit muß sich auf persönliche Kontakte und massive Selbstdarstellung spezialisieren[103].

Das Spiel um die Macht wird zum dramatischen Ritual: demonstrative Loyalität wird aufgebaut, konspirative Cliquen werden gebildet und Rivalen wo es geht behindert, ja „zerfetzt" (Packard).

5.3. Pathologie des Ehrgeizes

Wo Erfolg im Beruf die wichtigste Bedingung ist, geschätzt zu werden, verkommen Arbeitsmotivation und zwischenmenschliche Beziehungen. Das Individuum gerät in einen Teufelskreis: um Erfolg zu haben, muß es aus einer sicheren Geborgenheit heraus handeln, diese wird ihm aber nur in dem Maß gewährt, in dem der Erfolg ihm treu ist. Es ist diese unentwirrbare soziale Dialektik aus der jener Konflikt entsteht, der die Ausgangssituation bildet für ein Magengeschwür. Tiefenpsychologische Explorationen verraten bei Ulkuskranken ein überdurchschnittliches Bedürfnis nach Zuwendung und Geborgenheit und die Unfähigkeit, Aggressionen richtig loszuwerden.

Es erscheint klar, daß dieses Dilemma besonders in Führungssituationen auftritt. Wo einer der Konkurrent des anderen ist, können Bedürfnisse nach zwischenmenschlicher Nähe und Wärme nicht befriedigt werden; wo man sich das Wohlbefinden von Gönnern sichern muß, kann man Ärger nicht ungefiltert herauslassen. Dem so in seinen Bedürfnissen Geschädigten bleiben nur Ersatzobjekte und Ersatzbeziehungen, indem sein Ehrgeiz danach trachtet, sich von seiner Umwelt mit Bewunderung, Anerkennung und Bestätigung „füttern" zu lassen (Ersatzliebe). Es kommt quasi zur „Scheinfütterung": der Magen verhält sich ständig so, als ob Nahrung aufgenommen werden würde, d. h. er sondert laufend Verdauungssäfte ab, die ihn selber anzudauen beginnen – das Resultat sind Trichter in der Magenwand (Ulcera). Wenn also gesellschaftliche und persönliche Grenzen die Hoffnung nach Wertschätzung, Zuwendung und Erfolg zunichte machen und der eigene Ehrgeiz verkommt, wird das Individuum Gefahr laufen, „Neidärger" und Magengeschwüre zu produzieren[104].

---

103 Vgl. Martin/Sims, in: Kolb (1974), S. 177 ff.; Presthus 1966, S. 192.

104 Der Psychosomatiker Zander (Poliklinik München) belegte den Zusammenhang zwischen Neidärger und ulcus duodendi empirisch (s. Médecine & Hygiène 1976, 34, S. 152 ff.). Vgl. a. Plack 1974, S. 49; Packard 1963, S. 319; Alexander 1948, S. 72 f.

Dieser Konflikt wird aus anderer Sicht von Soziologen[105] bestätigt: die Spannung zwischen dem zentralen Ziel von Leistungsgesellschaften, nämlich Aufstieg und Erfolg, und den restringierten Möglichkeiten zu seiner Erreichung führt zum Zustand der sog. *Anomie*. Mit Anomie wird seit Durkheim ein Zustand mangelhafter gesellschaftlicher Integration und andauernden sozialen Unbehagens bezeichnet. Diese malaise social produziert ganz bestimmte 'kaputte' Verhaltensweisen, nämlich

- totale Anpassung,
- Einsatz von illegalen Tricks,
- zwanghafte Rituale,
- Psychopathien und Soziopathien (Krankheit oder Kriminalität).

Damit aus diesen Verhaltensalternativen nicht zu destruktive Formen ausgewählt werden (man denke nur an Suizid und Rebellion), bemühen sich alle Organisationen darum, Statusverluste ihrer Mitglieder zu verschleiern. Sprechen sich nämlich Degradierungen herum, könnten sich Aggressionen oder Defätismus ausbreiten und die Produktivität und Loyalität gefährden. Außerdem soll vermieden werden, daß beim Nachfolger Schuldgefühle ausgelöst werden, er hätte einen anderen von seinem Platz verdrängt. Wie subtil Status entzogen werden kann, zeigen folgende Formen der Degradierung:[106]

- Beibehalten der Stelle, aber Reduzierung der Zahl der Untergebenen;
- Einziehen neuer Hierarchiestufen über der Position;
- Versetzung in eine uninteressante Position, an einen entfernten Ort;
- Job-Rotation, d. h. ständige Versetzung von einer Abteilung zur anderen, Umbau einer Linien- in eine Stabsposition;
- Übergehen bei allgemeiner Beförderung oder Lohnerhöhung;
- Beibehaltung der Position mit Gehaltskürzung;
- Sinekure, d. h. Pfründe ohne Amtspflichten („Elefantenfriedhof").

6. Die Abgrenzung der Leitenden als Störungsquelle

Die soziale Position des Leitenden wurde in den letzten Abschnitten nur an ihren Attributen festgemacht: ihr Status wurde als hoch, allerdings auch inkongruent und unsicher gefunden, gekennzeichnet durch Spannungen, Ängste, Restriktionen, gegenseitige Konkurrenz und Rivalität. Wo aber stehen die Führungskräfte in der sozialen und ökonomischen Struktur ganz konkret?

Wir haben bisher aus gutem Grund auf eine vorgängige Definition der „Leitenden" verzichtet, weil diese selbst als Störungsquelle zu identifizieren ist. Die Schwierigkeiten der *begrifflichen Abgrenzung* korrespondieren nämlich

---

105 Merton 1957, S. 140. Zur Diskussion dieser als „abweichend" etikettierten Verhaltensweisen vgl. Dreitzel 1968, S. 53 ff.; Keupp 1972, S. 13.

106 Ritzer 1972, S. 159.

mit denen der faktischen Abgrenzung der Leitenden zwischen Kapital und Arbeit. Das Dilemma, zwischen diesen zwei 'Stühlen zu hängen', läßt prinzipiell zwei Lösungsalternativen zu: man entscheidet sich für einen der beiden Stühle oder man konstruiert einen 'dritten Stuhl'. Die Entscheidung wird für die Beteiligten zur Gewissensfrage, die je nach politisch-ideologischem Standort ((bzw. Bewußtsein) entschieden wird. Da die genaue Peilung der sozialen Position in der gesellschaftlichen Wertschätzungs- und Herrschaftsordnung für die betroffenen Führungskräfte aber eine *Identitätsfrage* bedeutet, sind damit auch erhebliche Implikationen für Zufriedenheit und Leiden verbunden.

6.1. Die Leitenden als „dritte Kraft"

Die ideologischen Quellen der These von der dritten Kraft liegen bei eher konservativen Wissenschaftlern[107], die den herkömmlichen Produktionsfaktoren Arbeit und Kapital einen dritten gegenüber stellen: das „intelligible capital" oder den „Dispositiven Faktor". Daß ihr Sachverstand und Organisationsgeschick sie zu steuernden Faktoren macht, verfehlte seine schmeichelhafte Wirkung auf die Leitenden nicht, klingt dies doch für alle weniger erschreckend als die Vorherrschaftsthesen („managerial revolution") eines Burnham oder Galbraith[108].

Die meisten Leitenden entscheiden sich denn auch prompt für den 'dritten Stuhl': sie würden gerne eine Sonderstellung in Anspruch nehmen. In Deutschland sieht sich z. B. jeder zweite leitende Angestellte als dritte Kraft zwischen Unternehmer und Arbeitnehmern (Hartmann 1973, S. 35f.).

Das Bild vom dritten Faktor wird aufgegriffen von jenen Verbänden, Parteien und Unternehmern, die versuchen, mit der „dritten Kraft" das Klassenkampfschema nach dem klassischen Prinzip des „divide et impera" zu konterkarieren[109].

Die Segregation der Führungskräfte fand zum Teil auch Niederschlag in Gesetz und Rechtsprechung[110]. Aus der diffusen, nicht abgegrenzten Gruppe von leitenden Angestellten greifen Betriebsverfassungsgesetz, Kündigungsschutzgesetz und Arbeitszeitordnung mehr oder weniger willkürlich einen jeweils größeren oder kleineren Teil heraus:

---

107 Z. B. Gutenberg 1951, S. 5. Alasco, J.: Intellectual capitalism, New York 1950, S. 9.

108 Mit dem Zurücktreten der Kapitaleigner aus dem Produktionsprozeß sah Burnham (1941) die Machtergreifung der Manager („managerial revolution") heraufziehen; ähnlich fürchtete Galbraith (1967) die Machtübernahme durch die „Technostruktur", d. h. die hochqualifizierten Mitarbeiter.

109 In Deutschland z. B. FDP, ULA, VELA; in Frankreich die CGC; in USA die AFL-CIO.

110 Zur gesetzlichen Abgrenzung in verschiedenen Staaten vgl. die Dissertation von Sturzenhecker: Der leitende Angestellte in Theorie und Praxis, 1964.

§ 5 BetrVG bestimmt, welche Leitenden Angestellten nicht in den Zuständigkeitsbereich des Betriebsrates fallen, nämlich

- die Organmitglieder eines Unternehmens (Vorstandsmitglieder, Geschäftsführer) und deren Generalbevollmächtigte (Prokuristen);
- Leitende Angestellte, die im wesentlichen eigenverantwortliche Aufgaben wahrnehmen, die ihnen regelmäßig, wegen deren Bedeutung für den Bestand und die Entwicklung des Betriebs im Hinblick auf besondere Erfahrungen übertragen werden.

Die Unschärfe des letzten Personenkreises führte zu Tausenden von Feststellungsverfahren vor den Arbeitsgerichten[111].

§ 14 KSchG faßt den Kreis der Leitenden, die keinen Kündigungsschutz genießen viel enger, nämlich nur die Organmitglieder.

§ 1 AZO faßt den Kreis der Leitenden, die keine Arbeitszeitbestimmungen beachten müssen und keine Überstundenvergütung beanspruchen können sehr weit, nämlich alle eingetragenen Bevollmächtigten und alle Leitenden mit mindestens 20 Untergebenen.

Der unterschiedliche arbeitsrechtliche Sprachgebrauch weist darauf hin, daß die soziale Position der Leitenden im Spannungsfeld zwischen Kapital und Arbeit schwer zu verankern ist. Ihre Funktion erscheint recht widersprüchlich, da sie einerseits unternehmerische (Teil-)Aufgaben wahrnehmen, andererseits aber abhängig wie andere Angestellte sind. Aus diesen Widersprüchen gegen den Widerstand der tradierten Interessengruppen eine eigene Identität aufzubauen, scheint recht schwierig. Ein großer Teil der Kämpfe der leitenden Angestellten in Deutschland dreht sich darum, in ihrer Eigenständigkeit und Sonderstellung anerkannt zu werden.

6.2. Die Leitenden als „Agenten des Kapitals" oder „Lohnabhängige"

Die Gewerkschaften und weite Teile der Unternehmerschaft wenden sich scharf gegen alle Versuche, einen 'dritten Stuhl' zu etablieren, wenn auch aus unterschiedlichen Interessen.

Die Gewerkschaften fürchten die weitere Zersplitterung und damit die Gefährdung der Solidarität der Arbeiterschaft, außerdem das Entstehen von unberechtigten Sonderprivilegien und einer unkontrollierten Übermacht dieser kleinen Gruppe, wenn sie zum 'Zünglein an der Waage' werden sollte.

Für die Unternehmer bedeutet die Separierung neuer organisierter Kollektive die Gefahr umsichgreifender 'Zellteilungen': überall können Fronten aufbrechen zwischen den verschiedenen Altersstufen, den Geschlechtern, der Herkunft, der Ausbildung usw., so daß sich nicht nur eine dritte, sondern eine vierte, fünfte usw. Macht bilden könnte, die den Betrieb zum Kampfplatz umfunktionieren. Für den 'Betriebsfrieden' förderlicher erscheint vielmehr, die Leitenden zu Einzelkämpfern zu partikularisieren, weshalb man die 'Eigenpersönlichkeit' und die 'individuelle Meinungsäußerung des leitenden Ange-

[111] In ständiger Rechtsprechung ergänzte das BAG die Merkmale „Interessenpolarität zum BR", „erheblicher Entscheidungsspielraum", „Eigenverantwortlichkeit".

stellten' schätzt. Dies wird begründet mit dem Argument, es gäbe in modernen Betrieben dispositive Aufgaben bis zur untersten Hierarchiestufe, so daß man nur Mitarbeiter verschiedener Funktion und Qualifikation unterscheiden dürfe: eine dritte Kraft könne es somit gar nicht geben.

Dieses Bild der Leitenden ist in ihrem Selbstverständnis jedoch recht zögernd verankert: lediglich 28 Prozent fühlen sich als Arbeitgeber und nur 6 Prozent als Arbeitnehmer, alle anderen sehen sich als dritte Kraft (Hartmann 1973, S. 35f.).

Hin- und hergerissen von den verschiedenen Interessengruppen der Gesellschaft, ist es für die Leitenden schwierig, eine eigene Identität zu entwickeln. Statt in ihrer Position bestätigt, fühlen sie sich attackiert; statt in ihrer Besonderheit bejaht, fühlen sie sich nivelliert. Daß auf die Frage, 'wer bin ich und wo stehe ich' nur divergente Antworten kommen, stützt sie in eine tiefe Identitätskrise und verweist auf Widersprüche in der Basis ihrer Führungsposition. Wo aber liegen diese grundlegenden Widersprüche? Liegen sie in den unpassenden Ansprüchen, Verhaltensweisen und Eigenschaften des Individuums, an quasi naturgesetzlichen Mechanismen, oder an willkürlichen Machtstrukturen?

7. Die „Klassenlage" der Leitenden

7.1. Probleme traditioneller Analysen

Soll die Position der Leitenden im sozialen Beziehungsnetz geortet werden, lauert die Gefahr psychologistischer oder soziologistischer Mystifizierungen. Das heißt, es werden Scheinwahrheiten aufgebaut, die durch eine willkürliche Auswahl von empirischen Phänomen belegt werden.

Als 'psychologistisch' entlarven sich Ansätze, die Führung allein an individuellen Eigenschaften und Verhaltensweisen festzumachen und meist biologisch zu legitimieren versuchen. Schlagworte hierfür sind „überlegene Fähigkeiten", „Einsatz von Sanktionen", „Instinkt", „Hackordnung". So bezeichnen z. B. Alfred Adler und Alfred Vierkant Macht als einen „menschlichen Grundtrieb, ebenso Sigmund Freud: „es ist ein Stück der angeborenen und nicht zu beseitigenden Möglichkeit der Menschen, daß sie in Führer und in Abhängige zerfallen" (1929, S. 284).

Als 'soziologistisch' lassen sich zwei Denkrichtungen qualifizieren

- Es ist nicht der menschliche Wille, sondern es sind gesellschaftsimmanente Mechanismen, die Autoritätsstrukturen hervorbringen:
  z. B. die strukturell-funktionale Theorie, die Machtpositionen als Voraussetzung für das Funktionieren sozialer Systeme sieht, als „selbstregelndes System der latenten Macht" (Parsons 1951).
- Autoritative Elemente werden in Antizipation ihrer Wirkung bewußt ge-

schaffen, z. B. der Machiavellismus mit seinem Prinzip der „intentionalen Macht oder Herrschaft“[112].

Natürlich spielen für die Genese von Führung Eigenschaften, Instinkte, Verhalten und das Funktionieren von Gruppen eine große Rolle. Es handelt sich jedoch hierbei um Einzelphänomene auf der „Symptom“ebene, die nicht den Kern der Führung treffen.

Soll über dieser Ebene des „Scheins“ das „Wesen“[113] der Führung, also die Mechanismen, die die Schichtung der Gesellschaft entfalten, bestimmt werden, so ist auf die Struktur der *Produktionsverhältnisse* zu rekurrieren. „Produktionsverhältnisse“ bezeichnet die gesellschaftliche Seite der Produktion, die Beziehung der produzierenden Menschen untereinander, insb. die Eigentums- und Verteilungsverhältnisse.

Bereits Aristoteles sah den Ursprung sozialer Klassen in der unterschiedlichen Verfügung über ökonomische Mittel[114]. Tatsächlich lassen sich nach Adorno (1968, S. 6, 11) alle sozialen Ungleichheiten und Konflikte als „Epiphänomene des Basiskonflikts um das Eigentum an Produktionsmitteln ableiten“. Oder in anderen Worten: als Ergebnis der spezifischen Organisation der gesellschaftlichen Arbeit.

7.2. Genesis der Manager

Wie und warum Führungskräfte in die konfliktträchtige Position zwischen Kapital und Arbeit gerieten, wird am besten einsehbar, wenn man kurz die historische Entwicklung verfolgt.

In früheren Produktionsverhältnissen (Sklaverei, Feudalismus, Frühkapitalismus) finden sich im wesentlichen nur zwei, scharf voneinander abgegrenzte „soziale Klassen“: die Sklavenhalter, Feudalherren, industriellen Kapitalisten auf der einen und die Sklaven, Leibeigenen und Lohnarbeiter auf der anderen Seite.

Mit massenhafter Produktion und verfeinerter Produktionstechnik spaltet sich die Seite des Kapitals in einen „fungierenden Kapitalisten“ (Manager), der die Funktion der Aufsicht (Koordination) übernimmt, und einen „Geldkapitalisten“ (Eigner), der ihm die notwendigen finanziellen Mittel zur Verfügung stellt[116].

---

112 Machiavelli (1532). Das Prinzip des „gezielten“ Machteinsatzes findet sich auch in den meisten lerntheoretischen Ansätzen wie Exchange-Theory, Entscheidungstheorie, Spieltheorie (vgl. Mayer 1978, S. 298).

113 „Schein“ i. S. v. einzelnem, zufälligen, instabilen bloßen Da-Sein, „Wesen“ als Gesamtheit der allgemeinen, invarianten notwendigen Bestimmungen (s. Hegel Phän. Vorrede). Zur Willkürlichkeit empirischer Forschung siehe Laing 1969, S. 54f.; Habermas 1970, S. 9ff.

114 Vgl. Bendix/Lipset 1966, S. 1f.

115 Entfällt

116 Vgl. Marx K III, S. 383, 391ff. 892.

Der Diffusionsprozeß ist damit noch nicht zu Ende. Mit zunehmender Entfaltung der gesellschaftlichen Produktion werden die individuellen Schranken von Kapital und Arbeit mehr und mehr abgestreift: das Geld wird nicht mehr von den unmittelbaren Eigentümern ausgeliehen, sondern in Banken konzentriert; und die Beaufsichtigungs- und Leitungsfunktionen des Unternehmers werden delegiert „an eine besondere Sorte von Lohnarbeitern. Wie eine Armee militärischer, bedarf eine unter dem Kommando desselben Kapitals zusammenwirkende Arbeitermasse industrieller Oberoffiziere (Dirigenten, managers) und Unteroffiziere (Arbeitsaufseher, foremen, overlookers, contremaîtres), die während des Arbeitsprozesses im Namen des Kapitals kommandieren. Die Arbeit der Oberaufsicht befestigt sich zu ihrer ausschließlichen Funktion" (Marx K I, S. 351).

In der durch das Kapital beschleunigten Arbeitsteilung spezialisiert sich also die Figur des *'Managers'* heraus, der die Dirigentenfunktionen Aufsicht (d. h. Sicherung der Kapitalverwertung und Herrschaft) und Koordination (d. h. planvolle Kombination der Produktionsfaktoren im Arbeitsprozeß) übernimmt.

Diese Entwicklung wird auch empirisch belegt: stellten im Jahre 1870 die Unternehmer 11,4 Prozent der arbeitenden Bevölkerung der USA, so 1954 nur noch 6 Prozent; in der gleichen Zeit stieg die Zahl der bezahlten Manager von 1,6 auf 2,3 Millionen (Lenski 1973, S. 458).

7.3. Vergesellschaftung der Leitungsarbeit

Die mit der Entwicklung der Produktionsverhältnisse einherlaufende Konzentration des Kapitals zwingt zu wachsender Arbeitsteilung auch der Befehls- und Leitungsfunktionen.

Worum der Unternehmer früher selbst sich hatte kümmern müssen – wie Aufsicht, Innovation, kaufmännische Organisation – alles das wird jetzt segmentiert und auf ein Heer von Spezialisten delegiert. Es ist ein ganzes Heer von Leitungskadern, das sich mit profundem Fachwissen und Detailkenntnissen auf Betriebsorganisation, Produktion, Rechnungswesen, Absatz, Kapitalbeschaffung, Einkauf, Personal usw. spezialisiert. Konnte früher Leitungsarbeit als individuelle ausgeführt werden, so vollzieht sich mit der sozioökonomischen Entwicklung ein Vergesellschaftungsprozeß der Leitungsarbeit[117].

Mit zunehmender Vergesellschaftung wird aber die dem „kapitalistischen Produktionsprozeß immanente widersprüchliche Einheit von Arbeits- und Verwertungsprozeß"[118] den Leitenden zum Problem: einerseits sind sie beauftragt, den Verwertungsprozeß zu effektivieren, andererseits wird ihre

---

117 Zur „Vergesellschaftung des Leitungsprozesses" s. Steiner 1967, S. 57 ff. Die gleichen Phänome finden sich auch in staatskapitalistischen Ländern, s. Bahro 1977, S. 139 ff.

118 Marx K III, S. 401; Priewe 1973, S. 251.

Arbeitskraft selbst verwertet, sie sind also „Verwertungsagent" und „Verwertungsobjekt" zugleich. Sie sind damit sowohl in den Problemen der Herrschaftsausübung als auch der drohenden Entwertung ihrer 'Ware' Arbeitskraft gefangen.

Führungskräfte sind *„Verwertungsobjekte"*, da sie Lohnabhängige sind. Wie andere Arbeitnehmer stehen sie durch ihren Arbeitsvertrag in Abhängigkeit: sie sind weisungsgebunden, müssen sich für fremde Interessen in einem fremden Herrschaftsbereich einsetzen, sind zu einer bestimmten Leistung gegen Gehalt verpflichtet und stehen in sozialer Unsicherheit[119].

Andererseits sind sie *„Verwertungsagenten"* in ihrer Funktion als Arbeitgeber. Sie üben Unternehmerfunktionen aus, wenn sie Entscheidungen treffen, Mitarbeiter einstellen und entlassen und ihnen Weisungen erteilen. Tatsächlich zählt das Arbeitsrecht Leitende zu Unternehmern, wenn sie die oberste Befehlsgewalt ausüben und im Interessengegensatz zu den Arbeitnehmern stehen, obwohl ihnen typische Merkmale wie Eigentum, Risiko, Unabhängigkeit und Unkündbarkeit fehlen. Im amerikanischen Begriff „executives" wird diese Funktion der Durchsetzung des Unternehmerwillens besonders deutlich – die Führungskräfte treten als die Exekutionsorgane des Kapitals auf.

Der immanente Widerspruch der „formell und reell unter das Kapital subsumierten lohnabhängigen Leitungsarbeiter, sowohl Verwertungagent als auch Verwertungsobjekt zugleich" zu sein (Priewe 1973, S. 250), führt nicht nur zu erheblichen Abgrenzungsschwierigkeiten, sondern ist auch die wesentliche Grundlage, auf der sich eine ganze Reihe von Konflikten, Spannungen und Ängsten ausbreitet. Am deutlichsten sieht man das z. B. im „Man-in-the-middle-Konflikt". (s. u.).

Die Beziehung der Leitenden zum Verwertungsprozeß ist alles andere als einheitlich: je nach Position in der betrieblichen Herrschaftsstruktur genießen sie mehr oder weniger Verfügungsgewalt über die Produktionsmittel. Es wird deutlich, daß hier weitere Differenzierungen notwendig sind. Für Macht und Privileg und deren Kehrseite Konflikt und Leiden wird die jeweilige Rolle (Stellung) im Produktions- und Reproduktionsprozeß wichtig.

8. Hierarchische Ebene und Problemfelder

Wir hörten, daß die horizontale Arbeitsteilung (Spezialisierung) die vertikale (Hierarchisierung) nach sich zieht. Die Antinomie von herrschender und beherrschter Arbeit konkretisiert sich in der skalaren Ordnung von Positionen, denen verschiedene Machtquanten zugeordnet sind und die unterschiedliche Problemfelder aufreißen. Die Herrschaftsstruktur von Unternehmen ist pyramidenförmig geschichtet:

---

[119] Vgl. § 611 BGB und Hueck/Nipperdey: Lehrbuch des Arbeitsrechts, Berlin 1963, S. 41ff., 76ff. Vgl. a. Steiner 1967, S. 119.

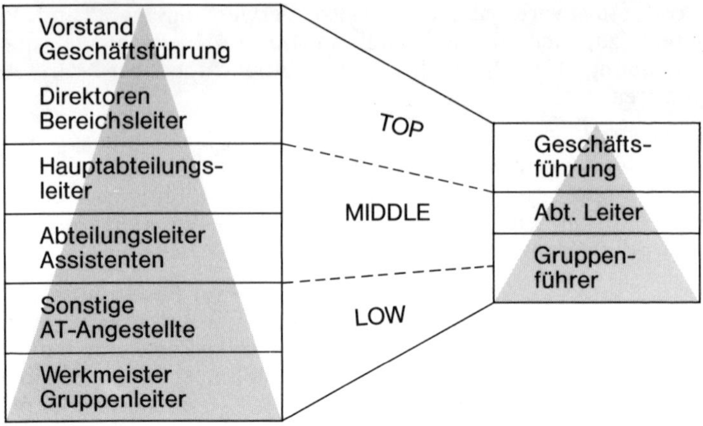

Abb. 15: Führungsebenen bei verschiedenen Betriebsgrößen

8.1. Top-Management

Das Top-Management kann dem Faktor 'Kapital' eindeutig zugeordnet werden: Es hat Verfügungsmacht über die materiellen Produktionsmittel – wenn nicht sachenrechtlich, dann zumindest schuldrechtlich – und über die produzierenden Menschen ('Direktionsrecht'). Die Arbeitskraft des Top-Managers hat außerdem keinen „Warencharakter" (Priewe 1972, S. 262), denn zum einen sind sie auf Grund ihrer materiellen Lage nicht zum Verkauf ihrer Arbeitskraft gezwungen, zum anderen stehen sie nicht in einem persönlichen Abhängigkeitsverhältnis zu den Kapitaleignern. Ihr Einkommen ist denn auch nicht Lohn, sondern Unternehmerprofit, d. h. Teil des Mehrwerts[120] in Form von überproportionalen Gehältern, Tantiemen und sonstigen Gewinnbeteiligungen.

Der Top-Manager unterliegt deshalb nicht der Problematik des Verwertungsagenten und Lohnabhängigen, er ist es vielmehr, der die „Verwertungsbedingungen für das Einzelkapital" bestimmt und die „betriebliche Herrschaft sichert"[121]. Seine Probleme liegen damit auf einer ganz anderen Ebene[122], sie sind für unsere Betrachtung der 'Leiden der Leitenden' nicht typisch und sollen deshalb nicht näher untersucht werden.

---

120 Mehrwert = Wert, den Arbeitskräfte über ihre eigenen Kosten hinaus produzieren. Vgl. a. Steiner 1967, S. 132f.

121 Priewe 1973, S. 264; vgl. a. Steiner 1967, S. 128ff., 119; Tjaden 1973, S. 39ff. und Marx: „personifiziertes, mit Willen und Bewußtsein begabtes Kapital" (K I, S. 168); Mills 1956, S. 147.

122 Z. B. in der Ungewißheit weitreichender Entscheidungen, in Loyalitätsproblemen der nächsten Führungsebene, in der Politik der Eigentümer (Großaktionäre).

8.2. Middle-Management

Diese Gruppe ist besonders heterogen, weshalb sie gerne weiter differenziert wird, etwa nach Ebenen des Organigramms (leitende Angestellte erster, zweiter, dritter Ebene), nach Titeln (Abteilungsleiterebene, Bereichsleiterebene) etc. Gemeinsam ist jedoch allen ihre *Lohnabhängigkeit*, d. h. sie werden aus „variablem Kapital" bezahlt[123] und teilen das Arbeitsplatzrisiko. Trotz dieser gemeinsamen Basis gibt es bereits beim Einkommen erhebliche Unterschiede: je nach hierarchischer Ebene, spezifischem Aufgabenbereich und konjunktureller Lage können sie in den Genuß von Gewinnbeteiligungen, Erfolgsprämien, Gratifikationen und ähnlichem kommen. Die ständige latente Bedrohung des Wertes ihrer Arbeitskraft ist damit aber nicht aufgehoben, die Erfolgsabhängigkeit verschärft höchstens noch die Unsicherheit (s. Kap. III 6.1.2).

Das Mittelmanagement ist zuständig für „derivative" Leitungsaufgaben (Gutenberg 1961, S. 155), die sich aus der Kompetenzdelegation der obersten Führung ergeben. Es ist in der Unternehmenshierarchie das Vermittlungs- und Umsetzungsglied für die Entscheidungen des Top-Managements, wofür sie in Form dispositiver Entscheidungen die spezielle Betriebspolitik formulieren und mittels Anordnungen deren Realisation organisieren. Obwohl die Tätigkeit im Mittelmanagement zunächst recht autonom und wenig partikularisiert erscheint, beklagen diese Führungskräfte immer wieder ihre eingeschränkte Dispositionsbefugnis: ihre Partizipation bei Entscheidungen des Top-Managements ist gering, die Informationen von oben sind dürftig, die Spezialisierung zur bloßen Entscheidungsvorbereitung und -durchführung ist hoch (s. Kap. III 6.4.2).

Das Mittelmanagement ist die Schicht, die den Widerspruch zwischen Arbeitsprozeß und Verwertungsprozeß besonders intensiv erfährt: genießen sie auf der einen Seite den privilegierten Platz in der Betriebshierarchie, die abwechslungsreichen, verantwortungsvollen Leitungsfunktionen und das hohe Einkommen, so leiden sie andererseits stark unter den Ängsten vor sozialem und beruflichem Abstieg, Arbeitsplatzverlust, gegenseitigem Konkurrenzkampf und Machtlosigkeit. Versäumen sie aus persönlichen oder organisatorischen Gründen den Absprung in interessantere und höhere Positionen, können sie jahrzehntelang am unteren Rand des Mittelmanagements Routineaufgaben verwalten. Und während sich für die Top-Manager mit zunehmendem Alter die Mobilitäts- und Prestigechancen eher noch verbessern, können die Mittelmanager nach Überschreiten der Altersschwelle von 45 Jahren ihre Karriereillusionen begraben, ja müssen um Gehaltsanpassung, Altersvorsorge und Erhalt des Arbeitsplatzes sogar kämpfen.

---

123 „Variables Kapital" = der Teil des Kapitals, der für den Kauf der Arbeitskraft (Arbeitslohn) aufgebracht und nicht in Produktionsmitteln investiert wird. Vgl. a. Priewe 1963, S. 267, 271.

8.3. Lower-Management

Diese größte Gruppe von Führungsangestellten ist relativ homogen, was Einkommen und Tätigkeit betrifft. Die Arbeitsbereiche sind exakt begrenzt und gekennzeichnet durch ziemlich geringe Dispositionsbefugnisse, starke Arbeitsteilung und viel Routinearbeit.

Das Lower-Management ist einem gewaltigen Wachstum unterworfen[124], das beträchtlichen Einfluß auf seinen Status hat und auf charakteristische Entwicklungsprozesse zurückzuführen ist:
„Erstens die Ausdehnung und Strukturveränderung des Handels", sowie die „Industrialisierung seit der zweiten Hälfte des vorigen Jahrhunderts". Zweitens „die Bürokratisierung der Verwaltungen der Betriebe". Drittens „die Ausdehnung des öffentlichen Dienstes" (Bolte 1970, S. 309f.); und viertens die beginnende Verwissenschaftlichung der Produktion.

Mit der Entwicklung der Produktivkräfte werden also sowohl im Bereich der Warenerzeugung als auch des Warenaustausches neue Funktionen herausdifferenziert, um die Arbeitsproduktivität zu erhöhen. Die Leitungsarbeit muß weiter vergesellschaftet werden durch Aufsicht und Austausch vermittelnde Funktionen:
1. Ingenieure und Werkmeister, deren Funktion in der Steigerung der Produktion liegt;
2. Leiter von Vertriebs- und Verwaltungseinheiten, die die 'produktive' Arbeit von der 'kommerziellen' entlasten sollen.

Die massenhafte Zunahme dieser Spezialisten *entwertet* aber ihre Tätigkeit, verstärkt die Konkurrenz unter ihnen und macht sie leichter austauschbar. Zum Beispiel „bedeutet die Erweiterung der Gruppe der abhängig tätigen Ingenieure für den Ingenieur eine Verschlechterung seines Status innerhalb des Betriebs. Ein Ingenieur wird 'eingestellt' wie jeder Angestellte auch. War er früher selbst Unternehmer und Ingenieur in einer Person oder zumindest als Leiter eines Betriebes 'die rechte Hand' des Chefs gewesen, so wird er jetzt zum Rollenträger innerhalb eines arbeitsteilig gegliederten Produktionsprozesses" (Hortleder 1970, S. 40f.).

Diese Situation wird verschärft durch progressiv fortschreitende technisch-organisatorische Innovationen. Neue Technologien (z. B. EDV, Mikroprozessor) dequalifizieren *zuerst* die hochspezialisierten Experten. Ursprünglich einheitliche Sachbearbeitertätigkeiten, die sowohl Routineaufgaben wie Sonderfälle einschlossen, werden aufgespalten in unqualifizierte Vorarbeiten zur automatisierten Bearbeitung und in neue Tätigkeiten höherer Qualifikation (Polarisierung)[125].

---

[124] Nach Galbraith (1967, S. 276) hat sich allein zwischen 1947 und 1965 die Zahl der hochqualifizierten Angestellten verdoppelt.
[125] Vgl. Rebell 1976, S. 87.

Von Rationalisierungsbestrebungen und Dequalifizierung besonders betroffen sind vor allem die Positionen der mittleren unmittelbaren Arbeitsvorgesetzten. Ihr Funktionsverlust ist in der Industriesoziologie als „Werkmeisterkrise"[126] bekannt geworden: mit der Automation wird die Aufgabe der Kontrolle aus dem Zuständigkeitsbereich der Meister ausgegliedert, ebenso werden Arbeitsvorbereitung, Planung und Qualitätssicherung in zentrale Spezialabteilungen verlagert. Der ehemalige Entscheidungs- und Funktionsspielraum wird damit erheblich beschränkt.

Die *Leiden des Lower-Managements* werden sich aus diesen Gründen insbesondere um folgende Punkte drehen:
- abnehmende Einkommensdifferenz zu ihren Untergebenen, insb. Facharbeitern (s. Kap. III 6.1.1.);
- zunehmende Spezialisierung mit den Gefahren verringerter Mobilität, schnelleren Veraltens der Kenntnisse, leichterer Austauschbarkeit und Entfremdung vom betrieblichen Gesamtprozeß;
- verschärfte Konkurrenz untereinander und Autoritätsprobleme nach oben und unten;
- Arbeitsüberlastung, denn kurzfristig ist niemand mit den gleichen Detailkenntnissen verfügbar;
- Rollenkonflikte, da sie auf der einen Seite als Vertreter der Betriebsleitung, auf der anderen Seite aber auch als Sprecher ihrer Mitarbeiter angesehen werden (Kap. IV 2.2.2.);
- ständige Neuorientierung im Zeichen beschleunigten technologischen Wandels.

Wir haben in diesem Kapitel gesehen, daß die organisatorische Umwelt von Führungskräften recht pathogen wirkt: die typische Strukturierung von Organisationen unter fortgeschrittenen Produktionsverhältnissen (nämlich zunehmende Arbeitsteilung und Formalisierung, Oligarchie und hierarchische Autorität) setzt den Leitenden einer Menge von Problemen aus. Dazu kommt noch die besonders delikate Position im Produktions- und Verwertungsprozeß.

Zwischen diesen *objektiven* Elementen der Arbeitsbedingungen und der *subjektiven* Erfahrung von Deprivationen darf jedoch kein direkter Kausalzusammenhang konstruiert werden: Dieser ist vielmehr vermittelt über die spezifischen Aspirationen und Wertsysteme der Betroffenen.

---

[126] Vgl. Weltz 1964; Rebell 1976, S. 90; Steiner 1967, S. 117 ff.; Tjaden 1973, S. 48f.

III. KONFLIKTEBENE ZIELE UND WERTE

1. Subjektive Wertvorstellungen versus objektive Bedingungen

Als Bündel von Rechten und Pflichten verweist uns der Begriff 'soziale Position' auf die normative Ebene: auf Normen, Ziele, Werte, Interessen, Motive und Orientierungen. „Im Lebensschicksal, im Selbstverständnis, in den Wertvorstellungen und in den Verhaltensweisen des Managers und des Arbeiters sind Divergenzen zu erkennen, die keineswegs nur vom Zufall bedingt sind; sie sind vielmehr in typischer Weise mit den jeweiligen sozialen Positionen innerhalb der Gesellschaft verknüpft" (Bolte 1969, S. 90). Es wäre allerdings unzutreffend, Wertvorstellungen und Interessen einfach mit der objektiven gesellschaftlichen Situation zu identifizieren; ebenso unzutreffend wäre ihre Gleichsetzung mit den subjektiven Motiven.

Werte und Interessen resultieren vielmehr aus der Auseinandersetzung zwischen den Bedürfnissen (Trieben) des Individuums und den Normen der Gesellschaft, die im Prozeß einer lebenslangen Sozialisation erfolgt.

Alle praktische Tätigkeit ist durch zwei Seiten gekennzeichnet: auf der einen Seite steht das Individuum als Subjekt mit bestimmten individuellen, gesellschaftlich-historisch gewachsenen Motiven und Zielen seines Handelns, z. B. Ehrgeiz. Ihm gegenüber auf der anderen Seite steht der Gegenstand seiner Tätigkeit, ein natürliches oder gesellschaftliches Objekt mit bestimmten Merkmalen und Eigenschaften (z. B. der Betrieb). Gelingt es dem Individuum nicht, seine Bedürfnisse und ansozialisierten Normen in der Auseinandersetzung mit dem Objekt seiner Tätigkeit zu befriedigen, wird seine personale Identität und damit seine psychische Gesundheit gefährdet. Will man 'Leiden' auf dieser Ebene bestimmen, muß man demnach die Differenz zwischen den in Erwartungshaltungen repräsentierten Werten und deren Durchsetzungs- bzw. Verwirklichungsmöglichkeiten analysieren.

Für die Führungskräfte von Arbeitsprozessen stellt sich diese Problematik gleich doppelt: sie haben sowohl ihre eigenen Ziele als auch die von anderen am Arbeitsprozeß Beteiligten zu realisieren.

Welche arbeitsbezogenen Bedürfnisse der Mensch überhaupt hat und welche speziellen Ziele er in seiner Eigenschaft als unmittelbarer Produzent, als Manager und als Kapitalgeber verfolgt, soll nun geklärt werden. Es wird dann deutlich werden, wo sich diese Erwartungen kreuzen und an welchen objektiven Bedingungen der Produktion und Verwertung sie sich stoßen. Zunächst aber: was sind überhaupt Bedürfnisse, Motive und Ziele? Woher kommen Sie?

2. Die Motivation des arbeitenden Menschen

Interpretiert man menschliches Verhalten wie die Behavioristen (Pawlow, Thorndike, Skinner) in Ketten von Stimulus-Reaktions-Sequenzen, wird nicht erklärbar, warum verschiedene Menschen auf gleiche Stimuli unterschiedlich reagieren. Seit jeher bemüht sich deshalb die „Motivationspsychologie“, das 'Warum‘ menschlichen Verhaltens zu klären und erfindet ein ganzes Alphabet hypothetischer Konstrukte von Antrieb und Bedürfnis bis Motiv und Zwang.

Menschliches Verhalten und damit auch Arbeitsverhalten ist zielgerichtet in dem Sinne, daß das Individuum mit der Erreichung von Zielen seine Bedürfnisse und Interessen befriedigt.

Jedes Verhalten ist also intrapsychisch determiniert, wenn auch der treibende Grund dafür oftmals nicht erkennbar oder sehr verformt, d. h. „unbewußt“ oder „sublimiert“ (Freud) ist. Die Nichtbeobachtbarkeit der Verhaltensursachen führt zu einer Fülle von Motivationstheorien, Hypothesen und Spekulationen, die man in Anlehnung an Neuberger (1974) in vier Gruppen klassifizieren kann:
(1) Homöostatische Ansätze: Neurophysiologische und psychoanalytische Triebtheorien gehen davon aus, daß alle Lebensvorgänge auf die Konstanterhaltung des physischen und psychischen Gleichgewichts abzielen. Physiologische Mangelzustände oder externe Störreize führen zu einem Bedürfnis (Hunger, Durst, Schlaf, Libido) und zu einer allgemeinen Aktivierung, bis durch eine „Endhandlung“ der Trieb befriedigt wird und der Zustand der Sättigung erreicht wird. Die Vorstellung einer derartigen „Schubmotivation“ findet sich z. B. bei Sigmund Freud: „Unter einem Trieb könen wir zunächst nichts anderes verstehen als die psychische Repräsentanz einer kontinuierlich fließenden innersomatischen Reizquelle“ (1905, S. 76). Ziel eines jeden

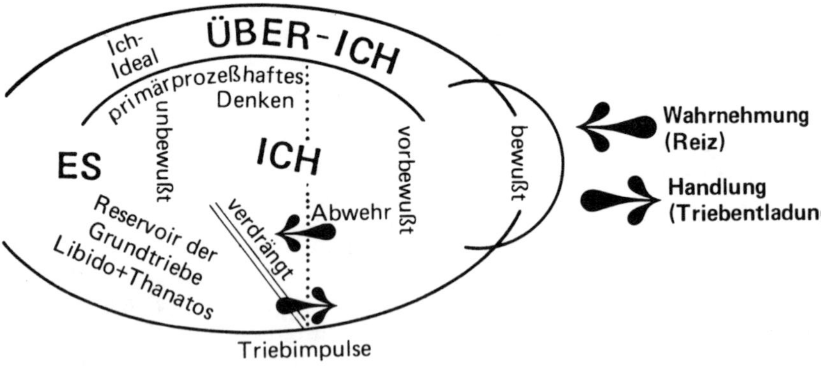

Abb. 16: Freuds Strukturmodell der menschlichen Psyche

Triebes sei eine Reduzierung von Spannung (Lustprinzip), indem sich die in der Psyche angehäufte Energie auf ein geeignetes Objekt entlädt[127].

(2) Anreiztheoretische Ansätze: Betriebspsychologen behavioristischer bzw. verhaltenstherapeutischer Richtung sehen Verhalten als Folge bestimmter Stimuli (Anreize). Das Individuum wiederholt Handlungen, mit denen es bereits Erfolg und Zufriedenheit erzielte (Thorndykes Law of effect). Es kann deshalb durch die Wahl geeigneter „Verstärker" (Belohnungen) Verhalten beeinflußt werden. Beispiel einer derartigen Zugmotivation sind die „Motivatoren" Herzbergs (s. u.). Die einzelnen Elemente dieser „Konditionierung" können aber höchst unterschiedlich wahrgenommen oder erlebt werden, je nachdem, ob sie aus der Sicht z. B. des Managements oder der Arbeiter gesehen werden. So können Verständnis als „Zuckerbrot und Peitsche" und gezieltes Verhalten (wie Sorgfalt) als Verweigerung abgetan werden[128].

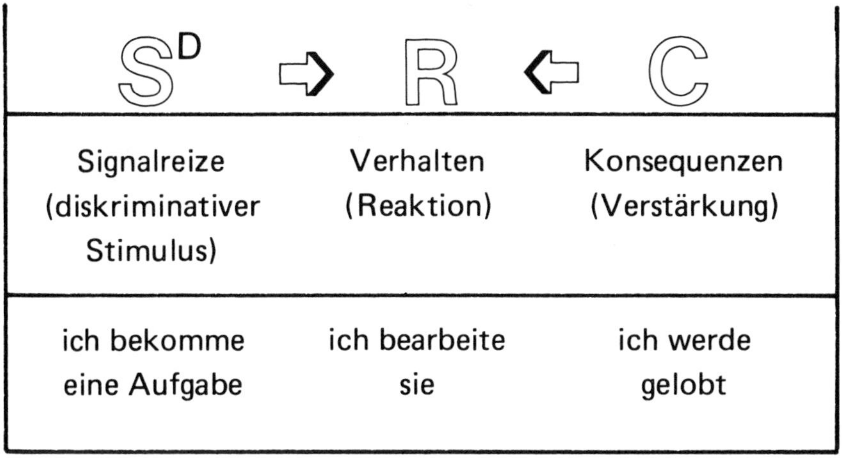

Abb. 17: Operantes Lernen

(3) Kognitive Ansätze: Kontingenz- und Konsonanztheorien gehen davon aus, daß sich die Person von sich aus bemüht, bestimmte Ergebnisse zu erreichen. Sie hat bestimmte Wahrnehmungen, Erwartungen und Vermutungen, die das eigene Verhalten steuern. Die Equity-Theorie (Adams 1963) behauptet z. B., daß sich Organisationsmitglieder darum bemühen, ihre Investitionen an Zeit, Gesundheit und 'Nerven' in ein vernünftiges Verhältnis zu ihren Erträgen (Einkommen, Status, Sicherheit) zu bringen. Ein anderes Beispiel ist

---

127 Zu den psychoanalytischen Ansätzen vgl. Freud 1915, S. 5, 81ff.; Erikson 1959; Hartmann 1937; Fromm 1977, S. 259ff.; Richter 1963, S. 53ff.

128 Vgl. Neuberger in Mayer 1978, S. 211ff.

die Theorie der kognitiven Dissonanz, wonach bei Widersprüchen im kognitiven System Wahrnehmungen selektiert und Handlungen uminterpretiert werden bis das Selbstbild wieder stimmt (Festinger 1954; Cartwright/Zander 1953, S. 125 ff.).

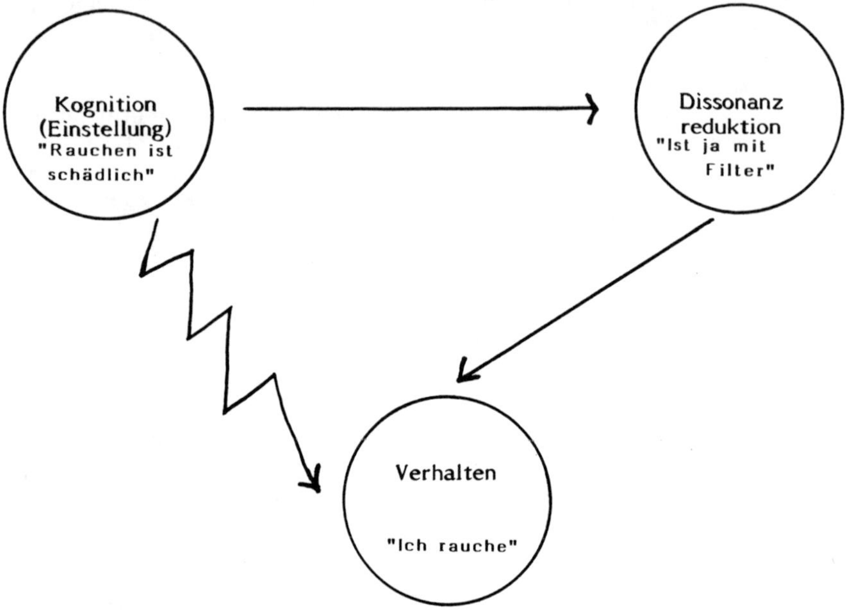

Abb. 18: Kognitive Dissonanz

(4) Humanistische Ansätze: Menschliches Verhalten wird aus dem Sinn verstanden, den es im Zuge individueller Selbstverwirklichung gewinnt. Prominenteste Vertreter sind hierfür Maslow, Fromm und Rogers. Das populärste Motivationsmodell in der Betriebspsychologie ist die Bedürfnishierarchie von Maslow:

Maslow sieht zwei grundsätzliche Arten von Bedürfnissen: die „Defizit-" und die „Wachstumsbedürfnisse". Die Defizitbedürfnisse werden differenziert in:
- Physiologische Bedürfnisse (Essen, Trinken, Atmen, Schlafen)
- Sicherheitsbedürfnisse (Daseinssicherung, Schutz, Zukunftsvorsorge)
- Soziale Bedürfnisse (Zuneigung, Kontakt, Zugehörigkeit)
- Wertschätzungsbedürfnisse (Ansehen, Anerkennung, Prestige).

Sie sind homöostatisch, d. h. „leere Löcher . . ., die um der Gesundheit willen gefüllt werden müssen; überdies müssen sie von außen durch andere, mit dem Subjekt nicht identische Menschen gefüllt werden" (Maslow 1973, S. 38). Erst

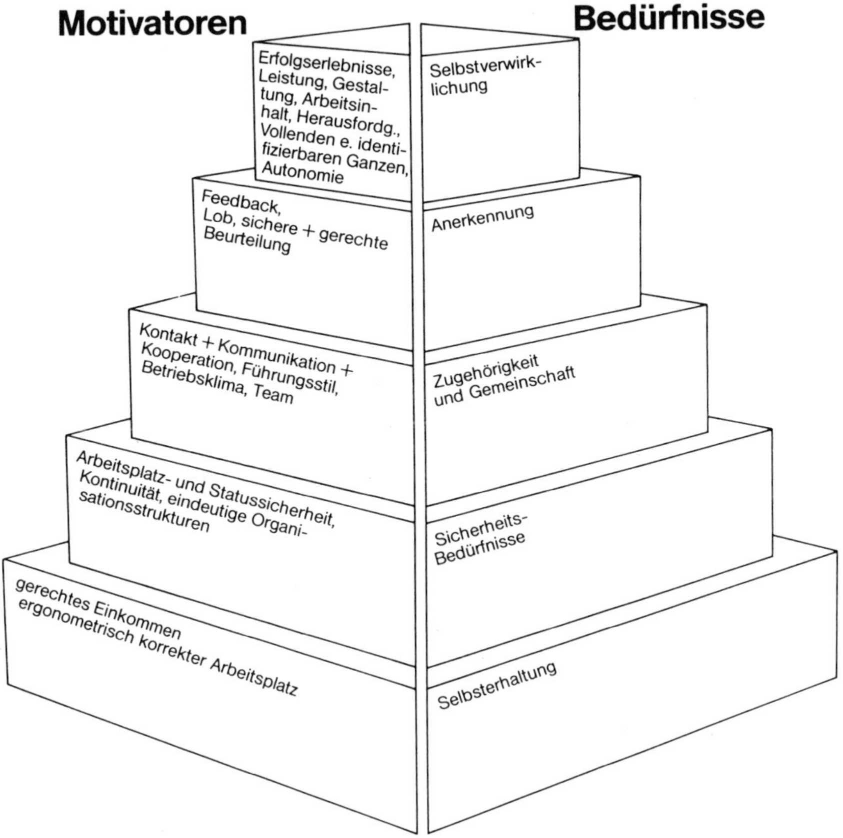

Abb. 19: Hierarchie der Bedürfnisse nach Maslow

wenn die Defizitmotive befriedigt sind, werden die Wachstumsbedürfnisse aktiviert.

Maslows Thesen lassen sich wie folgt zusammenfassen:

- Bedürfnisse sind hierarchisch geordnet, d. h. erst wenn die fundamentaleren Bedürfnisse befriedigt sind, werden die nächsthöheren aktiviert und die ursprünglicheren sind nicht länger motivierend wirksam.
- Die thematische Füllung der Motive erfolgt nicht durch Sozialisation, sondern liegt im Wesen des Menschen begründet. Umweltabhängig ist nur die hierarchische Höhe der jeweils aktivierten Bedürfnisse.
- Fehlende Befriedigung der Defizitmotive führt zur Krankheit. Erfüllung der Wachstumsmotive führt zur Selbstverwirklichung.

Maslows Thesen wurden vielfach *kritisiert*. Es ist z. B. schwer einsehbar, warum bestimmten Verhaltens- und Erlebnisweisen nur *eine* Bedürfnisklasse zugeordnet wird. Auch gegen die hierarchische Pyramide gibt es Einwände: hätte ein hungriger Michelangelo gar nicht gemalt? Und werden hier nicht psychische Tatbestände in die 'Natur' des Menschen verlegt, die ausgesprochen schicht- und kulturabhängig sind? Gleichwohl konnten verschiedene empirische Belege für die Auffassung Maslows beigebracht werden[129].

Der amerikanische Verhaltenspsychologe Frederick Herzberg hat das Maslowsche Modell empirisch konkretisiert, indem er alle möglichen Organisationsmitglieder danach fragte, welche Ereignisse in ihrem Arbeitsleben sie am meisten zufrieden und welche sie am meisten unzufrieden gemacht habe. Die „Zufriedenmacher" stammen überwiegend aus dem Arbeitsinhalt, während die „Unzufriedenmacher" aus der Arbeitsumwelt herrühren. Daher fordert Herzberg, den Arbeitsinhalt („content") für die Motivation heranzuziehen und die Arbeitsumwelt („context") frei von demotivierenden Einflüssen zu lassen (Motivations-Hygiene-Theorie).

Die Theorie von Herzberg wurde von der empirischen Forschung in zwei Problemkreisen kritisiert und modifiziert:
- Abhängigkeit der Motive von der sozialen und hierarchischen Position (nicht jeder will sich in der Arbeit „selbstverwirklichen")
- Methodologische Verfälschungen (aufgrund von Abwehrmechanismen tendieren Menschen dazu, Gründe der Unzufriedenheit anderen „in die Schuhe zu schieben")[130].

Die Ergebnisse der Motivationsforschung dürfen nicht darüber hinwegtäuschen, daß die gefundenen Motive und deren Wertigkeit alles andere als naturnotwendig und unveränderlich sind. Die Mehrzahl der motivierten Verhaltensweisen steht nämlich nur noch in indirekter, kaum nachweisbarer Beziehung zu den primären Bedürfnissen (Trieben). Die Motivation des Menschen entsteht vielmehr aus einer permanenten Interaktion von Person und Situation.

Die ethnologische Forschung hat einige gern gehegte Illusionen über die sog. instinkthaften Verhaltensmuster zerstört. Der Mensch ist so anpassungsfähig, daß er selbst die abstrusesten sozialen Normen als natürlich und richtig empfindet, wenn sie ihm nur frühzeitig und massiv genug 'eingebleut' werden. So reicht z. B. für das Austragen von Aggressionen die Palette menschlicher Verhaltensmuster vom hinterhältigen Kannibalismus bis zum bloßen Absingen von Spottliedern[131].

---

129 Zur „humanistischen" Motivationstheorie vgl. a. Fromm 1977, S. 259ff.; Rogers 1972, S. 422ff. Empirische Belege s. b. McGregor 1957; Argyris 1957; Herzberg 1959. Zur Kritik s. Rosenstiel 1975a, S. 127ff.

130 Vgl. Rosenstiel 1980, S. 233f.; Korman 1977, S. 141ff.; Neuberger 1974, S. 126ff.

131 Vgl. Fromm 1977, S. 164, 204; Richter 1963, S. 34.

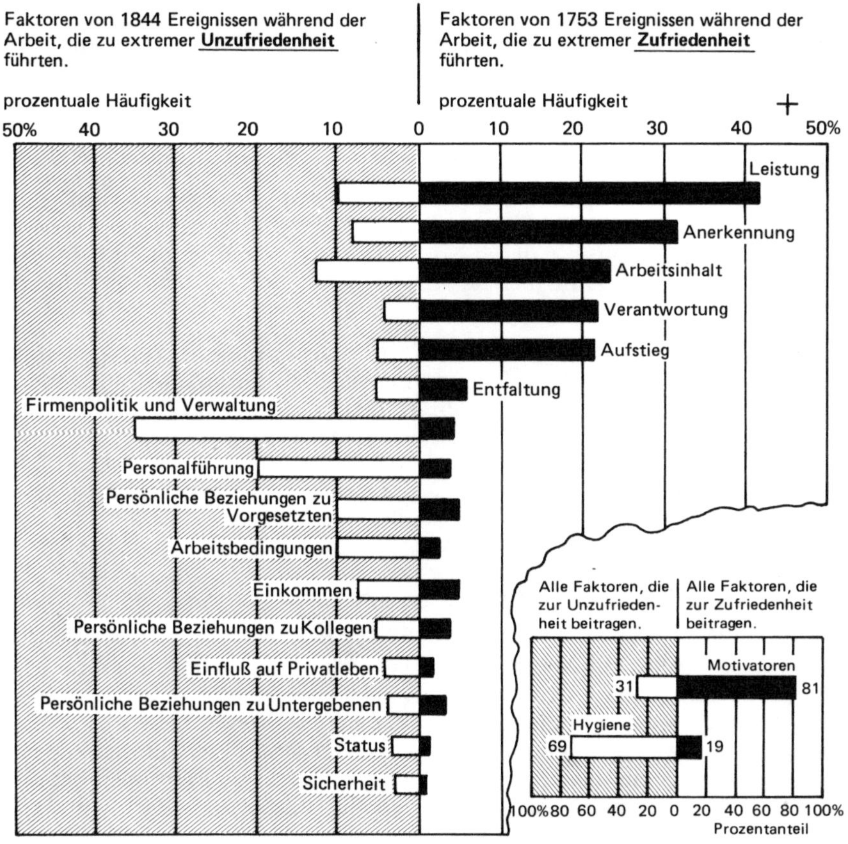

Abb. 20: Zweifaktorentheorie der Arbeitszufriedenheit von Herzberg

Tatsächlich steht die Mehrzahl der motivierten Verhaltensweisen beim Erwachsenen nur noch in indirekter, kaum nachweisbarer Beziehung zu den primären Trieben. Die primären Triebe werden überlagert von Einstellungen und Interessen interindividueller, sozialer und ideeller Art.

Die Offenheit des Menschen gegenüber Erziehungs- und Reifungsvorgängen erklärt sich aus der langen Periode biologischer und sozialer Unreife. Im Prozeß der *Sozialisation* verbinden sich nach und nach „nature“ (Anlage) und „nurture“ (Umwelt) mit Hilfe sozialer Verstärkungen und Sanktionen durch die Bezugspersonen (Eltern, Freunde, Vorbilder). Die gesellschaftlichen Normen werden allmählich internalisiert zu persönlichen Werten – zunächst aus

Angst vor Strafen und später unabhängig von externen Sanktionen unter der Ägide des Gewissens, des „Über-Ichs“[132]. Hier verschwimmen nach und nach 'Wollen' und 'Sollen'; die Dogmen der Autoritäten funktionieren als Werte der Individuen, was kaum prägnanter dargestellt werden kann, als mit dem Ausspruch von Charles Wilson, dem Präsidenten von General Motors: „Was gut ist für General Motors, ist auch gut für Amerika und umgekehrt!“.

Dieser Internalisierungsprozeß endet nicht mit dem Erwachsenwerden. Je dynamischer die soziale Organisation und der Produktionsprozeß ist, desto mehr und häufiger müssen deren Normen als persönliche verinnerlicht werden, wenn das Individuum nicht als 'abweichend' (unfähig, neurotisch, rebellisch) aus dem System fallen will.

Man könnte nun fragen, warum es trotz der Steuerung von Wertvorstellungen und Motivationen, der raffinierten Formen der Bedürfnisstimulationen und der ideologischen Leitbilder, den Autoritäten nicht gelingt, totale Anpassung und Interessenidentität aller herzustellen. Die Antwort findet sich in der Subjekt-Objekt-Dialektik der Interessen: sie spiegeln gesamtgesellschaftliche Antagonismen genauso wieder, wie widersprüchliche Ichentwicklungen. Interessenkonflikte sind somit unvermeidlich.

3. Interessenkonflikte

3.1. Zielkonflikte aus dem Gruppen- und Arbeitsprozeß

Betriebe werden nicht zu dem Zweck gegründet, die Bedürfnisse ihrer Mitglieder zu befriedigen. Organisationen sind vielmehr Systeme von Beziehungen, in denen Menschen durch mehr oder weniger komplementäre Zwecke, Ziele und Erwartungen miteinander verbunden sind. „Ein Unternehmen ist ein soziales System, in dem verschiedene Personen und Gruppen bemüht sind, ihre eigenen Interessen gegen andere durchzusetzen“ (Hartmann 1973, S. 18).

Jede Organisation hat also bestimmte materielle und/oder ideelle Ziele, die keineswegs die additive Komposition der individuellen Ziele ihrer Mitglieder darstellen. „Die Gruppe denkt, fühlt und handelt ganz anders, als ihre Glieder tun würden, wären sie isoliert“ (Durkheim 1895, S. 188).

So sind in allen menschlichen Gruppen die Mitglieder mehr an den *Beziehungen* untereinander (Kohäsion), ihre Führer mehr an der *Gruppenaufgabe* (Lokomotion) interessiert. Das heißt nicht, daß die Gruppenmitglieder den Aufgaben, die die Wohlfahrt der Gruppe und damit auch ihre eigene gewährleisten, gleichgültig gegenüberständen. Es ist vielmehr die notwendige Funktionsteilung, die über das Zerbrechen der Gruppenaufgabe in fragmente Detailziele, die primären, individuellen Bedürfnisse der Mitglieder verwandelt und ihre Interessen auf die bloße Erfüllung von disparaten Einzelzielen

[132] Vgl. auch French/Kahn 1962, S. 12; Freud 1923, S. 302ff.

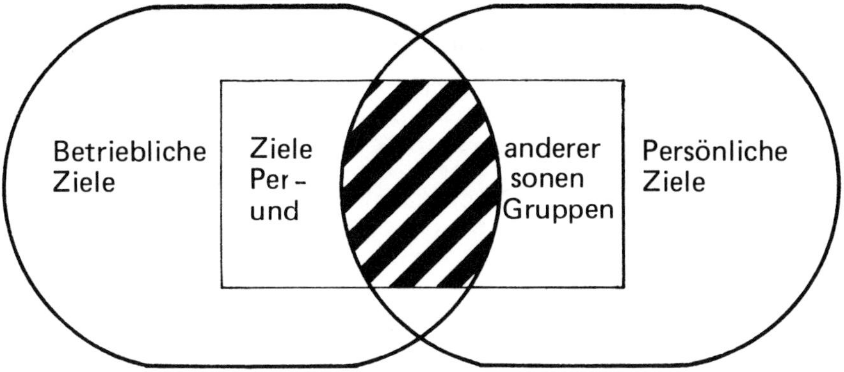

Abb. 21: Zielmengen in Organisationen

richtet. Organisationen splittern Entscheidungsbildung, Verantwortung und Tätigkeitsziele auf, reglementieren die interpersonalen Beziehungen und postulieren Wertvorstellungen, die von ihren Mitgliedern internalisiert werden müssen, wollen sie für diese Willfährigkeit belohnt werden und nicht wegen Abweichung bestraft werden.

Die Identifizierung mit den Organisationszielen ist nun je Individuum verschieden: sie reicht von gleichgültigem Opportunismus bis zu zwanghafter Selbstaufgabe (zur Konformität der Leitenden vgl. Kap. II 5.24., Kap. IV 2.6.).

Bestimmte Elemente produzierender Organisationen werden immer *Zielkonflikte* schaffen: es sind dies insbesondere ihre betonte Rationalität und Zweckorientierung, die Formalisierung zwischenmenschlicher Beziehungen und die Kontrolle der Mitglieder. Derartige Ziele können sich kaum mit den Bedürfnissen der Geführten decken, so daß sich zwangsläufig eine informelle Organisation bildet, die die Bedürfnisse der Mitglieder nach Anerkennung und Autonomie abdeckt. Dies wird beschleunigt, wenn die Führer besonders autoritär oder inkompetent erlebt werden. Die informellen Gruppen entwikkeln dann eigene Autoritäten und restriktive Leistungsnormen.

3.2. Zielkonflikte durch gesamtgesellschaftliche Antagonismen

Der Interessenkollaps zwischen den verschiedenen Gruppen im Betrieb spiegelt im Grunde reale, gesamtgesellschaftliche Antagonismen wieder. Widerstreitende Wertvorstellungen und Zielkonflikte finden sich genauso in sozialistischen Ländern wie in kapitalistischen.

Zum Beispiel beschränkt der Parteisekretär die Autonomie des Betriebs-Direktors zum höheren Wohle der Partei und zur Befestigung ihrer und seiner Herrschaft. Und die stete Klage über die Diskrepanzen zwischen individuellen Konsumwünschen und globalen, politisch motivierten Wirtschaftsplänen, gehört geradezu zum sozialistischen Alltag[133].

Wir wollen uns auf den „Interessengegensatz zwischen Kapital und Arbeit" konzentrieren, der in der deutschen Soziologie gemeinhin als „industrieller Konflikt" diskutiert wird: „trotz Ersatz der 'Kapitalisten' durch die 'Manager', die Entstehung einer mittleren Angestelltenschicht und die materielle und auch machtmäßige Besserstellung der Arbeiter wäre es ungerechtfertigt, aus dem Verschwimmen der Klassenfronten des früheren Industrialismus zu schließen, daß der Industriebetrieb des entwickelten Industrialismus keine Spannungen von der Form der Klassengegensätze mehr kenne. Während die Unternehmer an der Wirtschaftlichkeit des Unternehmens, sind die Arbeiter an der Verbesserung ihrer sozialen Situation im weitesten Sinne interessiert" (Dahrendorf 1967, S. 92f.)[134].

Der Interessengegensatz kann nur institutionalisiert und durch Kompromisse entschärft werden, wofür heute die Instrumente der Kollektivverhandlungen und der Sozialpolitik dienen[135].

Die Interessen und Ziele dieser zwei sozialen Gruppen sollen etwas näher betrachtet werden, um zu zeigen, zwischen welchen antagonistischen Interessengruppen der Leitende zum einen zu vermitteln hat, und zum anderen welche Interessen er selbst pflegt. Es scheint nämlich keine leichte Aufgabe zu sein, die Bedürfnisse der Geführten zu befriedigen und gleichzeitig die Organisationsziele zu erfüllen, ohne selbst dabei zu kurz zu kommen.

4. Die Ziele des Faktors 'Arbeit'

Das Interesse des Arbeitnehmers dreht sich um folgende Bedürfnisse:[136]
- genügend hohes und gerechtes Einkommen;
- Sicherheit der Beschäftigung;
- zwischenmenschliche Kontakte und soziale Geltung;
- Entfaltung der Persönlichkeit durch eine zufriedenstellende Tätigkeit.

Zu fragen ist, inwieweit es den Führungskräften in produzierenden Organisationen gelingt, diese Bedürfnisse unter den Restriktionen der Arbeitsteilung und der Kapitalverwertung zu befriedigen:
(1) Schon die Befriedigung der ersten und zweiten Schicht der Maslowschen Bedürfnispyramide scheitert am Wesen der Kapitalverwertung: die

[133] Vgl. insb. Bahro 1977; Granick 1961, Kap. 10.
[134] Zum unaufhebbaren Widerspruch im Zusammenwirken von Kapital und Arbeit bekennt sich auch die Mitbestimmungskommission (Bericht der Sachverständigenkommission, Bochum 1970, S 79, 84). Vgl. insb. Groskurth/Volpert 1975.
[135] Zur „Konfliktvermeidungspolitik" des Staates vgl. Habermas 1971, z. B. S. 84. Zu den Verhandlungsprozessen in Organisationen vgl. Cyert/March 1963.
[136] Vgl. Vroom 1964; Neuberger 1974; Kornhauser 1965, S. 13; unser Kap. III, 2.

Lohnkosten dürfen den Gewinn ('Investitionskraft') niemals gefährden und die Arbeitskraft muß frei verfügbar sein (absolute Arbeitsplatzsicherheit widerspräche der freien Marktwirtschaft).

(2) Die zunehmende Funktionsteilung zerbricht ganzheitliche Arbeitsvollzüge und fördert das Detailgeschick, die Spezialisierung auf Einzelfunktionen. Auch wenn mehr und mehr Routinefunktionen an Maschinen delegiert werden können und die Arbeit sogar qualitativ anspruchsvoller wird, bleibt die einseitige, lediglich partielle Befriedigung an Einzelaspekten der Produktion, die Entfremdung von Inhalt und Ziel (Produkt). Alles 'lebenswerte Leben' wird dafür auf den Restbereich verschoben, auf Freizeit und Konsum[137].

(3) Die allgemeine Arbeitsmotivation wird vom konkreten Inhalt und Ziel der Arbeit getrennt: man produziert um des Gelderwerbs und nicht um des Produkts willen. Dies bedeutet eine Wertverschiebung von der Eigenbedeutung der Arbeit auf deren Nebenprodukte wie Einkommen, Sicherheit, Prestige[138]. Befriedigt Arbeit damit nicht mehr nur primäre, biologische Bedürfnisse, sondern auch ansozialisierte Motive (Status, Macht), können Störungen im Arbeitsverhältnis leicht auf Selbstwertbereiche generalisieren und massive Angst auslösen.

(4) Die Befreiung der Arbeitenden von eigenen Produktionsmitteln ordnet Arbeit unter das Kapital. Wenn auch die Untauglichkeit traditioneller Kontrollmittel die „kasernenhofmäßige Disziplin dysfunktional macht" und damit, „Fremdkontrolle durch Selbstkontrolle ersetzt" werden muß (Groskurth/Volpert 1975, S. 184, 216), so wirkt doch diese 'Selbstdisziplin' vor allem zugunsten des Kapitals. Ähnlich läßt der Despotismus hierarchischer Führung in sozialistischen Staaten die Arbeitenden in der Objektrolle des 'Wirtschaftsuntertans' (Bahro 1977, S. 164 ff.).

Es zeigt sich also, daß die Bedürfnisse der Arbeitnehmer in hochgradig arbeitsteiligen und hierarchisch strukturierten Gesellschaften nur sehr wenig befriedigt werden können. Solange sie nicht am Entscheidungsprozeß beteiligt und solange die Grundlagen der Herrschaft (Eigentum oder Kontrolle) nicht relativiert werden, bleiben für sie die Führungskräfte lediglich Agenten der Machteliten. Die Leitenden werden damit zur *personifizierten Versagung*; auf ihrem Rücken werden die antagonistischen Interessen der Gesellschaft ausgetragen. Wie weit sie sich von dieser konfliktreichen Situation lösen können, wird bestimmt von den Freiräumen, die ihnen das Zielsystem des Faktors Kapital beläßt.

---

[137] „Die gesellschaftliche Teilung der Arbeit macht seine Arbeit ebenso einseitig, als seine Bedürfnisse vielseitig" (Marx K I, S. 120); s. a. unser Kap. II, 3.1.

[138] Vgl. Merton 1957, s. 197 ff.

5. Die Ziele des Faktors 'Kapital'

Kapital kann sich nur verwerten, indem es sich vermehrt, denn niemand würde sein Geld riskieren und nicht lieber verkonsumieren, wenn er nicht einen Gegenwert (Zins) bekommen würde. Was zunächst als individuell menschliches Moment erscheint, nämlich als Jagen nach Gewinn, erweist sich als rein reaktives Verhalten auf die Verselbständigung, die Verdinglichung der von den Menschen selbst geschaffenen gesellschaftlichen Verhältnisse. „Die Konkurrenz herrscht jedem individuellen Kapitalisten die immanenten Gesetze der kapitalistischen Produktionsweise als äußere Zwangsgesetze auf. Sie zwingt ihn, sein Kapital fortwährend auszudehnen, um es zu erhalten" (Marx K I, S. 618). D. h. der einzelne Unternehmer kann gar nicht nach seinem eigenen Gutdünken seine Ziele festlegen, sondern sein Ermessensspielraum ist ihm durch sogenannte Sachzwänge klar abgesteckt, die sich in der Verkehrung von Erscheinung und Wesen als natürlich oder vorgegeben darstellen, wo sie eigentlich ein gesellschaftliches Verhältnis zwischen Personen sind.

Wie kann sich nun Kapital vermehren?
- Es kann einmal versucht werden, einen möglichst hohen Preis für die Produkte zu erzielen. (Diese Möglichkeit wird begrenzt durch die Konkurrenz- und Nachfragesituation auf dem Markt)
- Zum anderen kann versucht werden, die eingesetzte Arbeit so gering wie möglich zu bezahlen, was auch in Form einer Erhöhung der Arbeitsproduktivität geschehen kann. (Dies wird begrenzt durch tarifliche Regelungen und die Beschäftigungssituation)

Für den Unternehmer ist Gewinnmaximierung durch Ertragssteigerung und Minimierung des Aufwandes eine Überlebensfrage. Alle anderen Zielsetzungen haben sich (zumindest langfristig) diesem zentralen Ziel unterzuordnen[139].

Der Manager hat sich mit diesem Ziel des Faktors 'Kapital' zu identifizieren, da an ihn, wie wir hörten mit zunehmender Arbeitsteilung und Vergesellschaftung die Beaufsichtigungs- und Verwertungsfunktion delegiert wurde. Damit sind ihm nicht nur die Möglichkeiten zur Motivierung seiner Mitarbeiter mittels Befriedigung ihrer Interessen beschnitten. Es bahnen sich auch Zielkonflikte dadurch an, daß die Unternehmerfunktion zerfällt in Kapitalgeber und Unternehmensleitung: sind die einen an Dividende und Zusatzdividende interessiert, so die anderen an Rücklagen und Gewinnbeteiligung. Wir sind damit bei der Frage, welche Ziele und Interessen wohl die Leitenden verfolgen.

---

139 Vgl. March/Simon 1958, S. 47; Gutenberg 1951, 1961.

6. Die Ziele der Leitenden

Schumpeter, der große Nationalökonom der 20iger Jahre nahm an, daß das Gewinnmotiv aufhöre, oberste Norm zu sein, je mehr die Unternehmer durch Manager geleitet würden. Die eigentumslosen Manager stünden dem Gewinnziel zumindest gleichgültig gegenüber, weil sie für sich selbst andere Ziele verfolgten (1942, S. 259). Die Realität bestätigte diese These nicht, sondern zeigte, daß die kapitallosen Manager zu den entschiedensten Verfechtern des privatwirtschaftlichen Erwerbsprinzips gehören.

Ob Manager oder Eigentümer ein Großunternehmen führen, ist in den Auswirkungen nicht unterscheidbar, denn die materiellen und immateriellen Interessen der Manager sind mit den Rentabilitätsinteressen des Unternehmens so eng verbunden, daß die einen nicht ohne die anderen zu verfolgen sind. Nur Gewinnerzielung schützt den Manager gegen den Verlust seiner privilegierten Stellung. Nur hohe Erträge und damit die Möglichkeit zur Selbstfinanzierung verbürgen seine Autonomie und Freiheit vor Eingriffen Dritter. Nur Wachstum des Unternehmens sichert und steigert sein Prestige[140].

Dem Prinzip der Gewinnmaximierung kann der Manager noch viel konsequenter nachkommen, als der Privatunternehmer: während der klassische Prinzipal schwankte zwischen Fürsorge und persönlichen Animositäten gegenüber Kunden und Mitarbeitern, zwischen der Inkaufnahme eines momentanen Verlustes und der Mitnahme eines raschen Profits, ist der typische Manager eher der rationale, energische, von persönlichen Rücksichten freie Kalkulator langfristiger Gewinn- und Kostenströme, der auch nicht davor zurückschreckt, wenn er es für notwendig erachtet, Kunden und Mitarbeiter zu düpieren.

Daß die Manager sich mit den Unternehmenszielen identifizieren heißt noch lange nicht, daß sie nicht auch *eigene Ziele* verfolgen. Sie sind natürlich an Gehaltserhöhungen, sozialen Verbesserungen und besseren Arbeitsbedingungen für sich selbst interessiert, wenn sich auch für die Durchsetzung dieser Ziele keine größeren Konflikte (insb. Streiks) in Kauf nehmen würden[141].

Die Führungskräfte sind keine monolithische Interesseneinheit, dazu ist diese Gruppe, wie wir hörten (Kap. II, 8.) zu inhomogen. Trotzdem findet sich eine gemeinsame Interessenbasis in Fragen des Gehalts, der Arbeitsplatzsicherheit, der Kooperation und Mitbestimmung, der Selbstentfaltung. Diese gemeinsamen Interessen zeigen sich in besonders deutlichem Relief dort, wo sie gegen die Interessen des Kapitals stehen. Zwar verschleiern „individualisierende Arbeitsbedingungen oder Korrumpierungsmanöver die Lohnabhängigkeit", gleichwohl spüren die Leitenden „einen eisigen Hauch im Genick", „fühlen sich unsicher, verraten und ausgenutzt", glauben „viele Pflichten,

---

[140] Vgl. Pross 1971, S. 107, 172; Pross 1965, S. 46, 176; Galbraith 1967, Kap. XV.
[141] Vgl. Hartmann 1973, S. 108.

wenig Rechte und keinen Schutz zu haben"[142]. Die Quellen dieser ganz spezifischen Leiden sollen näher betrachtet werden.

6.1. Die Basisbedürfnisse der Manager: Sozial deklassiert?

6.1.1. Gehalt

Wir hörten, daß mit fortgeschrittener Arbeitsteilung die Befriedigung nicht mehr ausschließlich in der Arbeit selbst, sondern in den begehrten Nebenprodukten 'Einkommen' und 'Anerkennung' gefunden werden kann. In allen produzierenden Organisationen sichern sich die Führungseliten diese gewaltlosen Einflußmittel zur Belohnung und Motivierung derjenigen Mitglieder, die sich an die Organisationsnormen anpassen und zur Erreichung der Organisationsziele beitragen. Wird nun die von den leitenden Angestellten geforderte Leistung und Anpassung auch angemessen entlohnt?

Befragt man die Leitenden selbst, so beklagen sie regelmäßig, daß ihr übermäßiger Arbeitsaufwand und ihre große Verantwortung in keinem Verhältnis zu ihrem Einkommen stünde: Mindestens die Hälfte bis zu dreiviertel der Führungskräfte bezeichnen sich in Umfragen als unzufrieden mit ihrem Gehalt[143]. Solchen Äußerungen wird gerne mangelnde Objektivität unterstellt in dem Sinne: wer ist schon mit seinem Einkommen zufrieden. Abgesehen davon, daß für das intra- und interpersonale psychische Klima subjektive Wahrnehmungen wichtiger sind als objektive Fakten, ist doch zu fragen, ob das geäußerte Unbehagen eine materielle Grundlage hat. Vergleichen wir die Bezüge verschiedener Führungskräfte:

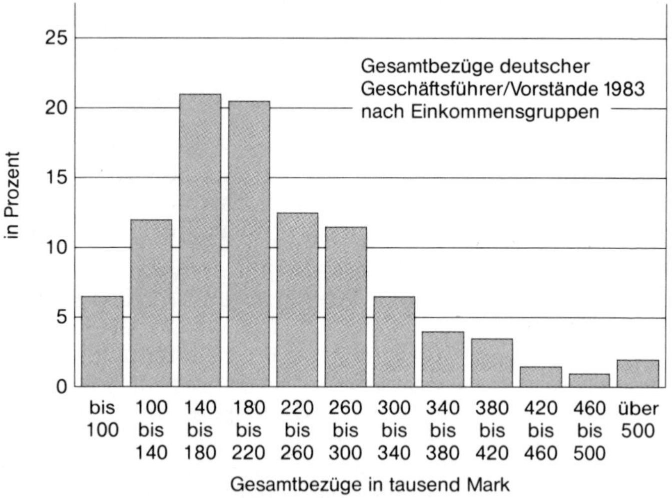

[142] Priewe 1973, S. 276f.; Der Spiegel, 1971, S. 38ff.

[143] Manager Magazin 9, 1977, S. 130ff.; Wirtschaftswoche 45/1971, S. 15ff., 28/1970, S. 77. Für die USA Boone/Kurtz: Contemporary business, Hinsdale 1978, 76ff.; Time April 30, 1979, S. 76. Vgl. a. Steiner 1967, S. 19.

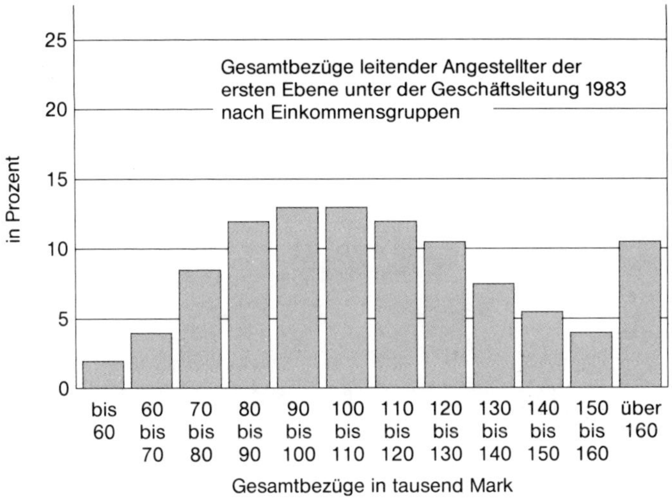
25
20
15
10
5
0
in Prozent
Gesamtbezüge leitender Angestellter der ersten Ebene unter der Geschäftsleitung 1983 nach Einkommensgruppen
bis 60
60 bis 70
70 bis 80
80 bis 90
90 bis 100
100 bis 110
110 bis 120
120 bis 130
130 bis 140
140 bis 150
150 bis 160
über 160
Gesamtbezüge in tausend Mark

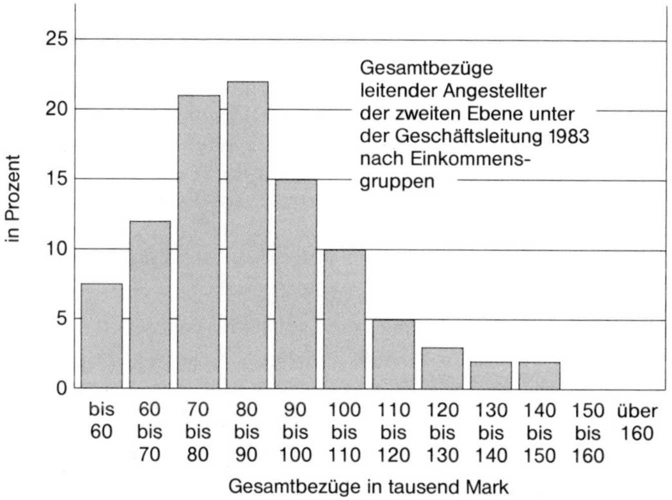
25
20
15
10
5
0
in Prozent
Gesamtbezüge leitender Angestellter der zweiten Ebene unter der Geschäftsleitung 1983 nach Einkommensgruppen
bis 60
60 bis 70
70 bis 80
80 bis 90
90 bis 100
100 bis 110
110 bis 120
120 bis 130
130 bis 140
140 bis 150
150 bis 160
über 160
Gesamtbezüge in tausend Mark

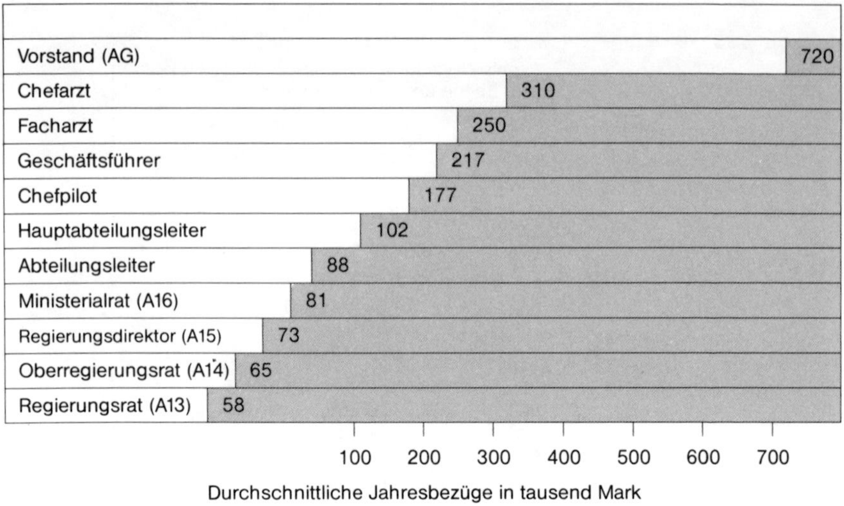

Abb. 22: Einkommensvergleich von Führungskräften in Deutschland[144]

Auffällig ist der große Abstand der Bezüge der leitenden Angestellten zu den Einkünften der Vorstände und Freiberufler und die relativ geringe Differenz zu den Tarifangestellten und Beamten. Diese Relationen scheinen sich für die Leitenden auch kaum zu verbessern, eher im Gegenteil. Während Vorstände und Geschäftsführer seit zwei Jahrzehnten – einem ehernen Lohngesetz gleich – ihren Einkommensabstand zur nächsten Führungsebene mindestens halten, verringern sich bei den Managern im mittleren und unteren Führungsbereich die Gehaltsabstände nach unten: „bis 1973 vergrößerten die Geschäftsführer und Vorstände ihren Abstand zur nächsten Ebene bis auf rund 100 % Mehreinkommen; dieses Niveau konnten sie bis heute halten. Demgegenüber büßten die Direktoren/Hauptabteilungsleiter im Vergleich zu ihren Untergebenen 10 % an Gehaltsdifferenz wieder ein“ (manager magazin 10/83, S. 198 f.)

Es verwundert deshalb nicht, daß sich viele leitende Angestellte von einer „sozialen Deklassierung“ bedroht fühlen.

---

144 Managereinkommen nach Statist. Bundesamt Fachserie 16, Reihe 4.3 und Manager Magazin 10/1983, S. 194 ff. Stark abhängig von der Branche, der Unternehmensgröße und der Umsatznähe der Position. Zum öffentlichen Dienst vgl. Bundesbesoldungsgesetz 1983 u. Statist. Bundesamt, Fachserie 14, Reihe 7.1. Zu anderen Berufsgruppen vgl. Grätz, F.: Wer verdient was, Grafenau 1983; die Vergleichbarkeit gegenüber freien Berufen ist stark eingeschränkt, da die Daten durch steuerliche Vorschriften stark verzerrt und veraltet sind.

145 Entfällt

6.1.2. Zusatzleistungen

In der Bundesrepublik erhalten ungefähr die Hälfte der Führungskräfte eine *Erfolgsbeteiligung* in Form von Tantiemen, Provisionen oder Prämien. Diese leistungsabhängige Entlohnung scheint auf den ersten Blick die Zufriedenheit beider Seiten zu erhöhen:

- Das Unternehmen profitiert von der erhöhten Leistungsmotivation und von der Verkopplung der Ziele des Unternehmens mit denen des Mitarbeiters („der Gewinn der Firma ist auch mein Gewinn"); der Arbeitende übernimmt aus eigenem Interesse unternehmerische Verantwortung.
- Der beteiligte Mitarbeiter schätzt daran die höhere Leistungsgerechtigkeit und die Demokratisierung des Betriebserfolgs.

Die Erfolgsbeteiligung ist jedoch auch *Konfliktquelle* ersten Ranges:

- Die Arbeitsleistung eines einzelnen Mitarbeiters zu messen und zu bewerten, ist ausgesprochen schwierig, insbesondere bei leitenden Tätigkeiten. Die Qualität guter Führung liegt mehr als anderswo in den unwägbaren Dingen: Man denke nur an Beurteilungskriterien wie Entscheidungsstärke, Organisationstalent, Planungsgeschick, Belastbarkeit, Kooperationswille, Kreativität, Delegationsbereitschaft und Durchsetzungsvermögen. Außerdem erschweren eine ganze Reihe von Meßfehlern die Beurteilung anderer Menschen, wie Vorurteile, Sympathie, momentane Stimmung, Simplifizierung, Sprachgebrauch, Manipulation usw.[146]
- Schwer zu lösen ist auch die Frage der Kausalität. Welcher Einzelperson Erfolg oder Mißerfolg zugerechnet wird, erscheint oft willkürlich und ohne Gefühl für den Betrieb als kooperatives Gebilde. Der Lösungsversuch, statt individueller Leistungen, geschlossene betriebliche Einheiten zu bewerten (profitcenters) löst das Grundproblem nicht, denn auch diese stehen in einem interdependenten Netz und es bleibt die Frage, wie der 'Kuchen' auf die einzelnen Elemente verteilt werden soll.
- Ein weiteres Problem ist die Beeinflußbarkeit von Kosten und Erlösen. Ohne weitgehende Partizipation bleibt die Erfolgsbeteiligung reine Farce; denn wenn die Entscheidungen, die Erfolge und Mißerfolg bestimmen, nicht beeinflußt werden können, wird die Gratifikation zum karitativen Gnadenerweis. Verschärft wird das Problem dadurch, daß verschiedene Einflußvariablen vom einzelnen Subjekt her überhaupt nicht beeinflußbar sind, wie z. B. Konjunktur, Nachfrage, Tarifabschlüsse, Konkurrenz.
- Ein weiterer Streitpunkt ist die Manipulation der Bezugsgrößen. Umsatz, Gewinn, Deckungsbeitrag können durch 'Bilanzkosmetik' (willkürliche Bewertung, Rücklagen, Investitionen, Verrechnung) erheblich verfälscht werden.

---

146 Vgl. zur Mitarbeiterbeurteilung Mayer 1978, S. 143 ff.; Rosenstiel 1980, S. 83 ff.; Korman 1977, S. 349 ff.

147 Entfällt

148 Entfällt

Dieser Kampf um Teile des Mehrwerts wird um so schärfer, je mehr sich das Verhältnis zum Grundgehalt zugunsten der Erfolgsprämien verschiebt: z. B. können im Vertriebsbereich die Prämien die Grundgehälter bis zu 300 Prozent übertreffen! Daß die Betroffenen in solchen Fällen eigentlich zwischen Korruption und Erpressung schweben und sich halb 'tot' arbeiten, um ihren Einkommensstatus zu halten, wird leicht verständlich.

Das relativ begrenzte Einkommen und die Steuergesetze verbieten es dem leitenden Angestellten, Geld in einem Maßstab zu akkumulieren, wie es für eine langfristige, profitable Kapitalbildung notwendig wäre; zudem fehlen ihm meist die notwendigen Informationen und aussichtsreichen Anlagemöglichkeiten. Vermögensbildung zur *Altersvorsorge* ist aber für alle überdurchschnittlich verdienenden Gehaltsempfänger existentiell, da die gesetzliche Angestelltenrente bei weitem nicht ausreicht, um bei der Pensionierung den gewohnten Lebensstandard aufrechtzuerhalten: sie bringt nur ungefähr ein Viertel der letzten Bruttobezüge. Es wird deshalb zunehmend Druck auf die Unternehmen ausgeübt, eine zusätzliche Altersversorgung zu gewähren. Hier haben die leitenden Angestellten allerdings auch noch eine Reihe von Schwierigkeiten durchzustehen:

- Die betriebliche Altersversorgung ist noch keineswegs obligatorisch und angesichts der geringen Solidarisierung der Betroffenen schwer durchsetzbar[149].
- Die Leistungen sind im Vergleich zur perfekten Versorgung der Beamten recht dürftig und werden nicht an die Entwicklung von Kaufkraft und Einkommen angepaßt[150].
- Die Versorgungsanwartschaft bleibt nur bei langer Betriebszugehörigkeit erhalten, womit die Mobilität der Betroffenen stark eingeschränkt wird[151].

6.1.3. Entgelt als Motivator

Die Arbeitsmotivation kann heute nicht mehr im Taylorschen Sinne auf den Erwerbstrieb des Menschen reduziert werden. Seit der Human-Relations-Bewegung erkannte man die Wichtigkeit und den Substitutionseffekt anderer Motivatoren. Gleichwohl hat Geld seine Bedeutung als 'incentive' nicht verloren und man fragt sich, warum sich so viele Menschen in „innerweltliche Askese" (Max Weber) begeben und sich die Früchte der Freizeit und des dolce farniente versagen, Tag und Nacht wie die 'Wilden' sich abschinden, wo doch die Chancen, Geld zu verkonsumieren, relativ begrenzt sind: der Manager hat

149 Erst 36% der deutschen Unternehmen gewähren eine betriebliche Altersversorgung, womit 69% aller leitenden Angestellten begünstigt sind (Bundesmin. f. Arbeit: Arbeits- u. Sozialstatistik, H. 5–6, 1978, S. 179–181).

150 Zusammen mit den Sozialversicherungsrenten ergibt sich eine Gesamtversorgung von 55–70% der letzten Bezüge. Wollte der Leitende eine Versorgung wie die Beamten, müßte er nicht weniger als 37% seines Einkommens zur Finanzierung opfern. (Blick durch d. Wirtschaft 14. 6. 72).

151 Nach dem Gesetz zur Verbesserung der betriebl. Altersversorgung 10 bzw. 12 Jahre.

weder Zeit noch Gelegenheit, in barocken Schlössern mit einer Schar livrierter Diener zu wohnen und sich eine Flotte von Luxusjachten zu halten, so daß es schwierig wird, mehrere hunderttausend Mark noch mit Anstand und ohne Furcht vor der Steuerfahndung auszugeben[152].

Des Rätsels Lösung liegt darin, daß Geld nicht nur Mittel zum Konsum ist, sondern vor allem auch Mittel zur Anerkennung, Wertschätzung und Bestätigung des Status. Tatsächlich korreliert die Bezahlung sehr hoch mit dem Selbstwertgefühl, wobei weniger die absolute, als die relative Höhe des Gehaltes maßgebend ist[153].

Die „*Equity-Theorie*"[154] weist darauf hin, daß ein ständiger Vergleichsprozeß zwischen den arbeitenden Individuen stattfindet: Einkommen, Status und hierarchische Position werden untereinander verglichen und jeder ist darauf bedacht, für seinen „Einsatz" eine gerechte Gegenleistung zu bekommen. Eine Arbeitssituation wird als unbillig und unangemessen empfunden, wenn das Verhältnis zwischen „Einsatz" und „Belohnung" als ungünstiger wahrgenommen wird als jenes bei anderen Personen in ähnlich assoziierten Situationen. Die Folge sind Frustration und Konflikte, die je nach Persönlichkeit und objektiven Freiheitsräumen in sich „hineingefressen" („Neidärger") oder interpersonell ausagiert werden.

Die „Equity-Theorie" liefert auch den Schlüssel zu dem paradoxen Tatbestand, daß die Leitenden trotz ihres Wohlstandes materielle Benachteiligung anmahnen: Während die Öffentlichkeit die Masse der Arbeitslöhne in Beziehung setzt zum Einkommen der leitenden Angestellten und aus diesem Verhältnis die eigene Benachteiligung und die Privilegierung der anderen ableitet[155], setzen die Leitenden ihre Situation in Relation zur Unternehmensleitung. Die Kluft zur Spitze ist groß genug, um ein Gefühl der relativen Deprivation, der sozialen Deklassierung zu erzeugen, die als unangenehmer Spannungszustand zur Reduktion drängt.

Verstärkt wird die Befürchtung, 'underdog' zu sein gegenüber den beneideten 'Plutokraten' und der materiell immer näher rückenden Arbeiterschaft durch die in Deutschland übliche Tabuisierung der Einkommen. Während in den USA Steuererklärungen von Prominenten (einschließlich des Präsidenten) durch die Presse unangefochten ausgeschlachtet werden, zählt bei uns das Gehalt zur unantastbaren Intimsphäre. Im Dunkel hinsichtlich des eigenen

---

152 Vgl. Whyte 1958, S. 154.

153 Whyte 1958, S. 152; Kasl/French (JSocIss 1962, S. 85).

154 Patchen: The choice of wage comparison, Sociometry 1961, S. 136 ff. Vgl. a. Homans (1961), Adams (1963), Berkowitz: Advances in SocPsy. Vol. 9, 1976, S. 92 ff.; Rosenstiel 1980, S. 288 ff.

155 In der Bundesrepublik beziehen Führungskräfte ein Einkommen in Höhe des fünf- bis zehnfachen des Durchschnittslohns, ähnlich auch in den sozialistischen Ländern (Granick 1961, S. 92), in den USA ist der Unterschied noch krasser (Lenski 1973, S. 412).

Marktwertes, bleiben dem Leitenden mehr Phantasien als Fakten und er beklagt die vermeintliche Ungerechtigkeit[156].

6.1.4. Arbeitszeit (Arbeitssucht)

Mit dem Kauf und Verkauf der Arbeitskraft stoßen Unternehmer und Arbeitende auf eine konfliktträchtige Frage: das Ausmaß der Arbeitsverausgabung. Der Konflikt um die Ausnutzung des individuellen Arbeitszeitpotentials wird durch gesetzliche und tarifvertragliche Regelungen reduziert[157]. Allerdings gelten diese Normen nicht für Leitende, diese unterliegen vielmehr einer intensivierten Arbeitspflicht und haben 'allzeit bereit zu sein'. Dabei ist zwischen den Führungskräften in Ost und West kein Unterschied auszumachen. Leitende in der UdSSR, den USA, der DDR und der BRD sind genau in der gleichen Art und Weise durch Überstunden, Sitzungen und Dienstreisen belastet. Ihre Arbeitszeit ist meist um die Hälfte länger als die übliche Arbeitszeit.

Alle empirischen Untersuchungen finden für die Leitenden eine wöchentliche Arbeitszeit von durchschnittlich 50 bis 60 Stunden. Dabei ist auffällig, daß mit der Frage, ob sie übermäßig viel arbeiten, eine sehr empfindliche Stelle berührt wird: „So ruhig sie über andere Aspekte ihres Lebens sprechen – bei diesem werden sie geradezu elektrisiert. Neunzig von hundert leitenden Angestellten, die wir befragten, erklärten, sie arbeiteten nicht zu angestrengt, und dabei antworteten sie mit den Worten 'Durchaus nicht!', 'Natürlich nicht!' und ähnlichen Ausrufen" (Whyte 1958, S. 151). Spricht man Leitende auf ihre Arbeitszeit an, hört man Klagen wie, „meine Arbeit ist nie zu Ende", „selbst wenn ich zwölf Stunde hier wäre, würde es nicht reichen", „alles muß man selber machen". Bei derartig hochwallenden Emotionen stellt sich die Frage, was eigentlich dahintersteckt: eine Rechtfertigung persönlichen Unvermögens, sich von der Arbeit zu lösen oder der echte Leidensdruck objektiver Zwänge.

Wir wollen an Hand dieser für die Leitenden besonders typischen Symptomatik einmal die komplexen Wirkzusammenhänge detailliert darstellen.

(1) Man findet auf der Symptomebene pathologische Zustände, die stark erinnern an die von Drogensüchtigen und Alkoholikern[160], nämlich

---

[156] Die häufige Verschleierung der Regeln zur Arbeitsbewertung kann zur Strategie der Individualisierung von Konflikten und damit zur Verweigerung kollektiver Wahrnehmung der Interessen gerechnet werden (vgl. Priewe 1973, S. 281).

[157] In der BRD durch die Arbeitszeitordnung (AZO) v. 1938; in Frankreich Code du travail II art. 6–10; in USA Fair Labor Standards Act 1938 etc.

[158] Entfällt

[159] Nach Pross 1965, S. 21 u. Capital 5/78, S. 89. Vgl. a. Pross 1971, S. 21; Whyte 1958, S. 147; Packard 1963, S. 140.

[160] Das übermäßige Bedürfnis nach Arbeit wird von der neueren psychosomatischen Medizin zu den Suchtkrankheiten gerechnet und zwar als „work-olism" (Machkwitz, Yale) bzw. „Arbeitssucht" (Mentzel, Hardtwaldklinik); vgl. a. Kahn 1964, S. 340 ff.

[161] Entfällt

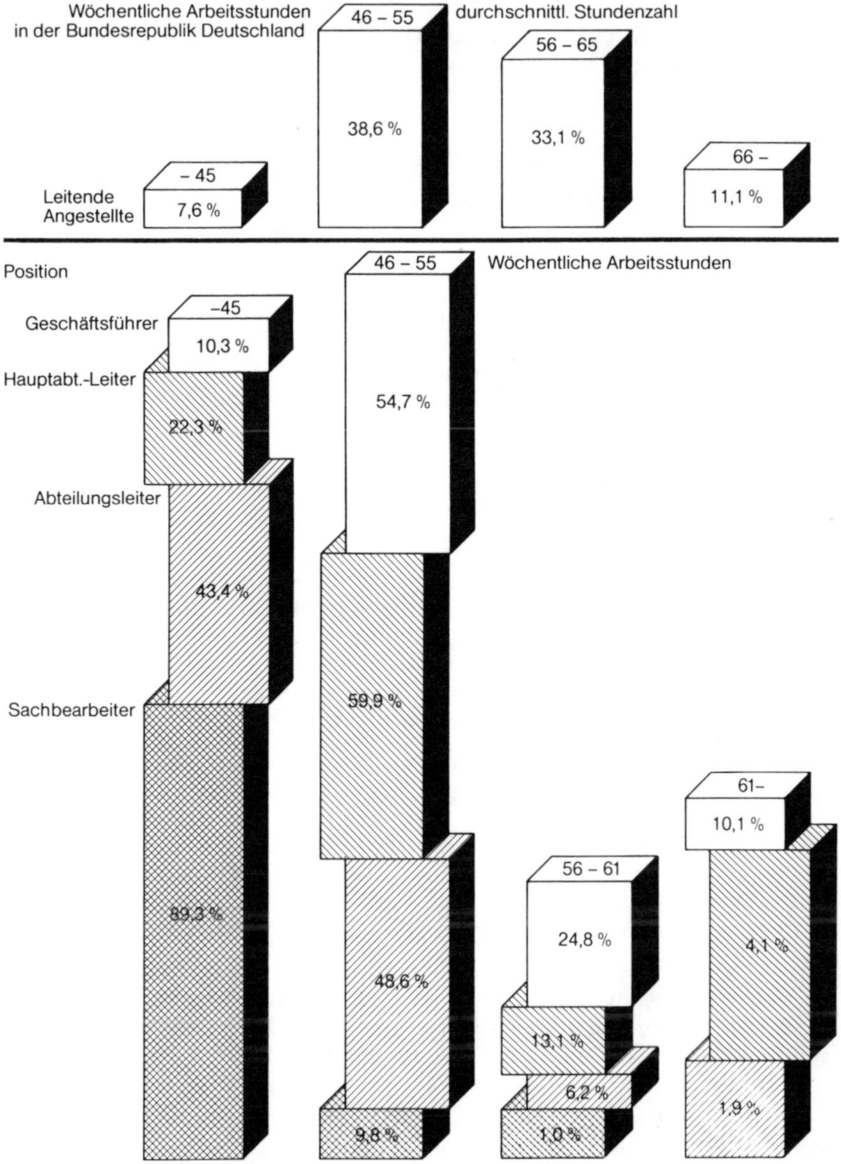

Abb. 23: Wöchentliche Arbeitsstunden in der Bundesrepublik Deutschland

- ein unwiderstehliches und unersättliches Verlangen nach dem lustauslösenden Mittel; im Fall der *„Arbeitssucht“* typisch das zwanghafte „Weiterbasteln am Feierabend“, die Unfähigkeit, Arbeiten zu delegieren, das Auffüllen sämtlicher Zwischenpausen mit irgendwelchen Aktivitäten usw.;
- eine Tendenz, die Dosis zu erhöhen; es werden zunehmend auch die Regenerationspausen Mittag, Feierabend und Wochenende mit Arbeiten ausgefüllt, bzw. mit Ersatzaktivitäten wie übertriebenem Sport, extensiven Hobbys, Funktionen in Vereinen oder politischen Institutionen;
- psychisch-physische Abhängigkeit von den Wirkungen der Droge; in diesem Fall allgemeine Unruhe, wenn einmal nichts zu tun ist, ständige Nervosität und hastiges Arbeiten wie im Rausch;
- eine zerstörerische Wirkung auf den Süchtigen; hier Depressionen, Erschöpfungszustände, Kreislaufstörungen, Magenbeschwerden und Konzentrationsstörungen[162];
- eine zerstörerische Wirkung auf die sozialen Beziehungen; hier Vernachlässigung des Familienlebens, Potenz- und Kontaktprobleme, Generalisierung des Leistungszwanges auf zwischenmenschliche Beziehungen.

(2) Hinter dieser leicht sichtbaren Erscheinungsform (Symptomatik) enthüllt die tiefenpsychologische Exploration auf der Ebene des Individuums die für zwanghafte Persönlichkeiten typische Charakteristik: das ständige Gefühl des „Müssens“[163]. In der Regel findet sich eine ausgeprägte Identifikation mit einem strengen, korrekten, besonders tüchtigen Elternteil und eine angstvolle Abwehr von Emotionen.

(3) Auf der Wirkebene der sozialen Situation fällt eine ausgeprägte Machtstruktur auf: Der Arbeitssüchtige braucht 'Lehrlinge', die ihm die belanglosen Routinearbeiten abnehmen, er braucht Zuschauer, die seine 'exzessive' Leistung bewundern und er braucht autokratische Strukturen, in denen seine Interaktionspartner widerspruchslos 'funktionieren' und keine Gefühlsansprüche stellen. Er bedarf also des geeigneten sozialen Nährbodens, damit sein zwanghafter Ehrgeiz auch mit Prestige belohnt wird.

(4) Auf der Ebene der Ziele und Werte findet man die Internalisierung sozioökonomischer Zwänge. Da wirtschaftliches Wachstum nur möglich ist durch vermehrte bzw. intensivierte Arbeit, wird Arbeitssucht – im Gegensatz zu anderen Süchten – gesellschaftlich motiviert: der 'Fleißige' erfreut sich hoher gesellschaftlicher Wertschätzung, sei auch seine Aktivität

---

162 „Work overload“ ist der Hauptrisikofaktor für Koronarerkrankungen (Cooper/Marshall 1978, S. 84; French/Caplan 1973).

163 Vgl. a. Kap. I 3.2.3. und 3.3.2. Für die kritische Psychoanalyse ist dieser innere Zwang zur Arbeit notwendig im Prozeß der Kapitalbildung angelegt (Schneider 1973, S. 179ff.).

noch so exzessiv und zwanghaft. Diese soziale Anerkennung erschwert auch alle Therapieversuche, weil der Betroffene überhaupt kein Problembewußtsein entwickelt.

Für Thorstein Veblens „süßes Leben der Muße-Klasse“[164] bleibt den Leitenden also reichlich wenig Zeit. Sie müssen für ihre Privilegien außergewöhnlich viel arbeiten, so daß Freizeit – einst Statussymbol des feinen Mannes – für sie zum entbehrten Gut, gleichzeitig aber unter dem Einfluß von Gewerkschaft und Arbeitsmarktsituation zur proletarischen Errungenschaft wird.

Selbst ihr Urlaubsvorsprung, stets als Äquivalent für unbezahlte Überstunden und Dauerstreß angesehen, schwindet: hatten in den 60er und 70er Jahren die oberen Führungskräfte einen Urlaubsanspruch von 30 Werktagen gegenüber 23 für die übrigen Mitarbeiter, so gelten heute 6 Wochen Urlaub als Norm für alle[165]. Die Freiheit, sich zur Kompensation der aufgelaufenen Überstunden einmal einen freien Tag zu nehmen oder den Urlaub etwas zu verlängern, ist seit der Einführung der gleitenden Arbeitszeit kein Privileg der Leitenden mehr. Sie erhalten nicht einmal die für alle anderen Werktätigen übliche Mehrarbeitsvergütung, denn ihre Überstunden sind mit der vereinbarten Vergütung pauschal abgegolten.

6.2. Das Sicherheitsbedürfnis des Managers: unruhig auf dem heißen Stuhl

Eines der Urbedürfnisse der Menschen ist das Verlangen nach Schutz, Sicherung des Daseins, Zukunftsvorsorge, Kontrolle über die Umwelt und nach einer gewissen Stabilität von Verhältnissen und Beziehungen. Es scheint als könnten Menschen mit hohem Status dank ihrer vielfältigen Ressourcen diese Sicherheitsbedürfnisse am ehesten befriedigen, weshalb die Leitenden von der Öffentlichkeit bedenkenlos als sozial Bevorrechtigte beneidet werden. Andererseits kennt der Volksmund auch das Problem, daß mit jeder Sprosse, die man erklimmt, die Leiter um so mehr schwankt, daß wer hoch steigt, um so tiefer fallen kann. Wir hörten auch bereits von Statusängsten, die besonders die Führungskräfte belasten. Diese Angst tritt in vielerlei Gestalt auf, etwa als Angst, überflüssig zu sein oder von anderen überrundet zu werden, Aufstiegsmöglichkeiten zu übersehen oder nicht anerkannt zu werden, zu versagen oder seinen Arbeitsplatz zu verlieren.

Tatsächlich gibt es empirische Belege dafür, daß Führungskräfte signifikant mehr als andere Arbeitende zu „Angstzuständen“ neigen (Packard 1963, S. 315). Und diese Ängste können nicht einmal mit dem Etikett 'frei flottierend‘ oder 'neurotisch‘ abgetan werden. Sie haben vielmehr offensichtlich Anlaß in der besonderen Situation von Führungskräften, in höchst konkreten Unsicherheiten und Bedrohungen.

---

164 Veblen, T.: The theory of the leisure class, New York 1934, Kap. III.
165 Vgl. Manager Magazin 10/1983, S. 200; AZO § 15.
166 Entfällt

6.2.1. Funktions- und Laufbahnmobilität

Obwohl Manager 'von Natur aus' eher konservativ sind und wohlgeordnete Organisation und stabile Regelungen bevorzugen, sind Änderungen für den Manager oft das einzig wirklich Konstante.

Er erlebt einen steten Wirbel der Instabilität durch den Zufluß neuer Menschen, Maschinen, Vorgänge, Verfahren und Strukturen. Die Änderungsgeschwindigkeit und Spezifizierung von Aufgaben nimmt dabei ständig zu. Organisationen werden heute so oft verändert, daß man schon von „ad-hockratie" spricht, Arbeitsgruppen werden immer temporärer („Weg-Werf-Teams"), laufend werden Unternehmensbereiche angegliedert oder abgetrennt und neue Aufgabenbereiche eingerichtet. Der Manager wird regelrecht zum „change agent", zum Agenten sozialen Wandels!

Dieser *stete Wandel* stellt an die Führungskraft erhöhte Mobilitäts- und Flexibilitätsanforderungen:

- sie muß ständig dazulernen (z. B. üben ein Drittel der leitenden Angestellten Funktionen aus, die bei ihrem Berufsantritt noch gar nicht bestanden);
- sie muß häufig ihre Stelle wechseln, so daß ihr Karriereweg heute eher diagonal bzw. horizontal statt vertikal verläuft; die persönliche Betroffenheit, damit zur leblosen Schachfigur degradiert zu werden, wird z. B. deutlich (und psychisch abgewehrt) in der Ironie des IBM-Mottos: „**I**'ve **B**een **M**oved";
- sie muß damit rechnen, alle zwei bis drei Jahre ihren Wohnsitz zu verändern (z. B. zog der Vorstandsvorsitzende der 'Allianz' in den letzten acht Jahren siebenmal um)[167].

Es ist begreiflich, daß die Betroffenen vor dieser Inkonstanz, Verschwommenheit und Turbulenz der Vorgänge erschrecken. Der häufige Arbeitsplatzwechsel schafft eine Menge Enttäuschungen und Verärgerungen, und der Verlust von Bezugsgruppen mit dem darauffolgendem Zwang, neue soziale Beziehungen zu knüpfen, ist psychisch recht belastend[168]. Wir erinnern hier nur an das bekannte Frustrationsexperiment von Maier: Ratten, die eine belohnte Aufgabensequenz gut gelernt hatten, wurden plötzlich total veränderten Anforderungen gegenübergestellt, die ihre Fähigkeiten des Verstehens überstiegen. Nach anfänglichem Zappeln, Wut und Frustration fielen sie bald in einen Zustand passiven Tremors, in dem sogar fundamentale Verteidigungsreaktionen fehlten[169].

---

167 Packard schätzt, daß im Durchschnitt jede Führungskraft fünfmal umziehen muß (1963, S. 298).

168 Man kann hier geradezu von einem „Mobilitätssyndrom" sprechen, das auf den gesamten Lebensstil generalisiert (Cooper/Marshall 1978, S. 96).

169 Maier, N.: Frustration, the study of behavior without a goal, New York 1949. Hier ist allerdings vor der leichten Verführung zu Analogieschlüssen zu warnen: Erscheinungen auf einem niedrigeren neuralen (unentwickelter Cortex), psychischen (keine Identität) und sozialen Niveau haben höchstens (!) heuristischen Wert (vgl. auch Fromm 1977, S. 38). Um per analogiam Aussagen von einem Erkenntnisbereich in einen anderen zu übertragen, wäre der Nachweis der Strukturähnlichkeit dieser Bereiche notwendig.

6.2.2. Prüfungsstreß

Manager werden beinahe ständig bewertet, getestet, überprüft, durchleuchtet und gesiebt[170].

Der Betroffene befindet sich in einem ständigen Prüfungs- und Leistungsstreß, fühlt sich laufend der Beobachtung aller – Vorgesetzter wie Untergebener – preisgegeben, er fühlt sich gleichsam 'nackt', oder wie Goffmann (1967) es bezeichnet, „stigmatisiert".

Dieser Prüfungsstreß wird noch durch drei zusätzliche Phänome verschärft:

- Die Instanz, mit der die Führungskraft über betriebliche Probleme kommuniziert, ist zugleich die Instanz, die seine Fähigkeiten und Erfolge beurteilt; es droht damit die Gefahr, daß nach dem Motto, es gibt keine schlechten Mitarbeiter, nur schlechte Vorgesetzte, alle Probleme dem Leitenden zugeschoben werden.
- Typische Führungsentscheidungen sind meist unwägbar und unmeßbar, die Ergebnisse lassen sich nur aus der Kumulation indirekter Anzeichen erschließen, womit dem Irrtum und der Manipulation des Bewerters Tür und Tor geöffnet sind.
- Intrahierarchische Machtkämpfe beeinflussen die Bewertung, indem die tatsächlichen Leistungen des Betroffenen falsch dargestellt, gezielt Gerüchte ausgestreut und konspirative Pakte geschlossen werden.

6.2.3. Versagensängste

„Ungewißheit, ständige Aktivität, die stete Furcht, den Boden unter den Füßen zu verlieren, keinerlei Muße, die immer gegenwärtige Angst vor Fehlschlägen und die künstlichen Einschränkungen emotionaler Beziehungen sind nur einige der Kosten der Führungsrolle... Es wird eine gewaltige Energie in psychosomatische Symptome und zwanghafte bzw. paranoide Abwehrmechanismen umgeleitet."[171]

Der leitende Angestellte ist als Entscheidungssubjekt ständig unsicheren Informationen ausgesetzt. Steht ihm auf der einen Seite der Markt schon als ein Fremdes, Unplanbares gegenüber, so schwebt er außerdem *in* seiner Organisation im Ungewissen über seine Durchsetzungs- und Realisierungsmöglichkeiten: Interpretiert er die Nachfragedaten richtig? Praktiziert er den richtigen Führungsstil? Motiviert er richtig? Werden seine Vorgesetzten alle Entscheidungskonsequenzen akzeptieren?

Fragen über Fragen, Unsicherheit über Unsicherheit türmen sich vor dem Leitenden auf und blockieren seine Entschlußfähigkeit. Hier bietet sich die

---

170 Vgl. Packard 1963, S. 100ff.; Fischer in KZSS 1973, S. 449ff.

171 Henry, W.: The business executive, in Vinacke, E. et al Dimensions of social psychology, Chicago 1964.

Korrektur von Peters 'Gag' zu einem realistischen Prinzip an: Mitarbeiter werden nicht bis zu ihrem „Inkompetenzniveau" befördert (Peter 1969), sondern bis zur „Ebene der Angst und Depression" (Hess 1977), also so lange, bis Versagensängste zur Unfähigkeit führen, eine Position adäquat auszufüllen. Das Resultat sind immer wieder beobachtete Abwehrreaktionen wie Entscheidungen auf die 'lange Bank' zu schieben, sich pedantisch in Details zu vergraben, den 'schwarzen Peter' weiterzugeben, einen Unfehlbarkeitsanspruch zu formulieren usw.[172]

6.2.4. Verlust des Arbeitsplatzes (Kündigung)

Ständiger sozialer und technischer Wandel, laufende Kontrolle und wachsende Versagensängste können schließlich im Verlust des Arbeitsplatzes eskalieren. Während Rezessionen und technischen Revolutionen (z. B. EDV, Mikroprozessor) werden häufig ganze Abteilungen 'wegrationalisiert'[173]. Aber auch bei weniger umwälzenden Veränderungen sind die Leitenden als erste vom Prinzip des 'hire and fire' betroffen: unter Produktionsveränderungen, Umsatzrückgang, Fusionen und Reorganisationen werden ihre Sitze zu 'heißen Stühlen'.

Die Leitenden sind aus einer Reihe von Gründen vom Verlust ihres Arbeitsplatzes mehr bedroht, als alle anderen:

(1) ihr individual- und kollektivrechtlicher Schutz des Arbeitsverhältnisses ist nicht so wirksam wie für die nicht-leitenden Angestellten: der Kündigungsschutz ist begrenzt[174], bei Betriebsänderungen genießen sie nicht den Vorteil eines Sozialplans[175] und sie profitieren nicht von den weitergehenden Regelungen der Tarifverträge;

(2) das erforderliche persönliche Vertrauensverhältnis mit der Unternehmensspitze und den Kapitaleignern macht das Anstellungsverhältnis besonders anfällig, was noch verschärft wird durch die Rechtssprechung, die an den Leitenden erhöhte Sorgfalts- und Treuepflichten stellt[176];

---

[172] Im „Organizational Development" legt man deshalb Wert auf einen externen change agent (dieses Phänomen ist übrigens auch das „Geheimnis" der Wirksamkeit von Unternehmensberatung).

[173] Vgl. Rebell 1976, S. 86ff.; Landwehrmann, F.: Industrielle Führung unter fortschreitender Automatisierung, Tübingen 1970, S. 32f.

[174] Zwar gilt das Kündigungsschutzgesetz auch für leitende Angestellte, aber im Gegensatz zu anderen Arbeitnehmern, kann das Arbeitsverhältnis auf Antrag stets und ohne daß es einer Begründung und der Mitbestimmung des Betriebsrats bedürfte, gegen Abfindung aufgelöst werden (KSchG § 14 II + § 9 I + BetrVG § 5 III). Vgl. Fittig et al: Kommentar zum BetrVG, München 1981, S. 157.

[175] Bei Einschränkung, Stillegung und Verlegung von wesentlichen Betriebsteilen oder bei grundlegenden Organisationsveränderungen muß zur Milderung der Nachteile für die Arbeitnehmer mit dem Betriebsrat ein „Sozialplan" vereinbart werden (BetrVG § 111).

[176] § 626 BGB + BAG vom 30. 1. 76, 30. 11. 72, 17. 8. 72, 26. 11. 64, 7. 6. 63, 22. 11. 62; danach kann eine a. o. Kündigung bereits durch einmaliges, nicht schwerwiegendes, fahrlässiges Fehlverhalten gerechtfertigt sein.

(3) die notwendige Spezialisierung der Leitenden und der Mangel an hohen Positionen in Organisationen macht ihre innerbetriebliche Umbesetzung schwieriger;
(4) der Arbeitsmarkt für Führungskräfte ist zwangsläufig sehr eng, arbeitslose Leitende finden schwerer eine Stellung als andere Arbeitnehmer; mit zunehmendem Alter schwinden zudem noch die Chancen, so daß für leitende Mitvierziger Firmentreue weniger zur Tugend als zur Not wird;
(5) bei Konflikten fehlt der Rückhalt an einflußreichen Organisationen und wechselseitiger Solidarität[177]; die Leitenden werden zu Einzelkämpfern isoliert und ihre Waffen werden durch ihre intime Verbundenheit mit den Machtträgern (Vernachlässigung rechtsverbindlicher Regelungen) stumpf gemacht.

Kein Wunder, daß sich die Manager über ihre soziale Sicherheit beklagen: so fordert z. B. über die Hälfte der leitenden Angestellten eine Verbesserung des Kündigungsschutzes[178]. Sie wehren sich gegen die übliche Rechtfertigung, daß höhere Funktionen eben auch höhere Risiken brächten –; wäre es so, dann müßte der Vorstand das höchste Risiko tragen, der aber hat Fünfjahresverträge und Pensionszusagen, die schon nach fünf Jahren wirksam werden, wovon Manager nur träumen können.

Die psychischen und sozialen Kosten werden nicht erst mit der Kündigung bezahlt, denn schon die *theoretische* Möglichkeit der Entlassung macht *unfrei* und *erpreßbar*. Der mühevoll errungene Status, der nach und nach auf alle Lebensbereiche generalisiert – auf Lebensstil und Wertschätzung in Klubs und Wohngemeinde, auf Verhalten und Anspruchsniveau von Ehefrau und Kindern – kann nicht so ohne weiteres preisgegeben werden, weshalb der Leitende lieber klein beigibt, als das gesamte glänzende Gebäude zum Einsturz zu bringen. Die Unsicherheit des Arbeitsplatzes führt durch die besondere Identifikation des Leitenden mit seiner Arbeit oftmals zu geradezu traumatischen Situationen: es steigt nicht nur laufend der Angst- und Spannungspegel, sondern man meidet auch so lange wie möglich die Therapie, um ja nichts zu riskieren[179].

Die soziale Unsicherheit als Ausdruck der Lohnabhängigkeit wird im Leitenden deutlicher als bei dem unter ihm stehenden Arbeiter, der sich mit Koalitionsrecht und sozialpolitischen Gesetzen vor der Übermacht des Kapitals schützt. Der Leitende ist noch wahrlich 'frei': frei von persönlicher Abhängigkeit (nicht leibeigen), frei von Produktionsmitteln (Feilbieter von Arbeits-

---

[177] Damit kann der Unternehmer die Druckmittel „fristlose Kündigung" und „Schadenersatzklage" um so leichter einsetzen.
[178] Und dreiviertel der Befragten fordern einen Rechtsanspruch auf bestehende Sozialleistungen (Hartmann 1973, S. 82).
[179] Nach einem Bericht des Leiters des Niedersächsischen Landeskrankenhauses, J. Zauner, vor der Evang. Akademie, Tutzing, Nov. 1976.

kraft), frei von sozialem Schutz (ohne Gesetz und Vertrag, ohne Solidargemeinschaft), damit aber ist er letztlich 'vogelfrei'.

Dieses hohe Maß individueller Unsicherheit teilen nicht nur die Manager in den westlichen Industriegesellschaften, sondern auch die kommunistischen Führungskräfte: das Leben des Apparatschiks ist äußerst gefährlich – bei Mißerfolg oder Fehltritten „kann selbst der Mächtigste in rasender Geschwindigkeit von den höchsten Höhen in die tiefsten Tiefen stürzen", ihm droht Degradierung oder Entlassung, mitunter endet er sogar im Gefängnis (Lenski 1973, S. 438; Granick 1961, S. 112 ff.).

6.3. Die sozialen Bedürfnisse des Managers: der uninformierte, gefühllose Leviathan

6.3.1. Kommunikation und informelle Gruppen

Fragen nach Kommunikation und Kontaktmöglichkeiten in bürokratischen Organisationen offenbaren regelmäßig große Unzufriedenheit[180]. Da Kommunikation nichts anderes besagt, als daß der Mensch nicht umhin kann, zu anderen Menschen in Beziehung zu treten, gleichsam als Ausdruck für die gesellschaftliche Bedingtheit alles menschlichen Daseins, kann Kommunikation nicht *nicht* stattfinden: „Verhalten hat kein Gegenteil, so daß man, wie immer man es auch versuchen mag, nicht *nicht* kommunizieren kann. Handeln oder Nichthandeln, Worte oder Schweigen, haben alle Mitteilungscharakter: sie beeinflussen andere, und diese anderen können ihrerseits nicht *nicht* auf diese Kommunikation reagieren und kommunizieren damit selbst" (Watzlawick 1969, S. 51).

Wollen wir der Unzufriedenheit der Kommunikanten auf den Grund gehen, müssen wir deshalb – frei nach der Lasswellschen Formel „who says what in which channel to whom with what effect" – näher untersuchen, wer oder was, wo und warum den Austausch von Informationen stört.

„Alles ist geheim, auch dann noch, wenn es in der Zeitung steht", „Informationen kommen bei uns nur über Buschtrommeln", „niemand hat mir erzählt, daß schon jemand an meinem Stuhl sägt", „hier weiß die linke Hand nicht, was die rechte tut" – solche typischen Äußerungen in unseren Interviews verweisen auf das altbekannte[181] Problem der *Einbahnkommunikation* autoritativer Organisationen. Information läuft nur von oben nach unten und die Vorgesetzten sonnen sich in 'splendid isolation'.

---

180 Bei Hartmann (1973, S. 82) beklagen sich 81% der befragten Leitenden über die mangelnde innerbetriebliche Information; von Unternehmensberatungen durchgeführte Organisationsanalysen kommen regelmäßig zu ähnlichen Ergebnissen.

181 Barnard 1938; Whyte 1958, S. 63; Argyris: Interpersonal Barrier to Decision-Making, Rev. Harv. Bus. 1966; Blau/Scott 1962; Zander/Quinn in JSocIss. 1962, S. 54 f.; Ritzer 1972, S. 133; Pfiffner 1951.

Die unteren Hierarchieschichten wirken an der Informationsblockade kräftig mit und lassen nur gesiebte, ausgewählte Informationsbruchstücke, vor allem nichts Negatives und Bedrohliches nach oben. Nach unserer Beobachtung sind die Filter insbesondere die Untergebenen zwei Hierarchiestufen unter der fokalen Person, da sie direkte Rückwirkungen nicht zu befürchten haben, andererseits aber die Verhältnisse so gut kennen, um an der richtigen Stelle 'Sand ins Getriebe streuen zu können'. Die Führungskräfte verlieren durch die Einbahnkommunikation nach und nach den Kontakt mit den Realitäten der Produktions- und Zirkulationssphäre und schweben gewissermaßen über der Basis. Zentrale Relaisstationen für Informationen sind die „men in the middle": sie kontrollieren, welche Informationen von Vorgesetzten, Untergebenen und peers kommen und sichern damit ihre Macht ab. Außerdem ist es üblich, durch das bewußte oder unbewußte Zurückhalten von Informationen, persönliche und zwischenmenschliche Konflikte auszutragen.

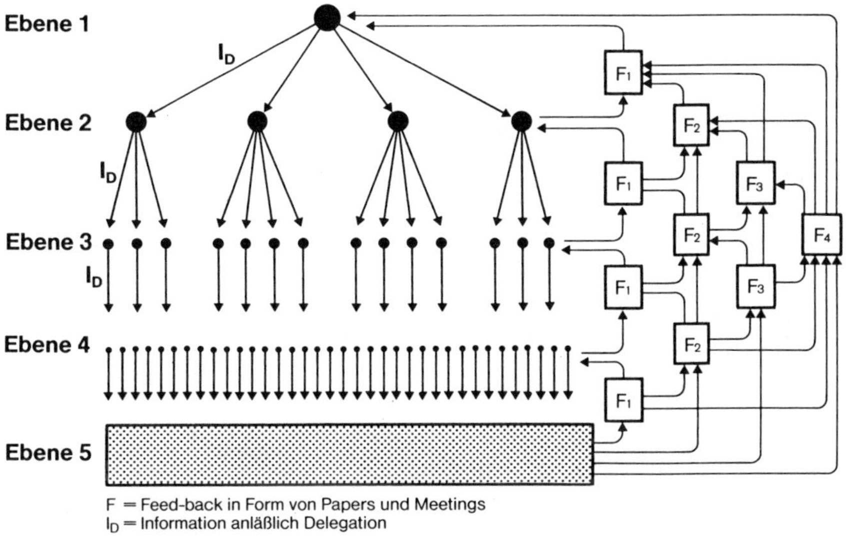

Abb. 24: Formale Kommunikation in hierarchischen Organisationen

Bei Kommunikationsstörungen in Organisationen 'stinkt', drastisch ausgedrückt, 'der Fisch immer vom Kopfe her':[182] ihre Führer bestimmen durch ihr Verhalten, insbesondere durch die Art wie sie ihre Aspirationen, Ziele und Konflikte vermitteln, die Vertrauensatmosphäre und Kommunikationsstruktur in der Gruppe. Dies ist, wie wir im nächsten Kapitel sehen werden, vor al-

[182] „Die Stagnation in einer Unternehmung beginnt bei der Führung und weitet sich nach außen in konzentrischen Kreisen aus" (Odiorne 1967, S. 45).

lem begründet in den affektiven Aspekten des Autoritätsverhältnisses, in der Identifikation der Geführten mit der Vaterfigur des Führers.

Sind die formalen, vertikalen Informationskanäle gestört, bilden sich schnell *informelle* Gruppenstrukturen mit eigenen Kommunikationsnetzen („Buschtrommeln") und eigener Statusverteilung („Kapo")[183]. Die informelle Gruppe ist dabei ein relativ stabiles Beziehungsnetz als Ausdruck
- der Affektivität (Sympathie, Antipathie) und ihrer Formen und Verteilung in der Gruppe, und
- der Vorstellung (Wahrnehmung und Wissen), die jeder Teilnehmer von den übrigen hat.

Decken sich die Interessen der informellen und formellen Gruppen auf Grund von Autoritätsproblemen nicht und fallen damit die „sanktionierten" und „nicht sanktionierten Funktionäre" auseinander, kommt es zur bereits erwähnten Leistungszurückhaltung[184].

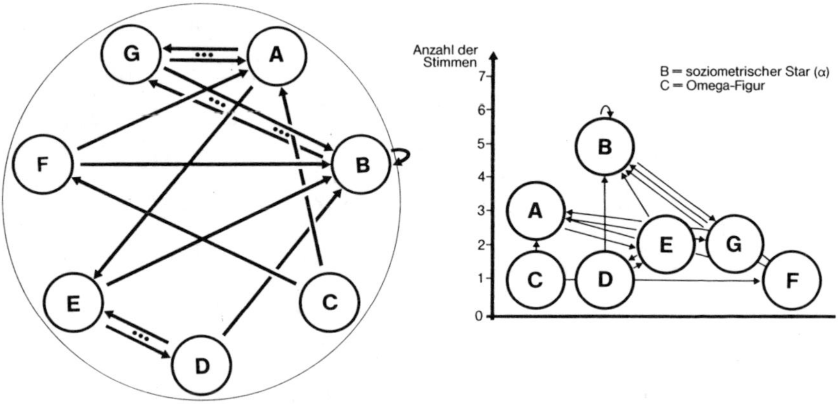

Abb. 25: Soziometrisches Bild informeller Gruppen

Die Hoffnung der Informationsmonopolisten, nach den Informationskanälen auch die informellen Gruppenstrukturen zerstören zu können, erweist sich zum Glück als nicht realisierbar, da kooperative Produktion genausowenig ohne affektive Beziehungen möglich ist wie eine informelle Gruppe ohne ein Minimum an formellen Regeln. Für Leistung und Arbeitszufriedenheit vielversprechender scheint es, informelle Gruppen als notwendige Realität zu akzeptieren und für die Ziele des Unternehmens einzuspannen, was heute be-

183 Wie man sieht, entwickeln diese peer-groups auch ein eigenes Idiom. Vgl. a. Pfiffner 1951.

184 Hiebsch/Vorwerg 1971, s. 227; vgl. unser Kap. III 3.1.

reits in den Formen von Teamarbeit und selbststeuernden Arbeitsgruppen[185] versucht wird.

6.3.2. Gefühlsunterdrückung

Wir unterscheiden mit Watzlawick (1969, S. 53) in Kommunikationen einen „Inhaltsaspekt", der sich auf Daten und Informationen bezieht und einen „Beziehungsaspekt", der die zwischenmenschlichen Beziehungen zwischen Sender und Empfänger darstellt. Beide Aspekte stehen in einem engen dialektischen Verhältnis:

- Information ermöglicht Mitwissen, durch Mitwissen wird Vertrauen gewonnen;
- die Beziehung bestimmt, welche Bedeutung die Information überhaupt hat („Metakommunikation").

Ist die Information einmal gestört, besteht wenig Hoffnung, eine Atmosphäre des Vertrauens, der Zuwendung und der zwischenmenschlichen Wärme zu finden. Tatsächlich deutet vieles darauf hin, daß die interpersonellen Beziehungen in bürokratischen Organisationen seelisch ziemlich eingefroren sind.

Der Psychoanalytiker Maccoby befragte im Rahmen seiner umfangreichen Harvard-Studie Manager, welche Charaktereigenschaften für ihre Arbeit wichtig seien, bzw. welche Eigenschaften durch ihre Arbeit gefördert würden.

Hohe Prozentzahlen erhielten durchweg nur die intellektuellen Merkmale („Kopf"), nicht aber die emotionalen („Herz"); außerdem wurde in dieser Studie deutlich, wieviel mehr Interesse ein Manager an der Arbeit hegt als an den Menschen:

„Unternehmerische Arbeit in fortgeschrittener Technologie stimuliert und bestärkt Haltungen, die für die intellektuelle Erneuerung und für die Teamarbeit erforderlich sind, eben Eigenschaften des Kopfes. Im Gegensatz dazu sind Mitgefühl, Großzügigkeit und Idealismus – eben Eigenschaften des Herzens – unnötig und unterentwickelt" (Maccoby 1979, S. 151).

Regelmäßig findet man in hierarchischen Organisationen ein recht herablassendes Benehmen gegenüber den Untergebenen und eine starke, positive, aber möglichst kontaktlose Identifizierung mit den Vorgesetzten[186]. Will der Manager erfolgreich sein, muß er den ehrwürdigen Statusverleihern schmeicheln und versuchen, ihr Wohlwollen zu erringen; bei den anderen Organisationsmitgliedern genügt es, sie wie Schachfiguren nach einem für sie orphi-

---

185 Vgl. hierzu die Modelle des Londoner Tavistock und des Osloer Work Research Institutes. Siehe a. unser Kap. I 4.2.

186 Als empirische Belege siehe hierzu Presthus 1962, S. 134f.; Fromm 1977, S. 333; Henry, W.: The business executive – the psychodynamics of a social role, in: Vinacke 1964, S. 237ff.

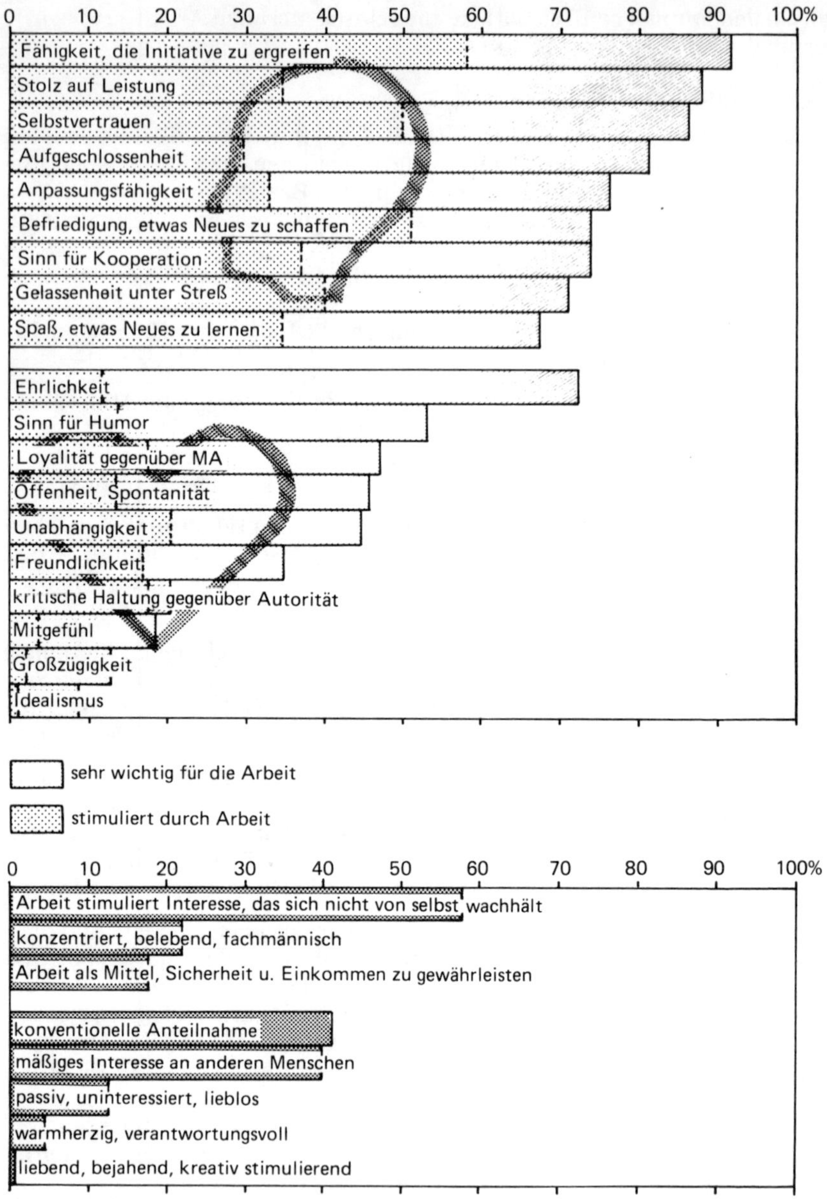

Abb. 26: Psychostruktur des Managements (nach Maccoby)

schen Konzept zu bewegen. Dies erfordert eine geschickte *Dosierung affektiver Regungen*: alle emotionalen Engagements sind auf einem möglichst geringen Niveau zu halten, der erfolgreiche Manager zeigt am besten eine stets gelassene, freundliche, flexible Fassade, er ist unerschütterlich, durch und durch beherrscht, „aalglatt", immer „cool" und „pokerfaced"[187].

Der Manager unterscheidet sich damit vom 'Führer', der typisch mitreißend zwischenmenschliche Beziehungen intensiviert, Erwartungen mobilisiert und starke Gefühle von Liebe oder Haß provoziert, mit viel Empathie emotionale Signale empfängt und weitergibt, sehr risiko- und konfliktbereit ist. Der 'ideale' Manager scheint dagegen der kaltblütige Macchiavellist „sine ira et studio" (Max Weber) zu sein, der Enttäuschungen und Erfolge ohne Gefühlsreaktionen hinnimmt und keine persönlichen Bindungen zu seinen Mitarbeitern aufbaut, sie vielmehr als bloße Werkzeuge behandelt.

Die Milgram-Experimente entlarven diese Gefühlsentleerung besonders deutlich (vgl. hierzu z. B. Fromm 1977, S. 67 ff.). Sie wird auch erkennbar in den gängigen, formelhaften Redewendungen wie: „nichts gegen sie persönlich, aber . . .", „wir sind leider gezwungen . . .", „Geschäft ist Geschäft."

Diese Art von Autorität und Anpassung fordert, Gefühle zu maskieren und Scheinverhalten aufzubauen: die Führungskraft muß ein guter Schauspieler sein und hat Erfolg mit Schönfärberei, Heuchelei, Scheingeselligkeit und Scheinfreundlichkeit. Die Konsequenz ist allerdings eine emotional entleerte, „autoritäre Persönlichkeit", ein „manipulativer Typ", der die libidinösen den zweckrationalen Beziehungen zu den Menschen opfert (Adorno 1950, S. 767 ff.). „Da jede Person nur ihren eigenen Vorteil erstrebt und die übrigen nur bejaht, soweit und solange als sie ihn fördern mögen, kann das Verhältnis aller zu allen als potentielle Feindseligkeit oder als latenter Krieg begriffen werden" (Tönnies 1935, S. 53).

Der Mensch ist zum gefühllosen Leviathan geworden und Freud diagnostizierte ein zunehmendes „Unbehagen in der Kultur" (1929). Welcher Art ist nun diese Kultur, in der der Mensch sein Gefühlsleben derartig einschränkt?

Daß der Mensch zum bloßen 'Leistungserbringer' degeneriert, wird bestimmt durch die Art der Produktionsverhältnisse. Nämlich Verhältnisse, in denen nicht mehr die vollgültige Person zählt, sondern nur ihre Teilqualität als Arbeitskraft. Unter derartigen sozioökonomischen Bedingungen löst sich die Einheit von Lebens- und Arbeitsraum auf und die 'Ware' Arbeitskraft tritt in ein unüberschaubares, anonymes System, um entseelte, verzwecklichte Ar-

---

187 Packard 1963, S. 317, 206; Katz/Kahn 1966, S. 323; Pfiffner 1951. Vgl. a. Christie, R.: Studies in Machiavellianism, New York 1970, wonach Manager hohe Werte auf der „Mach-Skala" aufweisen, die wiederum emotionale Distanzierung mißt („Kälte-Syndrom").

188 Entfällt

beit zu verkaufen. Die Beziehungen zwischen den Menschen degenerieren zu Warenbeziehungen, wobei der affektentleerte, rational entscheidende Manager im Mittelpunkt steht[189].

Gefühle zu verbeißen, bleibt nicht ohne destruktive Folgen. Seit Freud (1932, S. 511; 1923, S. 291) ist bekannt, daß hinter Affekten eine „psychische Energie" steckt, die nach „Abfuhr" drängt. Können diese Affekte nicht nach außen, d. h. den Mitmenschen gegenüber, die sie auslösen, geäußert werden, bleiben sie „im Innern eingeklemmt" und wirken pathogen. Die aufgestaute Gefühlsenergie wird sich letzten Endes irgendein Ventil suchen: es drohen Aggressionsverschiebung, Wutanfälle, massive Angstäußerungen oder der Kollaps interpersoneller Beziehungen. Die psychosomatische Medizin macht diese Gefühlsunterdrückungen im übrigen verantwortlich „für die viel stärkere Verbreitung von Ulcera-Symptomen bei Managern als bei Arbeitern" (Bass 1965, S. 156).

6.4. Die Ego-Motive des Managers: ohne Akzeptanz und Identität

Einen Satz Ego-Motive zu isolieren, wie Anerkennung, Ansehen, Selbstbestimmung und Selbstverwirklichung heißt nicht, andere Bedürfnisse involvierten Ego weniger, denn *alle* Bedürfnisse und Motive funktionieren als Teil der Selbsteinschätzung und Identität: man denke nur an die höchstpersönliche Sorge um ausreichendes Einkommen und Schutz gegen Arbeitslosigkeit. Bei den Ego-Motiven geht es jedoch weniger um Identitätserhaltung als um Identitätsfindung, um „das Streben, mehr und mehr das zu werden, was man eigentlich ist, alles zu werden, was man werden könnte" (Maslow 1954, S. 92).

Diese *Selbstverwirklichung*, dieser Wille zu einem sinnerfüllten Leben ist ohne Norm und Schema, vielmehr Spiegelung der widersprüchlichen Entwicklung eines Individuums und einer Gesellschaft. Wie und wo diese Selbstverwirklichung angestrebt wird, ist beispielsweise deutlich schichtspezifisch: die Leitenden, überwiegend den Mittelschichten entstammend, suchen sie vor allem in anspruchsvoller Arbeit und Aufstieg.

Organisationen stehen vor dem Problem, diese individuellen Bedürfnisse nach Selbstverwirklichung mit ihren formalen Zielen in Einklang zu bringen:

- Durch die Etablierung einer allgemein verbindlichen *Ideologie*: Seit jeher pflegen Unternehmen die Ideologie der „Betriebsfamilie", die deutlich wird in Bekenntnissen wie „wir sitzen alle in einem Boot", „meine Firma", „Wir Siemensleute", „die Zeissianer". Diese Ideologie versucht das Gefühl der Zusammengehörigkeit zu vermitteln und das gemeinsame Ziel als das höchste Ziel jedes einzelnen zu stilisieren.

---

189 Das heißt nicht, daß Managemententscheidungen tatsächlich rational getroffen werden, sie werden lediglich im psychologischen Sinn „rationalisiert".
Bzgl. der Verdinglichung des Menschen zur „Ware" s. Kap. IV 5.2.3. u. 5.2.4.

Dieses 'Wir-Gefühl' findet sich in allen möglichen Arten von Gruppen und Organisationen (z. B. „alma mater") und ist besonders ausgeprägt in Japan. Nach dem Wertsystem des „on" (= Gunst) ist jeder Mensch seiner Gruppe als Quelle von Schutz und Gunst verpflichtet durch Gefälligkeit und aktive Teilnahme. Dies wird zum einen ergänzt durch die Ethik der Samurai, die „Fleiß, Abstinenz, Loyalität gegenüber der Autorität" fordert, zum anderen durch die buddhistische Maxime „hart arbeiten und wenig ausgeben ist im Dienst des Glaubens"[190].

- Durch differenzierte Arten des *Autoritätsvollzugs*: Die Normen der Organisation können von sehr unterschiedlichen Formen des Autoritätsvollzugs vermittelt werden. Die Spanne reicht von physischem Zwang (Sklaverei) über tayloristische Kompensationsmanöver (Geld), formalistischen Managementtechniken (Management by Delegation, Management by Objectives), Teamwork und partizipativem Führungsstil bis zu job enrichment, Mitbestimmung und Humanisierung der Arbeit.

Tatsächlich kann heute mit den traditionellen extrinsischen Motivatoren (äußere Anreize wie Geld und Sozialleistung) Arbeitszufriedenheit und weitere Leistungssteigerung insbesondere bei den Führungskräften nicht mehr erreicht werden. Es muß deshalb mehr und mehr auf die Befriedigung intrinsischer Bedürfnisse abgezielt werden, auf Selbstverwirklichung durch einen geeigneten Inhalt der Arbeit[191].

Ist ein Organisationsmitglied intrinsisch motiviert, bezieht es sein Selbst (Ego, Ich) in die Arbeit ein und findet seine Selbstbestätigung darin.

6.4.1. Wertschätzung

Auf die Frage „wer bin ich" kann das Individuum nur mit jenen Begriffen antworten, die ihm seine Bezugsgruppe liefert. Der Selbstwert eines Menschen wird bestimmt durch die Wertschätzung, die er in seiner Umwelt genießt. Die Person lernt sich so zu sehen und schätzen wie die anderen sie sehen und schätzen. Das Individuum kann also sein „Selbst" nur im Spiegel der Interaktion mit anderen Menschen wahrnehmen[192].

Welche Wertschätzung genießen Führungskräfte in Organisationen? In empirischen Untersuchungen sind immer wieder bemerkenswerte Unterschiede in der Einschätzung von Führungskräften festzustellen, je nachdem, ob sie

---

190 Nach Bushido, dem Buch der Ethik der Samurai und Rennyo aus der buddhistischen Schule des „Shin". Vgl. Musashi (1645).

191 Vgl. Groskurth/Volpert 1975, S. 214, 224.

192 Für die Herausbildung dieser sog. Ich-Identität braucht das Individuum also das Feedback seiner Umwelt; vgl. Merton 1957, S. 234; French/Kahn 1962, S. 18, 37 f. und die psychoanalytischen Arbeiten der Ich-Psychologie (Mead 1934, Erikson 1959, Hartmann 1937).

sich selbst einschätzen oder von ihren Untergebenen eingeschätzt werden.[193].

Worauf ist diese Diskrepanz zwischen Selbst- und Fremdwahrnehmung zurückzuführen? Gegenüber Selbstporträts ist Skepsis angebracht. Dem subjektiven Bewußtsein ist im Erklärungszusammenhang des sozialen Geschehens keine unabhängige Kraft beizumessen, denn von der objektiven Umwelt ist dem Individuum überhaupt nur ein kleiner Teil zugänglich, der von seinen Fähigkeiten, Wünschen und Ängsten bestimmt wird. Gilt das aber nicht genauso für die Fremdwahrnehmung?

Die Diskrepanz zwischen „objektiver Realität" und „subjektiver Wahrnehmung", die Philosophen und Psychologen schon seit jeher beschäftigte[194], ist notwendig in einer ganzen Reihe psychischer und sozialer *Faktoren der Wahrnehmung* und Bewertung angelegt:[195]

(1) rezeptorische Faktoren: es gibt Wahrnehmungsgesetze (insb. Gestalt, Reizschwelle, Mittelwert- und Häufungstendenzen) und Wahrnehmungstäuschungen (z. B. Phi-Phänomen, geometrische Täuschungen);
(2) symbolische Faktoren: jede Wahrnehmung ist an eine Vorstellung gebunden, die aus angeborenen und erlernten Informationen deren Bedeutung bestimmt. Diskrepanzen gibt es dann durch unterschiedliche Sprachcodes, Wertskalen, Rollenanforderungen, Normen;
(3) affektive Faktoren: jede Wahrnehmung löst angenehme oder unangenehme Gefühle aus, die sie wiederum verzerren in Form von Ängsten, Voreingenommenheiten, Abwehrmechanismen, Aggression oder Zuwendung.

Genauso wie das bürokratische Klima ganz bestimmte Persönlichkeitstypen fördert, führt es zu ganz charakteristischen Wahrnehmungsverzerrungen. Zum Beispiel fand Timothy Leary[196] nach der der klinischen Untersuchung von 3000 Patienten mit psychischen Störungen, daß „erfolgreiche, gut angepaßte Zwangscharaktere wegen ihres Fleißes und ihrer systematischen Arbeitsweise respektiert werden." Die „Anpassung durch Machtausübung" schirmt den manageriellen Typus dank der Kontrolle, die er über Personen

---

193 Likert 1961, insb. S. 91; 1967. Die „Likert-Skala" mißt die Intensität einer Einstellung, indem zu jeder Feststellung (item) graduelle Möglichkeiten der Zustimmung oder Ablehnung angeboten werden. Zur Diskrepanz zwischen Selbst- und Fremdbild vgl. a. Watzlawick 1969, S. 84 f.; Bödiker/Lange 1976, S. 67; Festinger: A theory of social comparison processes, Hum. Rel. 1954, S. 114 ff.; Bass 1965, S. 152 ff.; Bescoe/Lawshe: Foreman leadership as perceived by supervisors and subordinates, Personell Psych. 1959, 12.

194 So versuchte z. B. Kant diese Diskrepanz mit seiner „kopernikanischen Wende" des Erkenntnisproblems zu fassen: „daß wir nämlich von den Dingen nur das a priori erkennen, was wir selbst in sie legen" (S. 21); vgl. a. Hegels „Erscheinung" und „Wesen" und Ruch/Zimbardo 1975, s. 226 ff., 252 ff.

195 Vgl. hierzu Mayer 1978, S. 165; Rosenstiel 1980, S. 82 ff.

196 Timothy Leary: Interpersonal diagnosis of personality, New York 1956, S. 325 ff.

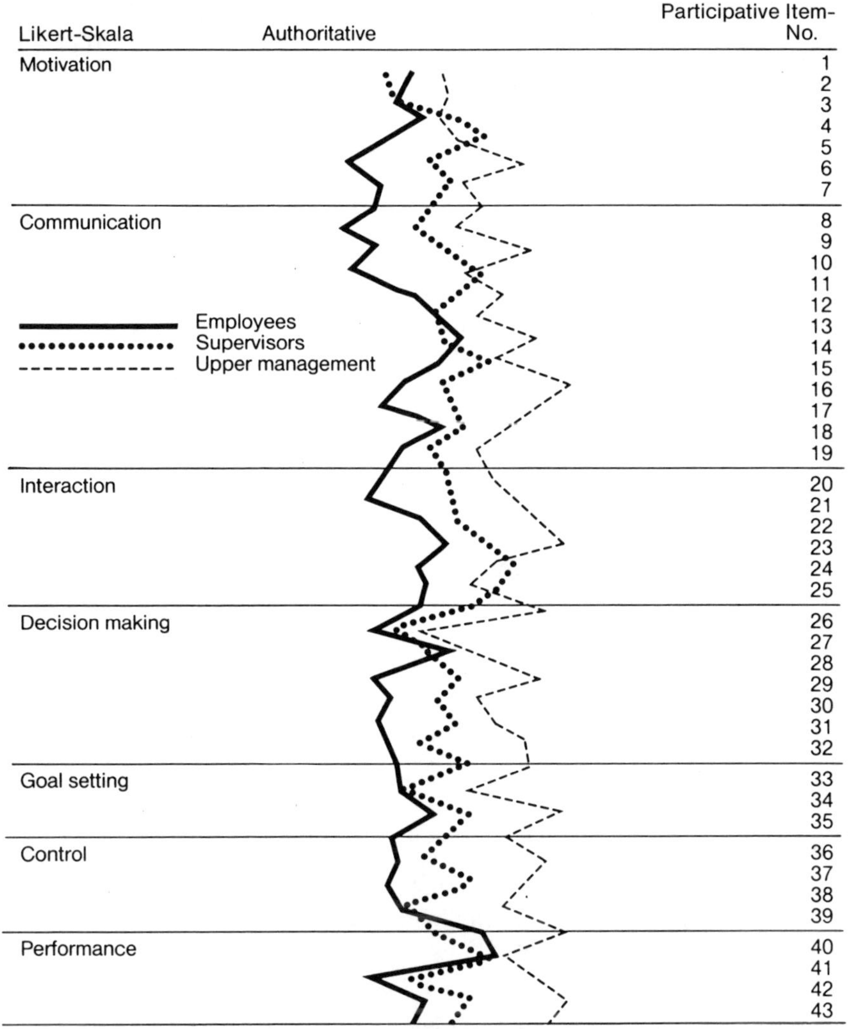

Abb. 27: Managementverhalten von drei unterschiedlichen Hierarchiestufen aus gesehen

und Situationen ausübt, gegen Selbstkritik ab. „Er erlangt ein Gefühl von Sicherheit und Ordnung, von anderen wird ihm Respekt, Bewunderung und Gehorsam entgegengebracht.“ Diese Machtorientierung und die notwendige Verdrängung der Versagensängste führen zu einer erheblichen Selbstverblendung, die bisweilen als Moses-Komplex ironisiert wird:[197].

- Eigene Schwächen werden verdrängt oder auf andere projiziert.
- Es wird ein Unfehlbarkeitsanspruch aufgebaut – der Führer weiß alles und kann alles –, so daß sich jeder seinen Ideen fügen muß[198].

Diese Selbstüberschätzung wird empirisch bestätigt. Auf die Frage: „Haben Sie den Eindruck, daß das Schicksal im Grunde genommen in Ihren Händen liegt?“, antworteten neun von zehn leitenden Angestellten mit 'ja‘. Eine typische Erläuterung lautete: „Eigentlich ganz. Was mir widerfährt, ist das Ergebnis meines eigenen Tuns. Vielleicht bekomme ich hin und wieder eine kleine Unterstützung, im übrigen aber liegt alles an mir und an mir allein“[199]. Die Selbstüberschätzung der Leitenden führt zu ständigen psychischen und sozialen Irritationen: Die Folge sind Fehlentscheidungen, latente bis offene Aggressionen, Demotivierung der Mitarbeiter und chronische Störung in Kommunikation und Kooperation.

Diese allen Organisationsberatern bekannten Symptome weisen darauf hin, daß die wechselseitige Anerkennung der Organisationsmitglieder nicht funktioniert. Tatsächlich erhalten Führungskräfte äußerst *selten feed-back* über die Auswirkungen ihres Verhaltens:

- Die Untergebenen trauen sich aus Angst vor negativen Konsequenzen keine offene Kritik zu äußern,
- Die eigenen Vorgesetzten hüllen sich in Schweigen, solange nur die Ziele der Organisation verfolgt werden[200].

Der Leitende bekommt also von niemandem Informationen über die Wertschätzung seiner Person und seines Verhaltens, er kann nur Null-Reaktionen und indirekte Reaktionen (z. B. gespannte Atmosphäre) interpretieren. Wir hörten immer wieder die Klage von Führungskräften, daß sie nie konstruktiv beurteilt werden, daß keine persönliche Diskussion über ihre Stärken und Schwächen stattfindet. Sie wissen nicht, ob und wie sie überhaupt akzeptiert werden. Dabei ist die interpersonelle Akzeptanz entscheidend für den Füh-

---

197 Nämlich der Führer, der seine Demut ablegte, sobald Gott ihm mehr Macht übertragen hatte; wegen des Unfehlbarkeitsanspruches auch manchmal als „Papst-Syndrom“ persifliert.

198 Selznick (in: AmSocRev. 1948, 13, S. 25ff.) berichtet z. B., daß Leute mit hohem Status fest glauben, sie seien fähiger als solche mit niedrigem Status („Hierarchieeffekt“).

199 Useem, J.: Social stresses among middle management men; in: Jaco, E.: Patients, physicians and illness, Glencoe 1958.

200 Das liegt zum Teil auch an den Schwierigkeiten bei der Beurteilung von Führungsverhalten (s. Kap. III 6.1.2.; II 5.2.1.).

rungserfolg: wird nämlich der Vorgesetzte weder als Experte noch als Mensch akzeptiert, entwickelt sich eine „autistische Feindseligkeit" und seine Einflußversuche laufen ins Leere[201].

Hinzu kommt, daß es für das Selbstgefühl wichtiger ist, als erfolgreich *wahrgenommen* zu werden, als tatsächlich erfolgreich zu sein (Festinger 1954, S. 117 ff.). Das Individuum baut nämlich aus den Wahrnehmungen und Bewertungen der anderen seine Identität auf: die Umwelt, insbesondere die Bezugsgruppen müssen seine Selbstdefinition ratifizieren. Der größte Teil unserer Kommunikationen dient genau diesem Zweck und nicht etwa nur dem Informationsaustausch, weshalb Watzlawick William James zitiert: „eine unmenschlichere Strafe könnte nicht erfunden werden, als daß man – wenn das möglich wäre – in der Gesellschaft losgelassen und von allen ihren Mitgliedern völlig unbeachtet bleiben würde" (1969, S. 85 f.).

Die Leitenden fühlen sich von Ignoranz und mangelnder Akzeptanz regelrecht bestraft. Zusammen mit dem erwähnten Gefühl der monetären Deklassierung, der Arbeitsplatzunsicherheit, der gestörten Information und Kommunikation ergibt sich eine 'Identitätskrise' der Leitenden.

6.4.2. Selbstverwirklichung

Selbstverwirklichung tritt in zwei Formen auf: zum einen statisch als Ausmaß, in dem die individuellen Fähigkeiten von den Aufgaben genutzt werden und zum anderen dynamisch, nämlich wie jemand in seinen Fähigkeiten wachsen kann[202].

In vielen empirischen Untersuchungen[203] wurde festgestellt, daß der Faktor, der am stärksten mit geringer psychischer Gesundheit korreliert, die Unmöglichkeit ist, seine Fähigkeiten in der Arbeit anzuwenden. Sollen die Leiden von Führungskräften analysiert werden, ist deshalb eine ganz zentrale Frage, inwieweit sie in ihrer Arbeit ihre besondere, individuelle Personalität realisieren und entfalten können. Die Chancen zur Selbstverwirklichung werden bestimmt vom Ausmaß der Rollenambiguität, der Arbeitsteilung und der Partizipation.

- **Rollenambiguität**
  Führungskräfte befinden sich meist in unstrukturierten Situationen. Weder die Ziele (Anforderungen) noch die Mittel sind völlig klar. Die Ziele, praxisfern am grünen Tisch beschlossen, werden unabgestimmt und unzureichend an die nachgeordneten Leitungsinstanzen weitergegeben. Diese Kommunikationsstörungen von oben werden ergänzt durch die von un-

---

[201] French/Snyder: Leadership and interpersonal power, in: Cartwright (1959), S. 118 ff. Die Mitarbeiter sind dabei oft rigoroser als die Chefs der nicht akzeptierten Führungskraft – sie wollen „Köpfe rollen" sehen.

[202] French/Kahn: Mental health in industry, JSocIss 1962, S. 21 f., 39.

[203] Z. B. Kornhauser 1965, Maslow 1954.

ten: Informationen über die tatsächlich vorhandenen Mittel und die Soll-Ist-Abweichungen werden von den unmittelbaren Produzenten zurückgehalten.
Diese Situation wird von der Sozialpsychologie als Rollenambiguität bezeichnet: Der Rollenträger erhält zur Ausfüllung seiner Rolle nur ungenügend Informationen[203a].
Voller Unklarheiten und Spannungen, Nervosität und Ängsten, fühlt sich der Manager gleichzeitig unterfordert wie überfordert. Er wird weder informiert, noch motiviert, noch bestärkt, vielmehr wird er – was man heute nach der Inflation der Management-by-Begriffe als Management-by-Champignons ironisiert – „ständig im Dunkeln gehalten und von Zeit zu Zeit mit Mist bedeckt".
Rollenambiguität ist für die psychische und physische Befindlichkeit nicht unbedeutend. Es gibt klinische Beweise, daß mangelnde Rollenklarheit zu Minderwertigkeitsgefühlen und Depressionen führt.

- **Arbeitsteilung**
  Die zunehmende Zersplitterung ganzheitlicher Arbeitsvollzüge und die Herausbildung hochspezialisierter Tätigkeiten stimulieren durch ihre Entfremdungstendenzen Selbstvertrauen und Selbstentwicklung sehr wenig. Unter fortgeschrittener Arbeitsteilung bleibt die Vielfalt der Fähigkeiten ungenutzt, der Leitende fühlt sich unterfordert, fürchtet um die Entfaltung seiner Persönlichkeit und entwickelt depressive Inferioritätsgefühle[204].

- **Partizipation**
  Der Grad der Autonomie und die Möglichkeit des Einflusses auf wichtige Entscheidungen, beides konstituierende Elemente der Selbstverwirklichung, werden bestimmt von den Herrschaftsstrukturen einer Gesellschaft. Für die Bundesrepublik Deutschland diagnostizierte Hartmann (1973, S. 139 ff.) einen bemerkenswerten Mitbestimmungsdruck: Kein anderes Anliegen war den leitenden Angestellten so wichtig, wie die Forderung nach größerer Partizipation im Entscheidungsprozeß. Das gängige Bild vom erfolgreichen, kraftvoll führenden Entscheider wird getrübt durch den geringen Entscheidungsspielraum der Manager, das Holschuldprinzip für Informationen und die mangelnde Kooperation und Delegation der Geschäftsleitung. Empirische Befunde[205] enthüllen die Bekenntnisse zu Delegation und Teamarbeit als bloße Lippenbekenntnisse. Eigeninitiative ist nicht erwünscht, die oberste Führung bevorzugt „Spontanentschei-

---

203a Zur Rollenambiguität s. Kahn 1964, S. 21 ff., 72 ff.; zur Unklarheit von Zielen und Mitteln, Zander/Quinn: Social Environment and mental health, JSocIss 1962, S. 49.
204 Vgl. Kap. II 3.1.; IV 3.2.2., 3.2.3.; Argyris, in AdmScQuart. 1973, S. 141 ff.
205 Pross 1971, S. 82; manager magazin 4/1977, S. 124; 9/1977, S. 130 ff.

dungen aus der Hüfte“ und „tut lieber alles alleine, damit es wenigstens richtig wird.“

Wo demnach Arbeit nicht nur diffus und geteilt, sondern auch vorgeschrieben ist, kann man keine Selbstverwirklichung erwarten: Die Selbstachtung beschränkt sich auf bloße Fragmente des Subjekts, auf die minimalen Freuden. An die Stelle der Frage „wer bin ich“ tritt die Frage „was habe ich?“[206]

---

[206] Vgl. hierzu das Konzept des strukturellen narzistischen Defekts („Loch im Ich“), nachdem hier das Individuum „Überanpassung an die Forderungen der äußeren Realität i.F. e. sinnentleerten mechanischen Funktionierens“ zeigt; Ammon 1974, S. 95ff.; Richter/Beckmann 1969, S. 64; Zepf 1976, S. 48.

Du weißt es und weißt es nicht, daß
Handeln Leiden ist und Leiden Handeln.
T. S. Elliot: Mord im Dom, 1. T.

KAPITEL IV: KONFLIKTEBENE FUNKTION

1. Das Modell der „sozialen Rolle“

Weder die „Ich-Löcher“ aus den Versagungen frühkindlicher Triebbefriedigungen noch die destruktiven Wirkungen sozio-ökonomischer Bedingungen können allein Leiden begründen. So müssen sich individuelle Dispositionen zu bestimmten Symptomen nicht pathogen auswirken, wenn ihnen komplementäre soziotypische Befriedigungsmöglichkeiten gegenüberstehen, die sie erträglich machen – wie für Ängste und Zwänge geeignete Sozialrollen (z. B. Buchhalter, Polizist) oder familiäre Glücksillusionen. Ebensowenig besteht eine eindeutige Kausalbeziehung zwischen den objektiven Elementen der Arbeitsbedingungen und der subjektiven Erfahrung von Deprivationen; diese Beziehung wird vielmehr über komplexe Norm- und *Rollen*systeme vermittelt. Die Beziehungen zwischen objektiver, sozialer Umwelt und subjektiven Persönlichkeitsdeterminanten können wir uns idealiter[207] folgend vorstellen:

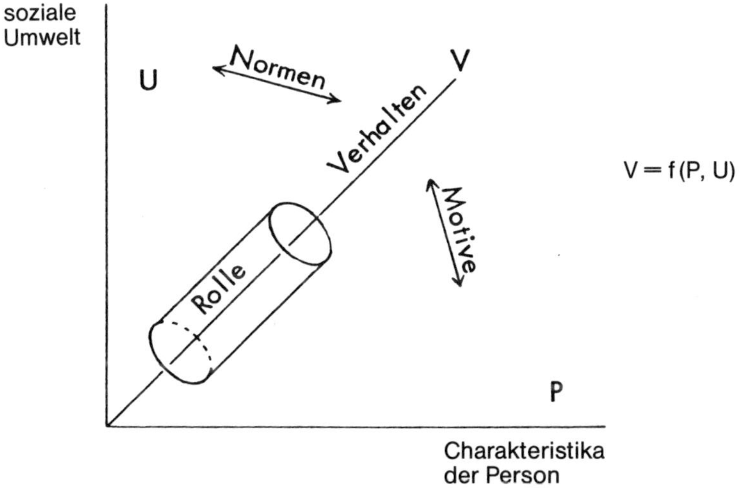

Abb. 28: Verhalten im personalen und sozialen Feld

[207] U und P sind keine unabhängigen Variablen und auch nicht orthogonal; siehe a. unser Kapitel II 1.

Wir sehen in diesem Bild wie sich *Verhalten* im personalen und sozialen Feld formt und daß der Mensch in Gesellschaft (Organisationen, Gruppen) „Rollen“ spielt: ein Medizinmann gibt sich nicht geheimnisvoll und dramatisch, weil es ihm angeboren ist, sondern weil man es von ihm erwartet; genausowenig ist die unverbindliche Freundlichkeit des Personalchefs Zufall oder Veranlagung, sondern die ihm zugeschriebene Rolle; und daß ein Vorstand Würde, Dominanz und Entschiedenheit ausstrahlt erscheint schlichtweg 'selbstverständlich‘.

Zwischen den Polen Individuum und Gesellschaft vermitteln also „Rollen“, denen man sich nur unter Strafen wie Gesichtsverlust, Ablehnung und Tadel entziehen kann.

Eine *soziale Rolle* ist die Gesamtheit aller bewußten und unbewußten Erwartungen, die sich auf die Aufgaben, das Benehmen, die Gesinnungen, die Werte und wechselseitigen Beziehungen einer Person in einer bestimmten sozialen Position richten[208]. Rolle ist demnach eine systematische Normierung von Verhalten in einem sozialen System – ist die Zuweisung eines Skripts („roletaking“), das beim Aufbau der eigenen Ich-Identität hilft.

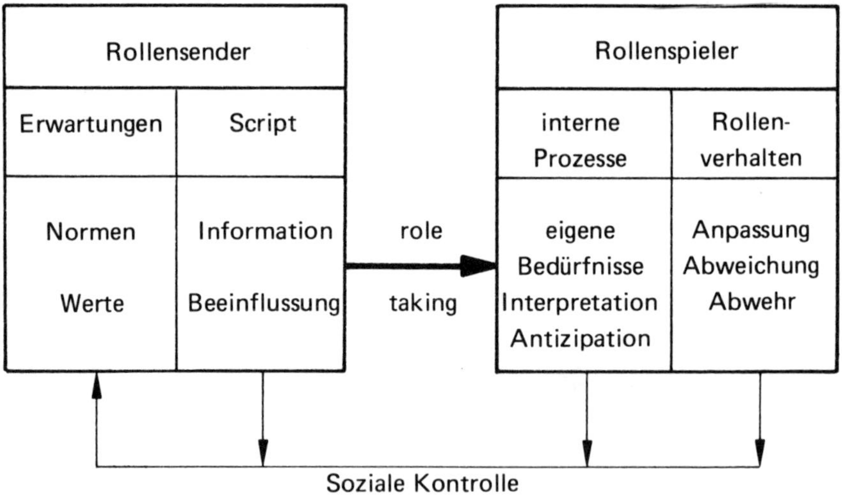

Abb. 29: Das Rollenmodell

[208] Vgl. Dreitzel 1968, S. 106; Parsons 1964; Sarbin 1955; Katz/Kahn 1966, S. 455; Neuberger 1976, S. 72 ff.; Goffman, E.: Wir alle spielen Theater, München 1969.

Das „konventionelle" Konzept der sozialen Rolle ist allerdings nicht unproblematisch: dem Individuum steht hier die Gesellschaft „als ärgerliche Tatsache" fremd und bestimmend gegenüber – es darf dieses Theaterstück nicht hinterfragen, sondern soll widerspruchslos in die ihm zustehende Rolle schlüpfen[209]. Die Machthaber verfügen die Spielregeln, die Tugend der Machtlosen ist deren Einhaltung. Das konventionelle Rollenmodell verschleiert also Fremdbestimmung und perpetuiert (durch Rechtfertigung) soziale Widersprüche. Ignoriert wird, woher die Verhaltenserwartungen kommen und daß es durchaus andere Gesellschaftsformen mit völlig unterschiedlichen Verhaltensformen gibt.

Aus dieser Kritik heraus formuliert der deutsche Vertreter des symbolischen Interaktionismus, Krappmann, sein „revidiertes Rollenmodell" (1971, S. 115 ff.): das Individuum erkennt seine eigenen Interessen und die Interessen und Erwartungen der Umwelt; bemerkt es Widersprüche, kann es sie problematisieren und in die jeweiligen Interaktionen mit hineinnehmen. Auf der Basis solcher Rollendistanz kann es dann zu neuen Wertorientierungen und Handlungsalternativen komen, und es wird der Aufbau von Ich-Identität und Konfliktfähigkeit, sowie kommunikativer Kreativität, Spontanität und Sensibilität ermöglicht.

Habermas (1973, S. 125 ff.) erweitert deshalb das Rollenmodell in drei Dimensionen:

- „Rollenambivalenz": das konventionelle Rollenmodell unterstellt Kongruenz zwischen gesellschaftlichen Wertorientierungen und individuellen Bedürfnissen. Zu fragen wäre aber, inwieweit Eigenschaften des Selbst – Charakterzüge, Werthaltungen, Glaubenssätze – und in der Rolle liegende Verhaltensforderungen überhaupt vereinbar sind und wie das Individuum auf Nichtübereinstimmung reagiert (Frustration, Anpassung, unbewußte Abwehr, offener Konflikt).
- „Rollenambiguität": das übliche Rollenkonzept unterstellt Kongruenz zwischen Rollendefinition und Rolleninterpretation. Zu fragen wäre, wieviel Interpretationsspielraum die Rolle dem Individuum läßt und wie es diesen nutzt (role making).
- „Rollendistanz": das konventionelle Rollenmodell unterstellt Kongruenz zwischen geltenden Normen und internalisierten Werten. Unberücksichtigt bleibt, inwieweit das Individuum autonom handeln kann und Normen reflexiv anwendet (Rollenflexibilität), oder ob es unter den Zwängen der Normen bzw. Rollen nur mehr reaktiv sein darf.

In diesem erweiterten Rollenmodell können die bisher abgehandelten Ebenen „Individuum", „Position" und „Werte" elegant subsumiert werden und es

---

[209] Vgl. Dahrendorf (1958, S. 21) und Krappmann (1975, S. 100 ff.). „Die Not der Arbeitsteilung wird im Rollenbegriff als Tugend hypostasiert. Mit ihm verordnet das Ich, wozu die Gesellschaft es verdammt, nochmals sich selbst" (Adorno 1966; S. 273).

ist offen gegenüber der Machtproblematik, indem es Rolle als Funktion in der kombinierten gesellschaftlichen Arbeit sieht[210].

2. Rolle und Konflikt

Wir haben jetzt das geeignete Instrumentarium, konkrete Konflikte der Leitenden und ihre Reaktionen darauf auf der Ebene der Arbeit und Interaktion zu untersuchen. Ohne das revidierte Rollenmodell wären wir Gefahr gelaufen, auffällige Reaktionen von Führunskräften als „pathologisch" oder „abweichend" zu etikettieren und damit auf das Individuum zurückzuwerfen[211].

Der Mensch als 'Rollenspieler' scheitert an der Inszenierung seines Verhaltens immer dann

- wenn er seine Rolle nicht richtig lernen konnte,
- wenn ihm eine Rolle zugewiesen wird, die nicht zu ihm paßt,
- wenn seine Rolle nicht in die augenblickliche Situation paßt,
- wenn sich verschiedene Rollen überkreuzen.

Rollen sind nicht immer widerspruchsfrei, so daß innere Konflikte häufig eine Widerspiegelung äußerer (objektiver) Konflikte sind, die über Rollensysteme vermittelt werden. „Das Zustandekommen verschiedener Arten innerer Konflikte wird bestimmt von den Positionen und Rollen eines Individuums in seiner sozialen Struktur" (Deutsch 1976, S. 40). Besonders konfliktär sind Rollen, die stark divergierende Rechte und Pflichten beinhalten.

„In Betrieben scheint es so zu sein, daß Rollenkonflikte mit steigendem Rang in der Organisation intensiver werden und daß sie zunehmen, wenn Mitglieder mit der Koordination verschiedener Aufgaben oder mit der selbständigen Lösung von Problemen beauftragt werden" (Mayntz 1962, S. 84). Es sind demnach die in leitender Funktion tätigen Organisationsmitglieder, die Rollenkonflikten in erhöhtem Maße unterliegen.

2.1. Intra-Rollenkonflikt

2.1.1. Interessenantinomien

Aus den unterschiedlichen Erwartungen verschiedener Rollensender gegenüber einer einzigen Rolle resultieren zahlreiche Konflikte. Die strukturelle Ursache dieser „Intra-Rollenkonflikte" liegt darin, daß sich jeder Positionsinhaber Rollensendern gegenüber sieht, die an verschiedenen Orten in der So-

---

210 Habermas wendet sich gegen die marxistische „Reduktion des Selbsterzeugungsaktes der Menschengattung auf Arbeit", die die „symbolisch vermittelte Interaktion" praktisch unterschlägt (1968, S. 58). Er unterscheidet „Arbeit" („zweckrationales Handeln") und „Interaktion" („kommunikatives Handeln"), wobei diese in einem engen, dialektischen Verhältnis stehen. Vgl. a. Hiebsch/Vorwerg 1971, S. 177.

211 Vgl. unser Kap. I 1; Keupp 1972, S. 131ff.; Dreitzel 1968, S. 23, 53ff.; Mertons „Anomie".

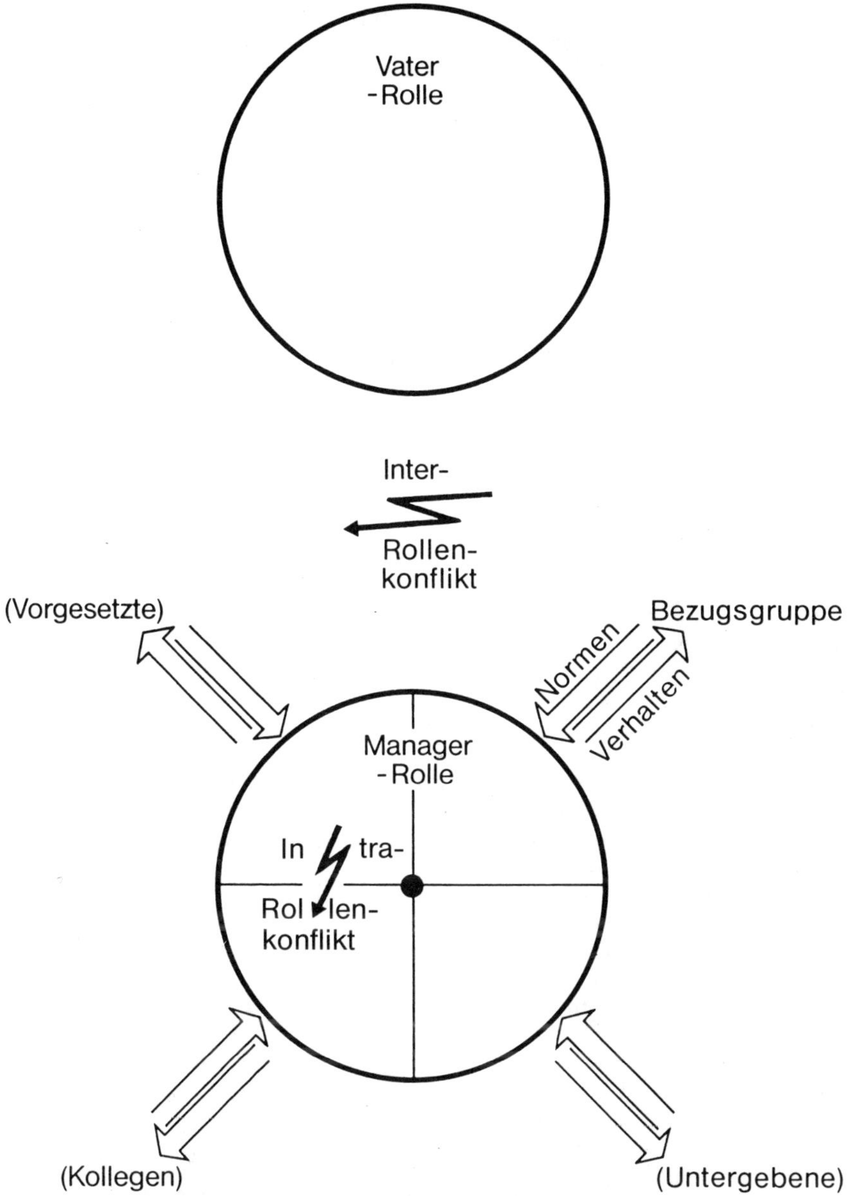

Abb. 30: Intra-Rollenkonflikt und Inter-Rollenkonflikt

zialstruktur stehen und die damit differierende Normen vertreten. Derartige Konflikte werden deshalb auch als Intersender-Konflikt bezeichnet. Zum Beispiel hörte Kahn in seiner empirischen Untersuchung des „organizational stress" von fast der Hälfte der Befragten, „daß sie immer wieder gefangen sind zwischen zwei Personengruppen, die verschiedene Dinge von ihnen verlangen" und daß sie die Unfähigkeit quäle, die widersprüchlichen Forderungen ihrer verschiedenen Rollensender zu erfüllen (1964, S. 56).

Das Prinzip der Zweckrationalität von Organisationen (vgl. Kap. II 3.2.) unterstellt zwar, daß deren Positions- und Rollendefinitionen (z. B. Stellenbeschreibung) eindeutig, vollständig, widerspruchsfrei und transparent für alle ihre Mitglieder seien. Organisationen als komplexe, offene Systeme haben jedoch so viele verhaltensbeeinflussende Bezugs- und Interessengruppen, daß alle Mitarbeiter von Intra-Rollenkonflikten betroffen sind – besonders aber Positionsinhaber an organisatorischen Grenzen und auf höheren Hierarchiestufen.

Positionen an Gruppengrenzen – wie zwischen Linie und Stab, Hauptzentrale und Konzerntochter, Unternehmen und Öffentlichkeit, Produktion und Vertrieb, öffentlicher Institution und Aufsichtsbehörde[212] – sind Rollensendern aus verschiedenen sozialen Systemen mit den unterschiedlichsten Interessen ausgesetzt und damit sehr konfliktträchtig.

Die Konflikte der Subsysteme treffen vor allem diejenigen, die an den Schalthebeln der Organisation sitzen und die wesentlichen Entscheidungen treffen, womit sie die Interessen- und Machtsphäre vieler Rollensender tangieren. So hat z. B. der Leiter von Forschung und Entwicklung zwischen so widersprüchlichen Zielen zu vermitteln wie denen des Vertriebes, alle Kundenwünsche zu befriedigen und denen des Betriebes nach Normung und Vereinfachung; hat der Leiter der Fertigung das Finanzziel 'Kostenminimierung' zu vereinbaren mit dem Verkaufsziel 'Maximierung des quantitativen und qualitativen Outputs'; hat der Forscher innovative, kreative Aktivitäten zu vereinbaren mit den Forderungen der Administration nach Formalismus und Routine. Rollenanforderungen kommen von allen Seiten, der Leitende steht regelrecht unter „cross-pressures":[213] sein Vorgesetzter will mehr Produktion, aber seine Untergebenen wollen nicht überfordert werden; der Unternehmensberater empfiehlt Organisationsveränderungen, aber die Mitarbeiter sind gegen alles neue; die Kunden wollen schnelle Lieferung, aber die Kollegen haben tausend Gründe für Verzögerungen; der Vertrieb fordert Expansion, das Rechnungswesen Stabilisierung; die höhere Administration verlangt Berichte und Daten, die Mitarbeiter fühlen sich unnötigerweise von ihrer eigentlichen Arbeit abgehalten.

---

212 Vgl. hierzu die Feldstudien von Kahn 1964, S. 362ff.; zu den Rollenbelastungen aus widersprüchlichen Anforderungen s. March/Simon 1958, S. 113ff.; Luhmann 1973, S. 229f.

213 Vgl. Bass 1965, S. 325; Kahn 1964, S. 56.

Mit der Übernahme *neuer Rollen* wird die Position besonders spannunsgeladen – alte Beziehungen müssen total verändert, oft sogar abgebrochen werden und ein neuer Komplex von Beziehungen mit viel Feingefühl geknüpft werden. Während unserer Beratungstätigkeit stießen wir auf eine dafür typische Anamnese: dem Angestellten eines Großkonzerns werden großzügige Fortbildungsmöglichkeiten eingeräumt, er holt Abitur und Studium nach und kehrt in seine frühere Abteilung als Vorgesetzter zurück, dort häufen sich die Konflikte und er fühlt sich total überfordert: „die lauern nur alle darauf, daß ich Fehler mache!". Seine Beziehungsstörungen generalisieren auf seine Partnerschaft und es entwickeln sich eine Reihe psychosomatischer Symptome, so daß ihn sein Leidensdruck für eine psychologische Beratung und Therapie motiviert.

2.1.2. Man-in-the-middle

Die Spiegelung gesellschaftlicher Widersprüche auf das Individuum wird besonders deutlich in der Gleichzeitigkeit von Herrschen und Beherrschtwerden. Doppelte Orientierung nach oben und unten, sowohl Führer als auch Geführter zu sein, macht den Leitenden zum „master and victim" (Roethlisberger 1945, S. 283f.), zum Prellbock unvereinbarer Interessen.

In den Augen der Führungselite sind jene die besten Leiter, deren Verhaltensweisen hauptsächlich in Richtung „initiating structure" (Leistungsorientierung)[214] abheben. Im Gegensatz dazu bestimmt bei den Untergebenen die Verhaltenskategorie „consideration" (Mitarbeiterorientierung), wie sie ihren Führer schätzen. Der Mann in der Mitte muß also, um seine Position zu halten und sich die Chance zukünftiger Belohnungen zu bewahren, die zweckrationalen Ziele der Organisation durchsetzen, gleichzeitig aber die Bedürfnisse und Interessen seiner Arbeitsgruppe verteidigen, um sich ihre Loyalität zu sichern. Er ist damit in dem Identitätsdilemma, die Widersprüche der Produktionsverhältnisse personalisieren zu müssen und von keiner Gruppe voll akzeptiert und integriert zu werden.

In seinem „Intra-Rollenkonflikt des Werkmeisters" beschreibt Kurt Holm[215] ausführlich die Ambivalenz dieser Situation: die „Erwartungsheger" verfügen über einen Satz von „Sanktionsmitteln" – wie Gehalt, Tadel, Lob, Beförderung, Degradierung auf der Seite der Unternehmer, und Prestigeentzug[216] oder Sabotage auf der Seite der Arbeiter – mit denen sie ihre Interessen durchsetzen und den Meister in eine scheinbar ausweglose Situation bringen.

2.1.3. Folgen des Intra-Rollenkonflikts

Der Intra-Rollenkonflikt ist Abbild gesellschaftlicher Antagonismen und damit nicht endgültig lösbar. Weder können die Arbeiter dazu 'erzogen' werden,

---

214 Leistungsorientierung vs. Mitarbeiterorientierung sind recht populäre Begriffe aus der Ohio-Schule der Betriebspsychologie (Stogdill, Fleishman, Halpin, Hemphill).

215 In Claessens 1969, S. 78–89. Vgl. a. Bass 1965, S. 153.

216 So kann z. B. der Meister als „Nichtskönner" verschrien werden.

in den Kategorien des Kapitals zu denken (oder das Kapital in Kategorien des 'Humanprinzips'), noch können die Sanktionsmittel einer Seite so beschnitten werden (wie in der Sklaverei), daß diese keine Möglichkeit mehr findet, nicht akzeptiertes Verhalten zu bestrafen. Bezeichnenderweise tritt dieser Konflikt auch in nichtproduzierenden Organisationen auf, z. B. in der Lehrerrolle[217], solange der Demokratisierungs- und Emanzipationsprozeß unvollständig bleibt.

Die Rollenambiguität aus den widersprüchlichen Verhaltenserwartungen der Interaktionspartner wirkt ausgesprochen *pathogen*: es gibt genügend Beweismaterial[218], daß sie psychosomatische Erkrankungen fördert und die Kommunikation verzerrt. In welcher Form Rollenkonflikte verarbeitet werden, ist stark abhängig von der Persönlichkeitsstruktur.

Gut zurecht in diesen Rollenspannungen findet sich der autoritäre Persönlichkeitstypus: er kann Loyalität und Zuwendung nach den momentanen Machtverhältnissen variieren, kann seine Persönlichkeit spalten und eine perfekte Doppelrolle spielen: konformistisch, diskret, kontrolliert, identifizierend und unterwürfig gegenüber seinen Vorgesetzten – energisch, unpersönlich, entschlossen und dominant gegenüber seinen Untergebenen[219].

Für Rollenspannungen problematischer sind Persönlichkeiten mit hoher Flexibilität und solche mit geringer Soziabilität: Flexible beugen sich leicht Beeinflussungsversuchen und steigen dabei anderen 'auf die Füße'; Introvertierte sind übersensibel für sozialen Druck und verstärken durch ihre Art von Abwehr (Rückzug) diesen Druck noch[220].

Intra-Rollenkonflikte werden durch charakteristische, *trickreiche Kommunikationsformen* verarbeitet:
- Schaukelpolitik (Opportunismus): um es sich mit keiner der beiden Seiten zu verderben, wird der Leiter zum Hypokrit – er erzählt seinem Chef, wie faul die Untergebenen sind und den Untergebenen, was für ein 'Sklaventreiber' der Chef ist. Er entspricht also in seinem Verhalten einmal den Erwartungen der einen und einmal der anderen Seite, unterdrückt seine wahren Gefühle und taktiert scheinheilig.
- Mañana-Taktik: umstrittene Handlungen werden so lange hinausgezögert, bis sie sich von alleine erledigen, weil sich die Situation inzwischen verändert hat oder die Angelegenheit vergessen wurde.
- Verschleierungstaktik: die eigene Meinung und das eigene Verhalten werden so gut es geht getarnt, indem man sich z. B. in Diskussionen nie festlegt,

---

217 Vgl. Gross, N., in: Maccoby 1958, S. 447ff.
218 Kahn 1964 u. die Literatur in Rebell 1976, S. 91.
219 Siehe hierzu unser Kap. III 6.3.2. und Henry in: Vinacke 1964, S. 286ff.; Packard 1963, s. 164ff.; Bass 1960, S. 318; Bass 1965, S. 155f.
220 Vgl. Wolfe D./Snoek, J. in JSocIss 1962, S. 102ff.

nur zum Schein auf andere Standpunkte eingeht, Informationen zurückhält und den Anschein von Zuversicht und Interesse verbreitet.
- Weiterschieben des 'schwarzen Peters': alle kritischen Forderungen und Verantwortungen werden an andere delegiert, man stellt sich dar als neutraler, ehrlicher Makler, der nur die gegensätzlichen Interessen offenlegt, aber nicht davon betroffen ist.
- Sozialer Rückzug: die Interaktionshäufigkeit mit den Rollensendern wird reduziert ('Aus-dem-Weg-gehen'); kontaktiert wird nur, wenn unbedingt notwendig und nur indirekt (z. B. schriftliche Anweisung).
- Rhetorische Vermittlung: man versucht die Ziele einer Interessengruppe der anderen Gruppe als ihre ureigensten Bedürfnisse zu 'verkaufen'. So versucht z. B. Likerts „linking-pin"-Vorgesetzter Interessen in beide Richtungen zu übersetzen: er kleidet die schroffen Normen des Unternehmens in humane Motive und übersetzt die Bedürfnisse der Mitarbeiter in „intervenierende Variable" der Produktivität (1966, S. 113 ff., 181 ff.).

Der Intra-Rollenkonflikt hat damit weitreichende Konsequenzen für alle Beteiligten und verlangt letzten Endes „als Preis für den Erfolg ein kunstvolles Balancieren und die Bereitschaft, ein machiavellistisches Leben unter Inkaufnahme von Magengeschwüren zu führen" (Bass 1965, S. 157).

2.2. Inter-Rollenkonflikt

2.2.1. Sich tangierende Verhaltenserwartungen

Menschen sind immer Mitglieder verschiedener sozialer Gruppen und Organisationen und damit Träger mehrerer Rollen, die häufig schwer miteinander zu vereinbarende Anforderungen stellen. Der typischste Inter-Rollenkonflikt ist der zwischen beruflichen und familiären Rollen: widmet man sich zu sehr der Arbeit, kommt das Familienleben zu kurz (und umgekehrt); beide Bereiche sind aber für das Individuum so existentiell, daß eine eindeutige Lösung aussichtslos erscheint.

Die Gesellschaft stellt jedoch einige Mechanismen zur Handhabung dieses Konflikts bereit:
- Viele Rollen sind nur segmental, d. h. sie beanspruchen nur einen Teil der Person und berühren sich nicht unbedingt gegenseitig; z. B. tangiert die Rolle des Hobbysportlers nicht unbedingt die Rolle des Betriebsleiters[221]. Hier wirkt in der Regel die räumliche und zeitliche Trennung der Handlungsbereiche konfliktmildernd.
- Traditionelle Rollensequenzen ordnen schwer vereinbarende Rollen hintereinander und erleichtern die Akzeptierung durch antizipatorische Sozialisierung und Initationsriten, z. B. Lehrling – Meister, Schüler – Lehrer.

---

221 Es sind natürlich immer Berührungen denkbar, z. B. bei besonders exklusiven Sportarten oder übertriebenen Aktivitäten.

222 Entfällt

- Differenzierende Bewertung von Rollen: den einzelnen Positionen und Rollen wird verschiedenes Gewicht beigelegt; so ist es z. B. in vielen Organisationen unwichtig, was ihre Mitarbeiter in ihrer Freizeit treiben, solange sie nur frisch und erholt am Arbeitsplatz erscheinen.

Gerade bei dem letzten Punkt wird klar, daß wieder einmal die Leitenden viel eher Konflikten ausgesetzt sind als alle anderen: der obskure Spleen des obersten Bosses wird nach dem altrömischen Motto „quod licet Jovi, non licet bovi" als Zeichen seiner Exklusivität goutiert und was der Arbeiter alles in der Kneipe treibt, schert niemanden; aber das Verhalten des Managers repräsentiert stets und überall Ehrwürdigkeit und Renommée der Firma. „Ein Manager muß sich den Lebensformen seiner Firma selbst in der Art seines Privatlebens anzupassen verstehen" (Packard 1963, S. 297); das aber bedeutet Konformitätszwang und Normenreichweite bis in die privaten und familiären Rollen hinein.

2.2.2. Familie und Arbeit

Die Unterordnung des gesamten Menschen und aller seiner Beziehungen unter das Diktat der Arbeitsorganisation weist der Familie die Funktion der Stabilisierung zu: das Heim wird zum idyllischen, friedvollen Hafen, in dem der angeschlagene Manager seine Wunden stillt und neue Kraftreserven auftankt. Die räumliche und zeitliche Trennung von Familie und Arbeitsplatz 'gestattet' eine typische moderne Form der Spannungsbewältigung: in einer sozialen Einheit erzeugte Spannungen werden in einer anderen durch Wechseln der Partner gelöst. Durch diese Lokalisierung kann eine Ausweitung der Konflikte vermieden werden (Etzioni 1967, S. 117). Ein alter Managerwitz dekouvriert dieses Pendeln zwischen verschiedenen Kompensationsfeldern zur Spannunsbewältigung ziemlich deutlich: Ehefrau: „Liebling, wie war es heute im Büro?" Sekretärin: „Liebling, wie war es heute nacht zu Hause?"

Die Unterordnung der Familie unter die Arbeit hat eine Reihe pathologischer Konsequenzen:
Offensichtlich ist zunächst, daß der Familie *Zeit*, *Stabilität* und *Energie* entzogen werden, denn die Arbeitszeit des Leitenden ist durch Tagungen, Arbeitsessen und häufige Reisen prinzipiell unbegrenzt, und das häufige Verlegen des Wohnsitzes läßt eine Verwurzelung im sozialen Feld kaum zu. Die „grüne Witwe" und der „Arbeits-Maniac" erscheinen nicht mehr als Klischee, wenn man die Ergebnisse empirischer Untersuchungen zur Privatsphäre von Managern betrachtet: „für Familie und Freizeit bleibt nur die Hälfte jener Zeit und ein Viertel jener Energien, die für berufliches Tun aufgewendet werden"[223].

Nicht weniger schwer erkennbar ist, wie beruflicher Ärger und betriebliche Spannungen auch die Familie belasten. Die Beziehungsprobleme in der Orga-

---

223 Bartolomé/Evans in: AMA Organizational Dynamics 1980; Schein, E.: Career Dynamics, 1978. Vgl. a. unser Kap. III 6.1.4. und 6.2.1.

nisation werden entweder projiziert auf die Partnerschaftsbeziehung (nach dem Muster: „Du bist genauso gemein wie mein Chef"), oder es kommt zur Adressatenverschiebung bei Aggressionen („Ich schlage dich, weil ich ihn nicht schlagen kann/darf"). Es handelt sich hier um psychische Abwehrmechanismen[224], die dem Individuum helfen, die in der Organisation verhinderte Energieabfuhr in eine andere Richtung zu kanalisieren und dadurch die durch Frustration entstandenen Spannungen und Ängste zu reduzieren. Es werden eigene Schwächen und Haßgefühle auf den Partner projiziert, Enttäuschungen im Betrieb vor den Freunden rationalisiert und Ängste in der Organisation durch forsches Auftreten zu Hause überkompensiert.

Es ist nur (psycho-)logisch, daß die von der Organisation geforderten Normen und dafür erfolgreichen Verhaltensmuster auch auf Bereiche außerhalb der Arbeit *generalisieren*:[225] wer ständig Erfolg und Leistung propagiert, sich an Konventionen hält, dominant und aktiv ist, wer Gefühle und Unsicherheiten verbergen muß und nur in rationalen und ökonomischen Kategorien denkt, kann nicht so ohne weiteres unvermittelt abschalten. Er bleibt der bürokratische Stratege, der autoritäre Draufgänger oder der sanfte Despot und reduziert Kontaktprobleme auf Macht-, Geld- und Zeitfragen. Dieses Psychogramm ist alles andere als förderlich für Partnerschaften und führt zu den typischen Ehekrisen der Manager. Typisch heißt hier: Konflikte werden wegen befürchteter Prestigenachteile nie offen ausgetragen und alle Probleme werden rationalisiert (intellektualisiert). Dies zeigt sich am deutlichsten in der *sexuellen* Vernachlässigung der Partnerbeziehung: „Zuwenig Zeit und Ruhe, zu müde", lautet hier die übliche Rechtfertigung[226]. Aber der Manager wäre nicht zu müde, wenn er weniger arbeiten würde – und er würde weniger arbeiten, wenn sich hier nicht ständig ein Prozeß perpetuieren würde, den Freud „Sublimierung der Libido" nannte, nämlich wenn „sexuelle Triebe dazu veranlaßt werden, die Bedingungen ihrer Befriedigung zu verschieben und auf andere Wege zu verlegen" (1929, S. 227)[227].

2.2.3. Personalunion in Organisationen

Inter-Rollenkonflikt ist häufig auch organisatorisch bedingt: nämlich in Rollenüberlagerung und Personalunion. So finden wir es in kleineren Unterneh-

---

224 „Abwehrmechanismen" sind komplexe unbewußte Reaktionsprozesse, die das „Ich" einleitet um unerwünschte (unerlaubte) Triebimpulse aus dem „Es" abzuwenden, z. B. „Verdrängung", „Regression", „Rationalisierung", „Projektion", „Reaktionsbildung" (vgl. hierzu insb. die Systematik von Anna Freud).

225 Bass kennzeichnet dieses Phänomen als „status equalization": wer in einer Gruppe hohen Status genießt, wird versuchen, das auch in anderen Gruppen zu erreichen (1960, S. 309). „Manager gehen an den Liebesakt heran wie an einen Leistungstest, bei dem es zu bestehen und gute Noten zu erringen gilt" (Masters/Johnson, n. Capital 8/80, S. 89).

226 Vgl. Packard 1963, S. 311f.; mm 10/1977; Capital 8/80, S. 89f.

227 Die gesellschaftliche Ausbeutung psychischer Energien wird seit Marcuse (1967; S. 92) als „repressive Entsublimierung" bezeichnet (vgl. a. Horn 1972, S. 80ff.).

men fast üblich, daß der Finanzchef zugleich die Personalleitung übernimmt. Er hat dann – pointiert formuliert – zwei Seelen in seiner Brust zu vereinen: die des 'Wachhundes' und die des 'Menschenfreundes'. Ähnlich konfliktträchtig ist es, wenn Verkaufsleiter gleichzeitig als Vertriebsleiter fungieren und damit eine expansive, akquisitorische, umsatzorientierte Rolle zu vereinbaren haben mit einer abwägenden, stabilisierenden und deckungsbeitragsorientierten. Oder wenn der Produktmanager zugleich Betriebsleiter ist – er steht dann häufig vor der Konsequenz, kreative Entwicklungen aus ökonomischen Gründen stoppen, also 'sein eigenes Kind töten' zu müssen.

In wissenschaftlichen Organisationen entzündet sich der Inter-Rollenkonflikt an der Personalunion von Experte und Administrator. Etzioni (1967, S. 121f.) sieht die „Prinzipien der Verwaltungs- und der Fachautorität" als „völlig unvereinbar", da Kreativität nicht „delegiert, befohlen und koordiniert werden kann", und fragt sich, „wie man Fachwissen schaffen und nutzen kann, ohne die Organisation zu untergraben". Vernachlässigt der Leiter einer wissenschaftlichen Institution seine administrative Rolle, gefährdet er die Gruppenkohäsion und die ökonomische Stabilität; überbetont er sie dagegen, beschränkt er die kreativen Potentiale und bedroht damit die Hauptziele der Organisation.

2.3. Personen-Rollenkonflikt

Wenn das erwartete Rollenverhalten unvereinbar ist mit den Fähigkeiten, Werten und Bedürfnissen des Rollenträgers, kommt es zum Personen-Rollenkonflikt (Rollenstreß)[228].

2.3.1. Ability-status-Konflikt

Dem Individuum fehlen zur erfolgreichen Ausführung der Rolle die erforderlichen *Fähigkeiten* und *Eigenschaften*. Einseitig spezialisiert, müssen Manager oft profundes Wissen vortäuschen, das sie in Wirklichkeit gar nicht haben, um nicht Status (Ansehen) zu verlieren. Sie haben hochspezialisierte Tätigkeiten ihrer Mitarbeiter zu bewerten[229] und in Diskussionen mit ihren Vorgesetzten auch über fachfremde und 'profane' Dinge Bescheid zu wissen. In der „aufgabendiskontinuierlichen Statusorganisation" (Offe 1970) der fortgeschrittenen Produktionsprozesse besteht keine Kontinuität der Kenntnisse zwischen den Hierarchiestufen mehr, so daß ein weiter Bereich von Entscheidungen in den unteren Positionen nicht durch Anweisung und Kontrolle von oben abgedeckt werden kann.

Nicht weniger schwierig zu erfüllen ist die Forderung nach demokratischer Führung, wenn man im Grunde autoritär eingestellt ist (vgl. Kap. I 3.2.5., Kap. III 6.3.2.).

---

228 Vgl. Bolte 1971, S. 61; Secord/Backmann 1964, S. 468, 488; vgl. a. unser Kap. II 4.3.

229 Zum Problem der kompetenten Beurteilung von Leistung und Können in arbeitsteiligen Organisationen s. Kap. II 8.2.1. und Rebell 1976, S. 94.

Die innerbetriebliche Sozialisation kann zwar verhindern, daß die Erwartungen der Organisation und die Kapazitäten ihrer Mitglieder zu sehr auseinanderklaffen; sie kann aber nicht vermeiden, daß sich die Ansprüche des Systems schneller verändern, als sich ihre Elemente darauf einstellen können. Die Folge ist, daß Leitende auf der Woge der Entwicklung nach oben mitgetragen werden – ohne sich entsprechend verändert zu haben – bis sie auf der Ebene der Inkompetenz landen[230].

2.3.2. Ethische Konflikte

„White collar crime ist für den Manager eine Hauptquelle von Personen-Rollenkonflikten. Man erwartet nämlich von ihm, daß er immer als Machiavellist agiert, d. h., daß er sein Verhalten ausschließlich auf das Wohl der Firma ausrichtet" (Ritzer 1972, S. 129).

Kern sittenwidriger Praktiken ist dabei immer „Gewinnmaximierung um jeden Preis, d. h. mit jedem nur denkbaren, schmutzigen Trick" (Packard 1963, S. 291). Die Spanne reicht von Korruption, Berichts- und Bilanzfälschung, Frühstückskartellen, Industriespionage, manipulativer Werbung bis zu Betrug und fahrlässiger Lebensgefährdung. So wird z. B. berichtet, daß der Goodrich-Konzern dem leitenden Ingenieur mit Entlassung drohte, wenn er nicht den Prüfungsbericht über eine versagende Flugzeugbremse manipulieren würde. Ein ähnlicher Fall erregte Aufsehen in der deutschen Presse: der Prokurist und Entwicklungsleiter der Gummifabrik Metzler versuchte „in einer seinem Wesen fremden aggressiven Weise" den Vorstand dazu zu bewegen, technisch unvollkommene Stahlgürtelreifen nicht auszuliefern. Die Vorstandsmitglieder versuchten mit allen Mitteln, diese Bedenken zu zerstreuen und verfügten den weiteren Vertrieb – es kam zu einer Serie tödlicher Unfälle[231].

In solchen Fällen befinden sich die Betroffenen in einer regelrechten „Beziehungsfalle"[232], aus der es – wie immer sie sich auch verhalten – keinen Ausweg gibt: entweder gefährden sie ihren Status (Degradierung, Entlassung) oder sie haben mit ständigen Schuldgefühlen zu kämpfen.

2.3.3. Stab-Linien-Konflikt

In einem Personen-Rollenkonflikt können auch gleichzeitig und regelmäßig *zwei* Parteien verwickelt sein, wie in dem schon klassischen Konflikt in Stab-Linien-Organisationen[233]. Während die Stabsmanager Wandel und Kreativität verkörpern, bemühen sich die Linienmanager stabilisierend und konservierend zu wirken. Die Interessen zwischen Stab und Linie sind damit so un-

---

230 Vgl. Kahn's „Sales analyst"-Fall, 1964, S. 358 ff.

231 Vgl. Heilbroner, R. L. et al: In the name of profit, New York 1972; SZ Nr. 74, 1976, S. 20.

232 Zur Beziehungsfalle (double bind) s. unter 2.4.2.

233 Vgl. Etzioni 1967, S. 127 f.; Dalton 1950, S. 342 ff.; Bass 1965, S. 340, 324.

terschiedlich, daß es statt zu Kooperation meist zu Machtkämpfen kommt. Dies führt entweder dazu, daß der Stab auf Grund seiner größeren Fachkenntnisse entscheidet, bzw. bei der Entscheidungsvorbereitung Informationen manipuliert, oder daß der Stab von der Linie 'kaltgestellt' wird, indem seine Vorschläge verworfen bzw. nur scheinbar angenommen werden. Stabsleute merken sehr schnell, daß die eigentliche Macht in Organisationen in der Linie liegt (legitimate power) und versuchen zur Kompensation ihre Informationsmacht dagegen zu setzen und die zu beratenden Instanzen zu Marionetten zu degradieren. Konspirative Pakte mit informellen Führern der Organisation sind dabei genauso üblich, wie die Aufwertung der eigenen Abteilung mit mehr Personal und weniger nachprüfbaren Tätigkeiten.

2.4. Intra-Sender-Konflikt

2.4.1. Paradoxe Verhaltenserwartungen

Dieser Konflikt entsteht, wenn der Rollensender widersprüchliche (paradoxe) Erwartungen an den Rollenträger stellt. Einen klassischen Fall dieser paradoxen Beziehungsstruktur schildert Bass (1960, S. 317): Reichskanzler Bismarck erwartete von seinen Untergebenen, daß sie ihre eigene Urteilskraft nutzten und nicht ständig nach Instruktionen fragten; gleichzeitig kam er jedoch in Rage, wenn sie unabhängig handelten und Dinge in einer Art ausführten, die nicht seinen Vorstellungen entsprach. Dieser Widerspruch findet sich in allen produzierenden Organisationen: einerseits verlangt die Führungselite den energischen, aktiven, unbekümmerten und zupackenden Manager, gleichzeitig soll er aber auch der besonnene, bedachtsame, disziplinierte und emotional kontrollierte Untergebene sein.

Jeder kennt auch jenen Vorgesetzten, der Aufgaben delegiert, dann aber 'mit einem Blumenstrauß wieder zur Hintertür hereinkommt', um sich der Sache selbst anzunehmen, weil er sich davor fürchtet, Verantwortung und Autorität abzugeben. Bei anderer Gelegenheit, wenn er sich gerade in großmütiger Stimmung befindet, gebärdet er sich als 'der nette Kumpel', der autoritäre Zwänge verabscheut, nur um sich am nächsten Tag wütend über Respekt- und Disziplinlosigkeit zu beklagen. Oder er ist erklärter Befürworter des Mitbestimmungsgedankens, hält öffentliche Reden darüber und verlangt von allen seinen Mitarbeitern partizipative Führung, er selbst führt aber autoritär wie in alten Zeiten[234].

Am leichtesten zu verunsichern sind Organisationsmitglieder durch Diskrepanzen zwischen einer *Aufgabe* und der *Kompetenz* bzw. den Mitteln zur Erfüllung eben dieser Aufgabe. Dies ist derart verbreitet, daß man dahinter fast eine beabsichtigte Führungstaktik vermuten kann. So fordern z. B. Dreiviertel der befragten Leitenden eine genauere Abgrenzung ihres Aufgabenberei-

---

234 Vgl. Bass 1965, S. 152.

ches und fast alle beklagen sich, daß von ihnen mehr erwartet wird, als Mittel (Zeit, Geld, Personal) zur Verfügung stehen.[235]. Daß hier ein mehr oder weniger bewußtes, manipulatives Führungsverhalten vorliegt, wird auch gestützt durch anthropologische Befunde, wonach Häuptlinge gerne Positionen bestallen, ohne Vollmachten und Pflichten festzulegen und dazu auffordern, Eigeninitiative zu entfalten, aber dann diese Entscheidungen kritisieren. Sie verhängen damit über ihren Untertan ein krankmachendes, fast „fluchartiges" Dilemma[236]: tut er das, was der Führer sagt, ist es falsch, tut er es nicht, ist es auch falsch.

2.4.2. Double bind

Es gibt viele Möglichkeiten, einen anderen mit zwei oder mehr einander widersprechenden Handlungsweisen zu konfrontieren und damit in eine

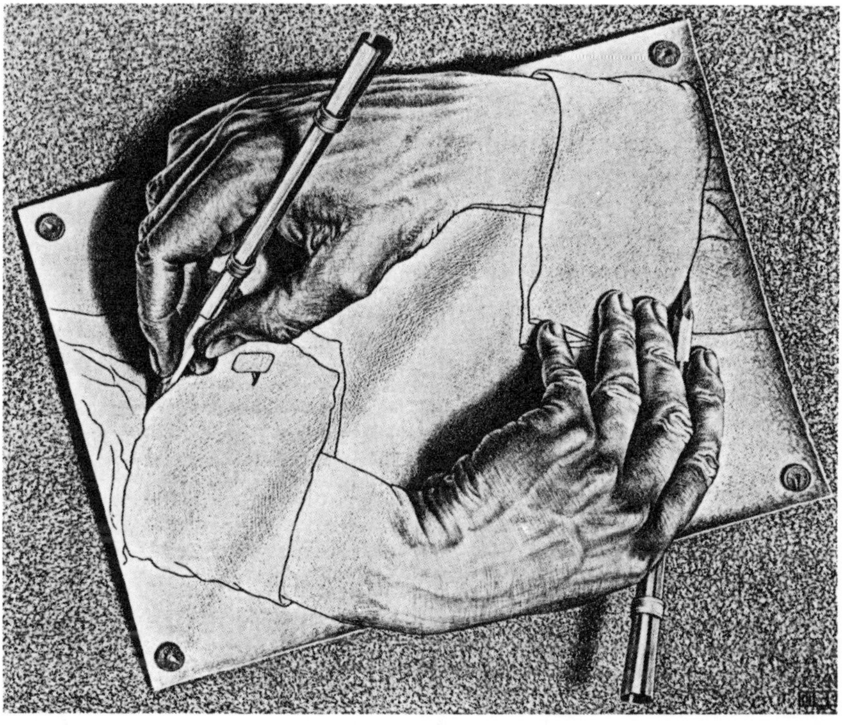

Abb. 31: M. C. ESCHER: Zeichnen (Litho 1948), Beispiel einer logischen Antinomie

[235] Hartmann 1973, S. 83.
[236] In seinem anthropologischen Vergleich des Managements primitiver Stämme und moderner Organisationen bezeichnet Page diese Phänomene als „Matwonga-Hieb" und „Lugbur-Fluch" (1972, S. 28f., 122ff.)

„Zwickmühle“ zu bringen. Typisch sind hierfür paradoxe Handlungsaufforderungen wie „sei spontan!“, „tu was ich sage und nicht was ich möchte!“, „mißachten Sie diesen Satz!“ Ein besonders markantes Beispiel für paradoxe Kommunikaton findet sich bei Watzlawick

„Schenken Sie Ihrem Sohn zwei Hemden; wenn er zum erstenmal eines der beiden trägt, blicken Sie ihn traurig an und sagen Sie „das andere gefällt Dir nicht?“ (1969, S. 194.).

Die Wirkungen von Paradoxien in der menschlichen Interaktion wurden zum erstenmal von Bateson und seinen Forschungskollegen in Palo Alto unter dem Thema „Toward a Theory of Schizophrenia“ beschrieben. Man bemerkte nämlich, daß man durch paradoxe Verhaltensaufforderungen Menschen „verrückt“ machen kann und daß Schizophrene paradoxe Kommunikationsmuster pflegen.

Natürlich wird nicht jeder, der einer verwirrenden, paradoxen Situation ausgesetzt ist, in den Wahnsinn getrieben. Schizogen wird eine Situation erst, wenn folgende Bedingungen des „double bind“ erfüllt sind:[236a]

1. die Interaktionspartner „stehen zueinander in einer engen Beziehung, die einen hohen Grad von physischer und/oder psychischer Lebenswichtigkeit hat“. Im Fall zwischen Vorgesetzten und Mitarbeitern, also z. B. die Lohnabhängigkeit und die Identifikation mit der Führerfigur.
2. In diesem Kontext erfolgen permanent Handlungsaufforderungen, die befolgt werden müssen, aber nicht befolgt werden dürfen, um befolgt zu werden. Der Vorgesetzte stellt also an seinen Untergebenen eine widersprüchliche, unlogische Forderung nach dem Muster „Sei spontan!“.
3. Das „Opfer“ kann diese Beziehungsstruktur nicht verlassen, weil er weder über diese Absurdität metakommunizieren, noch sich aus der Beziehung zurückziehen darf. Der Untergebene kann nämlich in den meisten Fällen diese subtile Beziehungsstruktur und deren paradoxe Mechanismen nicht bewußt durchschauen, da sie hinter der Maske moderner Führungsstile und der besten Absichten verborgen ist. Außerdem kann er sich, insbesondere als Leitender, wegen seiner mangelnden Mobilität (Arbeitsplatzknappheit, Firmenkredite, Eigenheim usw.) nicht durch Kündigung entziehen.

Derartige Situationen machen regelrecht 'verrückt': das 'Opfer' kann im Grunde nur oszillierendes, 'schizophrenes' Verhalten wählen. „Man fühlt die entnervenden Auswirkungen schon in einer kurzfristigen Verbindung mit einem 'Verrücktmacher', was sich darin äußert, daß man am liebsten weglaufen möchte, öfter als gewöhnlich zur Zigarette oder zum Alkohol greift, zu Erschöpfung und Müdigkeit neigt und an Kopfschmerzen zu leiden beginnt“ (Bach 1974, S. 42).

Paradoxe Interaktionen sind auf die Dauer physisch und psychisch ausge-

[236a] Bateson et al 1969, S. 16 ff.; Watzlawick 1969, S. 195 f.; Laing 1977, S. 107 ff.

sprochen destruktiv: sie zerbrechen die Wahrnehmungsfähigkeit, pervertieren die Kommunikation, verhindern konstruktive Gefühlsäußerungen und führen zu schizophrenen und psychosomatischen Symptomen.

2.5. Interpersonelle Konflikte

2.5.1. Rollenkollisionen

Wenn in einem Interaktionsprozeß zwei Rollen direkt aufeinander bezogen sind, aber nicht konsequent miteinander verknüpft sind, kommt es zu Rollenkollisionen, zu interpersonellen Konflikten zwischen den verschiedenen Rollenträgern. Konflikte mit anderen Organisationsmitgliedern sind *das* zentrale Problem der *Leitenden*: sie scheitern nur selten an mangelnder Leistung, aber sehr häufig an nicht funktionierenden zwischenmenschlichen Beziehungen.

Interaktionsbeziehungen können nur dann konfliktfrei ablaufen, wenn das Verhalten der Partner „komplementär" ist, d. h. auf gegenseitig sich ergänzenden und akzeptierten Unterschiedlichkeiten basiert. Diese Unterschiedlichkeiten haben sich zu beziehen auf die

- Position (Führer – Geführter),
- Interessen (Macht, Geld),
- Funktion (Arbeit, Handlung).

Das mag zunächst überraschen, weil man gemeinhin glaubt, Unterschiede produzieren Konflikte. Es sind aber tatsächliche oder gewollte „Symmetrien" in den genannten drei Dimensionen, die zum Konflikt führen: „Die Grundformel symmetrischer Konkurrenz – 'Was immer du tust, kann ich viel besser tun' – führt unweigerlich zur Eskalation und damit zum Verlust der Stabilität des Systems" (Watzlawick 1969, S. 146, 69).

So z. B., wenn zwei Personen einer Gruppe oder Organisation den *gleichen Status* anstreben, was sich besonders häufig in Führungspositionen findet. Man denke nur an die klassischen Beispiele der Hegemoniestreitigkeiten zwischen Medizinmann und Häuptling, Papst und Kaiser, und zwischen den zwei römischen Konsuln. Konstellationen gleicher Macht finden sich auch heute, z. B. die Kompetenzverwirrungen bei der doppelten Unterstellung in Matrixorganisationen, die Rangstreitigkeiten zwischen gleichberechtigten Produktions- und Betriebsleitern, die Patt-Situation in paritätischen Entscheidungsgremien, die Streitigkeiten zwischen Parteisekretär und Generaldirektor in der DDR, der Zusammenstoß ranggleicher Ärzte in Kliniken[237]. Tritt zur Position noch die Wertschätzung der Gruppe, ist deren Fraktionierung in Cliquen unvermeidlich. Der Konflikt erfährt damit noch eine sekundäre Verschärfung.

---

[237] Bass (1960, S. 331ff.) schildert derartige Rollenkollisionen ausführlich als „status-status conflict"; vgl. auch die schon klassische gruppendynamische Analyse der „street-corner-society" von Whyte.

Interpersonelle Konflikte werden auch von sich *überlappenden Interessen* provoziert. Dies wird besonders deutlich, wenn es um die 'Aufteilung eines Kuchens' geht, wie bei Macht und Geld. In allen produktiven Organisationen geht es um die Aufteilung knapper Ressourcen; dabei fällt es insbesondere den Leitern der Subsysteme (z. B. Abteilungen) zu, für ihre Einheiten um Raum, Zeit, Personal, Geld- und Sachkapital zu kämpfen. Außerdem können die einzelnen Bereiche aufgrund ihres spezifischen Blickwinkels recht unterschiedliche Optimalitätskriterien entwickeln, man denke nur an die divergierenden Vorstellungen zur Lagerhaltungspolitik von Vertriebs- und Finanzabteilung.

In der Dimension Funktion ergeben sich Konflikte, wenn zwei interagierende Subjekte ihre *Handlungsautonomie* gleichzeitig geltend machen, was in arbeitsteiligen Organisationen unvermeidlich ist. Die hier möglichen Strategien auf der Handlungsebene haben die Sozialpsychologen Thibaut/Kelley (1959) in Analogie zur Exchange- und Spieltheorie sehr übersichtlich dargestellt:

2.5.2. Interaktionsstrategien in Konflikten

2.5.2.1. Kooperative Interaktion

Konstruktiv und konfliktlösend ist Kooperation[238] die ideale Interaktion.

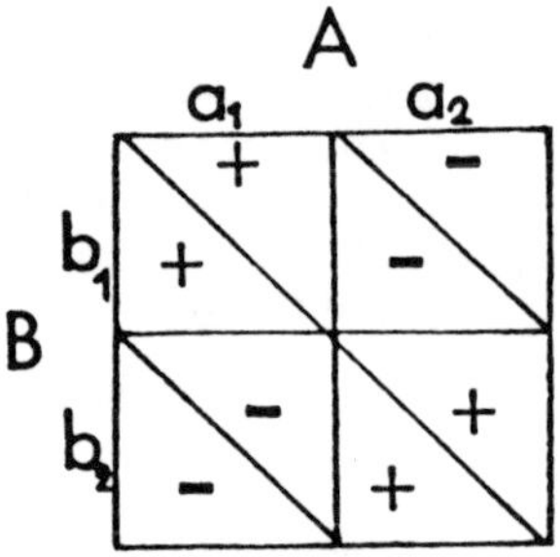

Abb. 32: kooperative Strategien

Die Matrix zeigt das Verhaltensrepertoire der Person A, nämlich a1 bzw. a2 und der Person B: b1 bzw. b2, und alle möglichen Interaktionen, z. B. a1–b1. Die Zeichen in jedem Kästchen stehen für den subjektiven Wert, den jeder Partner von jeder Interaktion erwartet und den er in einer Skala („Comparison-level") anordnet. Für den Fall der kooperativen Konfliktregelung gilt, daß jeder Partner nur auf die Weise seine Ergebnisse zu verbessern sucht, mit der auch die Ergebnisse des anderen verbessert werden. Thomas Gordon, einer der populärsten Vertreter der Nondirektiven Gesprächspsychotherapie, pro-

[238] Vgl. Thibaut/Kelley 1959, S. 109, 137.

pagiert diese Art von Konfliktregelung als *„Jeder-Gewinnt-Methode“*: die Konfliktpartner versuchen eine Lösung, die den Interessen beider so weit wie möglich nachkommt; statt des faulen Kompromisses von 50:50 wird eine 90:90 Lösung angestrebt, so daß beide Parteien gewinnen[238a].

Voraussetzungen dieser Strategie sind:

- Partnerzentriertes Gespräch (Aktives Zuhören)
- Phasenkonzept (Trennung von Analyse der Konfliktursachen und Bewertung der Lösungsalternativen)
- Kreativität (bisher noch nicht gedachte Wege)
- gemeinsamer Entscheidungsprozeß (keine Fertiglösungen einer Partei).

Im Bereich antagonistischer Produktionsverhältnisse ist diese vollständige Kooperation selten, weil sie Machtverzicht voraussetzt. Sie findet sich aber oft in Form organisierter Solidarität der Arbeitsgruppen 'unten' gegenüber der Leitung. Die Ränge oben dagegen leiden unter gegenseitigem Mißtrauen und Konkurrenzkampf (Argyris); ihre Interaktion ist in horizontaler und vertikaler Richtung meist kompetitiv.

2.5.2.2. Kompetitive Interaktion

Kennzeichnend für marktwirtschaftliche Produktionsverhältnisse ist die kompetitive Situation, d. h. die Partner haben entgegengesetzte Präferenzen und der Gewinn des einen ist der Verlust des anderen. Typische Beispiele hierfür sind die Auseinandersetzungen der Tarifpartner um mehr Gehalt bzw. Gewinn, das Sich-Geschäft-Abjagen verschiedener Profitcenters, der Wettbewerb zwischen Ressorts um die Budgetverteilung, aber auch das nichtmonetäre „Rechthaben-Wollen“ in Auseinandersetzungen mit divergierenden Interessen.

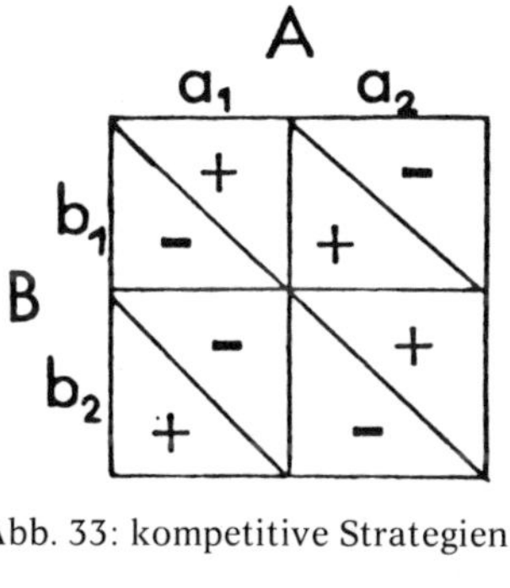

Abb. 33: kompetitive Strategien

Bei der kompetitiven Konfliktregelung kommt es zur Polarisierung der Interaktionspartner: jeder 'spezialisiert' sich auf eine Seite und versucht seine Ergebnisse zu verbessern, indem er die des anderen verschlechtert. Von der ma-

---

[238a] Gordon 1979, S. 179ff; vgl. a. Rogers 1972, S. 287ff.

thematischen Spieltheorie wird diese Strategie deshalb als „Nullsummenspiel“ und von Thomas Gordon als *„Gewinner-Verlierer-Methode“* bezeichnet[239]. Ihre Nachteile sind:

- Verhärtung der Standpunkte („diese Löhne sind unser Ruin“ – „alle enteignen“)
- Sachlich schlechte Lösung, weil nur an die Taktik gedacht wird
- Belastetes Kommunikationsklima (Mißtrauen, Rivalität, Zwang)
- Nächster Konflikt wird damit schon vorprogrammiert.

Da derartige Polarisierungen auf die Dauer zur psychischen und physischen Schädigung mindestens eines der Interaktionspartner führen, etablierten sich in allen stabilen Gruppen andere Formen der Konfliktaustragung, nämlich Aneignung von Macht oder Verhandeln:

2.5.2.3. Interaktion unter Machtkonstellationen

„Fate control“ bezeichnet das Verhältnis einseitiger Macht: A kann auf den Gewinn von B einwirken, ohne daß B irgend etwas daran ändern kann. Derartige Konstellationen finden sich unter wenig entwickelten Produktionsverhältnissen und in patriarchalisch strukturierten Organisationen (vgl. Kap. I 5.1.). Der schwächeren Partei bleibt hier nur die Möglichkeit, sich zu unterwerfen.

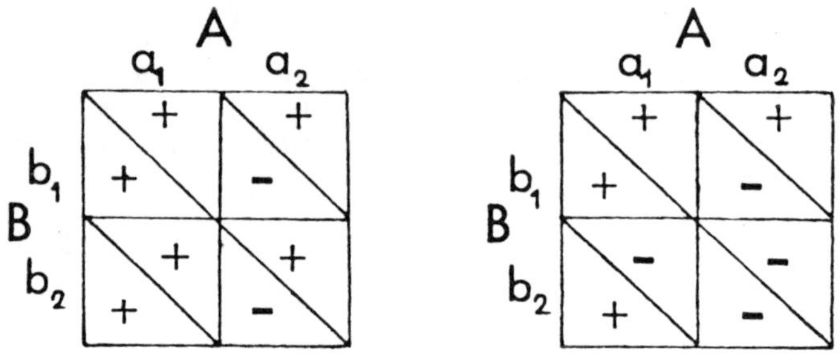

Abb. 34: fate control & mutual fate control

„Mutual fate control“ bedeutet gegenseitige Kontrolle, d. h. jeder Partner bestimmt über die Gewinnmöglichkeit des anderen. Diese Konstellation ist in der Spieltheorie als „Gefangenendilemma“ bekannt: Strategien, die allein den individuellen Vorteil im Auge haben, führen zum Verlust (a1–b2, b1–a2); profitabelste Lösung wäre a1–b1 – sie wird aber nur bei absolutem gegenseitigem Vertrauen erzielt, weshalb lieber die sichere Strategie a2–b2 gewählt wird und beide verlieren[240].

---

239 Vgl. Thibaut/Kelley 1959, S. 109; Gordon 1979, S. 156 ff.; Deutsch 1973, S. 20 ff; vgl. a. unser Kap. III.

240 Vgl. Thibaut/Kelley 1959, S. 102, 106; Watzlawick 1969, S. 210 ff.

Dieses abstrakte Modell kommt den realen Konfliktsituationen in produzierenden Organisationen schon recht nahe. Es ist kein Nullsummenspiel mehr, in dem der Gewinn des einen genau den Verlust des anderen beträgt, sondern Koalition und Zusammenarbeit wären aussichtsreiche Strategien. Es wird auch deutlich, daß der Grund des Konflikts nicht in einer individuellen Schuld des einen oder anderen Partners gesucht werden kann, sondern in der wechselseitigen Natur dieser Zwangslage liegt; Personifizierungen wie „Ausbeuter“ werden damit überflüssig, es kann direkt auf die objektiven Antagonismen der Produktionsverhältnisse rekuriert werden. Das Modell schließt die Kommunikation über Interessen und beabsichtigte Strategien aus – argumentum e contrario können wir schließen, daß genau dies den Konflikt am besten lösen würde:

2.5.2.4. Interaktion mit Verhandeln

Die konstruktivste Interaktionsstrategie ist, wenn beide Partner über ihre Präferenzen und möglichen Strategien kommunizieren und versuchen, nach dem Prinzip des 'kleinsten gemeinsamen Schmerzes‘ einen für beide Seiten befriedigenden Kompromiß zu finden[241]. Dies setzt voraus, daß beide sich als gleichberechtigt anerkennen, daß sie dem Partner den eigenen Freiraum mitteilen und versuchen, sich in die Situation des anderen hineinzuversetzen. Derartige Konstellationen beginnen bei so simplen Partnerschaftsproblemen, „ob man lieber in den Bergen oder am Meer Urlaub machen soll“ und enden bei so hochkomplexen wie Tarifverhandlungen zwischen Gewerkschaften und Unternehmerverbänden.

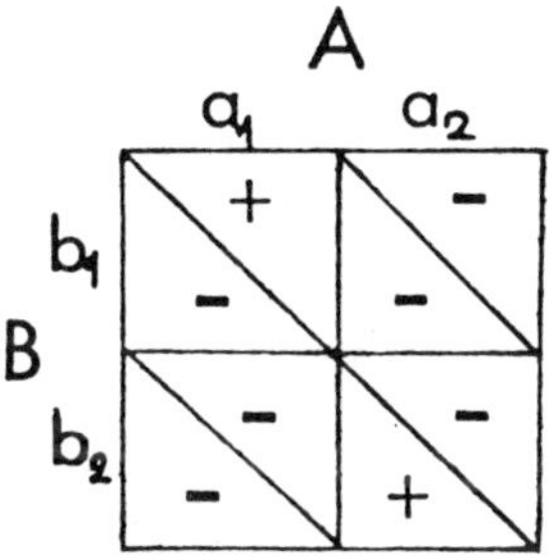

Abb. 35: Verhandeln

Die Regelung interpersoneller Konflikte durch Verhandeln ist natürlich nicht einfach, da die Konstellationen in der Regel außerordentlich komplex und vieldimensional sind, womit die für jede Lösung notwendige Trennung der sachlich-intellektuellen Dimensionen (Fakten, Methoden, Sachziele) von den sozio-emotionellen Dimensionen (Vertrauen, Akzeptierung, Attraktion)

---

241 Vgl. Thibaut/Kelley 1959, S. 127, 108; zur Konfliktaustragung mittels Kompromiß vgl. Bühl 1972, S. 30; Frör 1976, S. 67.

und den wertmäßig-kulturellen Dimensionen (Macht, Abhängigkeit, Kontrolle) sehr schwer wird. Diese Isolierung von „Inhaltsebene" und „Beziehungsebene" (Watzlawick) wird gestört von allen Faktoren, die die physische und psychische Belastbarkeit (Erschöpfung, Frustration) und die Kommunikationsfähigkeit (Wahrnehmungsverzerrungen, Beziehungsstörungen) der Interaktionspartner herabsetzen. Hier helfen oftmals nur *Mediatoren* wie Schlichter, Moderator, Vermittler, Berater oder Therapeut[242].

2.6. Rollenkonformität und Rollendistanz

2.6.1. Konformität und idiosynkratischer Kredit des Führers

Wie interpersonelle Konflikte gehandhabt werden, hängt davon ab, inwieweit das Individuum wagt, die eigene Rolle zu hinterfragen und neue Rollen auszuprobieren. Zu fragen ist, wieviel *Rollendistanz* die objektiv reale Herrschaft – intrapsychisch verlängert im Über-Ich – Führungskräften zubilligt.

Führungskräfte sehen sich selbst gern als unabhängig, dynamisch, aktiv, initiierend, als die freien und bewußten Entscheider der Wirtschaft. Wir hörten bereits, daß diese so hoch gepriesene Autonomie bloßes Wunschbild ist: subsumiert unter die Gesetzmäßigkeiten der Arbeitsteilung und der Kapitalverwertung wird der Leitende genauso geschoben, wie er schiebt und zum Objekt beruflicher Standardisierung. Der empirische Soziologe Whyte schildert den Typus des „organization man", des totalen Konformisten und gedrillten Ja-Sagers ohne eigene Meinung, der die Zwänge und Spielregeln der bürokratischen Organisation voll internalisiert hat und belegt dies mit einer Umfrage unter 150 Personalleitern, die man gebeten hatte, zwischen einem „anpassungsfähigen Verwaltungsfachmann" und einem Mitarbeiter zu wählen, „der starke persönliche Überzeugungen hatte und fähig war, Beschlüsse zu fassen". Die Personalleiter entschieden sich zu drei Viertel für den Konformisten (1958, S. 160).

Großorganisationen haben die Tendenz, die individuelle Autonomie ihrer Mitglieder zu beschneiden und sie nur noch als Mittel zum Zweck zu betrachten. Die zunehmende Aufgabenspezialisierung läßt die individuelle Verantwortung zu Gunsten einer kollektiven Unverantwortlichkeit zerfallen und fördert neue Formen von Abhängigkeit und Kontrolle. Diese organisierte Verantwortungslosigkeit wirkt sich so aus, daß sie Vorgesetzten gerne nach dem Mund reden und zu ständiger Schönfärberei neigen, daß ihnen persönliche und ideologische Konventionalität wichtiger ist als Kreativität und Leistung[243].

---

[242] Vgl. Bühl, W.: Konflikt und Konfliktstrategie, München 1972, S. 30f.

[243] Bahro 1977, S. 265, 251, 292; vgl. Korman 1977, S. 79f., 175, 284; vgl. a. unsere Kap. III 6.4. und IV 1.

Mit zunehmender Ranghöhe steigt der *Konformitätszwang*, denn es wächst die Bedeutung der Organisation für die Person und der Person für die Organisation. Daß auch Führer geführt werden und im Extremfall zum Sklaven ihrer Sklaven werden, ist eine alte Erkenntnis:

„Doch war es denn meine eigene freie Wahl, gerecht zu sein? Die allgewaltige Notwendigkeit, die auch das freie Wollen der Könige zwingt, gebot mir diese Tugend" (Schiller: Maria Stuart, IV. Aufzug, 10. Sz.);
„Denn wenn die Partei – möge es das Volk, die Soldaten oder die Großen sein –, die Du nach Deiner Meinung zur Behauptung Deiner Herrschaft brauchst, verderbt ist, so mußt Du Dich ihr anpassen, um ihr zu gefallen" (Machiavelli: Il principe, S. 81).

Heute ist die Führerkonformität als *Homansche These* bekannt:
„Je höher der Rang einer Person in einer Gruppe ist, um so mehr stimmen ihre Aktivitäten mit den Gruppennormen überein... Der Führer ist der Mann, der den Gruppenidealen am vollständigsten nachkommt" (Homans 1968, S. 151, 242).

Der Führer repräsentiert in seinem Verhalten die Gruppennormen und erfüllt damit die preskriptiven Erwartungen und Forderungen („role-pressures") der Organisation. Er kann sich der Internalisierung von Arbeitsdisziplin genausowenig entsagen wie alle anderen, da sich ihm die innere Natur der sozioökonomischen Verhältnisse als äußere Notwendigkeit aufzwingt und ihm vorschreibt, wie er zu handeln hat.

Die Rollenkonformität des Führers ist allerdings keine absolute. Um als Innovatoren die Gruppe an sich wandelnde Umweltbedingungen anpassen zu können, müssen Führer einen gewissen Abweichungsspielraum haben. Tatsächlich ist zu beobachten, daß Organisationsmitglieder mit höchstem Status gar nicht höchste Normenkonformität aufweisen, sondern eine gewisse Individualität in ihrem Verhalten pflegen, was sich z. B. zeigt in unaufgeräumten Schreibtischen, ungewöhnlicher Arbeitszeit, spleenigen Extrabeschäftigungen und in einem außergewöhnlichen Umgangston. Der Sozialpsychologe Hollander (1966, S. 163ff.) erklärte dieses Phänomen mit dem Konzept des „*idiosynkratischen Kredits*": Der Führer bekommt wegen seiner Normenkonformität und seiner Kompetenz für das Erreichen der Gruppenziele einen bestimmten Vertrauensvorschuß, auf den er sich später stützen kann, wenn er von den Gruppennormen abweicht.

2.6.2. Normenreichweite

Die größere erlaubte Variationsbreite des Verhaltens müssen sich Führungskräfte allerdings damit erkaufen, daß kaum ein Bereich ihres Verhaltens ungeregelt bleibt, einschließlich solcher Bereiche, die in unteren Positionen als *Privatsphäre* ausgeklammert werden[244]. Organisationen versuchen also, „auch andere soziale Einheiten zu durchdringen", denn es „gilt, daß die An-

---

[244] S. a. Kap. IV 2.2.1., 2.2.2.; Neuberger 1976, S. 76.

strengungen zu wirksamer Kontrolle um so stärker sind, je mehr Bereiche eine Organisation normativ zu erfassen sucht" (Etzioni 1967, S. 114).

Die Normenreichweite ist besonders markant in totalen Institutionen wie Klöstern und psychiatrischen Anstalten, aber auch in abgeschwächter Form noch deutlich sichtbar, z. B. in „company towns" wie Wolfsburg.

Packard (1963) und Whyte (1958) schildern zahlreiche Beispiele für die Praktiken von Großfirmen, die Lebensweise bis hin zum Lebensstil der Ehefrau zu regeln. So wird die Frau des Managers diskret bei einem informellen Essen unter die Lupe genommen, ob sie gesellschaftlich gewandt genug ist für offizielle Kontakte, inwieweit sie sämtliche Kraftreserven des Ehegatten für seine Arbeit aktiviert und wie verständnisvoll und geduldig sie Firmenansprüche gegenüber ihrem Mann toleriert (1963, S. 77 ff.).

Der Konformitätszwang wird verblüffend deutlich, wenn man leitende Organisationsmitglieder mit Selbständigen von gleichem Status vergleicht: die Anpassung der lohnabhängigen Leiter beginnt bei äußerlichen Dingen wie Haarstil, Kleidung, Auto und Wohnsitz, geht über Verhaltensweisen (gleiche Zigarettenmarke wie der Chef) und Freizeitbeschäftigungen (statusgemäße Sportarten) bis zu den Wesenszügen (diskret, besonnen, beständig) und sogar der politischen Meinung. Integrität und Loyalität zur Firma bedeuten Unterordnung aller privaten Interessen und unbedingte Hingabe bis zur Unterwürfigkeit. Der Leitende erkauft sich Status und relative Sicherheit mit dem Kotau vor allen Machtsymbolen und durch Selbstentfremdung. „Die bürokratische Situation fördert einen anpassungswilligen Persönlichkeitstypus, die den Ansprüchen der Organisation den Vorrang geben gegenüber jedweden, damit nicht in Einklang zu bringenden Verpflichtungen wie Loyalität zu Freunden oder persönlichen Idealen" (Presthus 1968, S. 28).

2.6.3. Sozialisation und Konformität

Wir hörten bereits (Kap. I 3.1.), daß Konformität und Anpassung frühzeitig im Individuum verankert werden. Es sind spezifische Prozesse der Sozialisation, die zu generalisierten Fügsamkeitshaltungen gegenüber der Autorität und zur Internalisierung typischer Disziplinvorstellungen führen.

In den Biographien erfolgreicher Leitender finden sich fast regelmäßig permissive Autoritätsbeziehungen[245] und eine Idealisierung des eigenen Vaters. Schon als Kind lernen sie, ständig nach der Billigung durch Autoritätsfiguren zu schielen und Schuldgefühle zu entwickeln, wenn sie eine eigene Meinung vertreten. Stereotypisierte Anpassungstaktiken, Fügsamkeit und ein starres Gebundensein an Konventionen bestimmen früh ihr Verhalten; sie entwickeln nach und nach eine Affinität zur Autorität. Diese Verhaltensstrukturen werden über Mechanismen der Angstreduzierung und spezifischen Be-

[245] Vgl. Presthus 1962, S. 139 ff. 201 f.

lohnungen unablässig verstärkt: es entfaltet sich ein *Über-Ich* als internalisierte Unterdrückungsinstanz[246], das den Machteliten die Anwendung äußerer Gewalt erspart. Damit steht es dem Individuum wie im hinduistischen Epos des Bhagavadgîtâ „frei, zu tun, was es will, weil es nur will, was es soll."

Sämtliches Denken und Handeln derartig sozialisierter Individuen ist auf ihre Rolle als 'Untertan' abgestellt. Sie zeigen unbewußt die notwendigen Unterwürfigkeitsreaktionen, wenn sie in das 'Revier' eines Führers eindringen und entwickeln äußerste Konventionalität; denn wie einst die elterliche Liebe an Gehorsam und Konformität gebunden war, so ist es jetzt Zustimmung und Belohnung der Organisation. Damit sind wir aber wieder beim autoritären Persönlichkeitstypus (vgl. Kap. I 3.2.5.), für den Macht und Anpassungsstrukturen von Großorganisationen *das* angemessene Milieu darstellen.

Diese Art von Sozialisationserfahrung haben nicht alle Organisationsmitglieder. Es gibt eine typische mittelschichtspezifische Sozialisation, die Werte wie Autonomie und Rollendistanz betont, also nach Habermas (1973, S. 129) eine „flexible Überich-Formation" herausbildet. Leitende mit derartigen Überich-Funktionen können die Autonomiebedürfnisse ihrer Mitarbeiter gut verstehen und zunächst auch akzeptieren. Sind sie jedoch aufstiegsorientiert oder ist ihre gegenwärtige Position nicht perfekt abgesichert, entwickeln sie schnell eine Realangst vor bedrohlichen Rivalen. In dieser Situation wird der Leitende niemandem Kontrolle über ihn erlauben und zum kritischen, dominanten, alles überblickenden Führer, der genau diese autoritativen Verhaltensweisen auf seinen eigenen Vorgesetzten projiziert. Der damit einsetzende ständige Kampf um Unabhängigkeit und Selbständigkeit nach oben und unten läßt den Außenstehenden leicht dem Schein verfallen, den er als „Radfahren" ironisiert, nämlich daß Druck einfach von oben nach unten weitergegeben wird. Die Bestimmungen dieses Konflikts liegen jedoch in den Widersprüchen zwischen Persönlichkeitstypus und Autoritätsstruktur der Organisation, zwischen individuellen Bedürfnissen nach Selbstverwirklichung und ökonomischen Zwangsgesetzen, zwischen individueller Rollendistanz und gesellschaftlicher Repression.

2.7. Externe und interne Konflikte

Wir sind damit soweit, die differentialdiagnostische Trennung von intrapersonalen und interpersonellen Konflikten aufzuheben. Man entgeht der Gefahr der Reifikation dieser Begriffe, wenn man sich vor Augen hält, daß es einerseits keine externalen Konflikte ohne internale gibt und daß andererseits alle Konflikte letztlich external bedingt sind. Differenzierungskriterium ist lediglich der Zeitaspekt: die externalen Bestimmungen internaler Konflikte liegen zeitlich so weit zurück, daß deren Lokalisierung nur unter Schwierigkeiten möglich ist. Je kritischer die Versagung frühkindlicher Triebwünsche

---

[246] Zum „Überich als Verinnerlichung der Autorität" siehe Fromm 1970, S. 258; Neuberger 1976, S. 238f.

durch die objektive Realität für das Individuum sich darstellt, desto eher müssen sie als verdrängt gelten. Die Abwehrmechanismen die die Intensität dieser Bedürfnisse und der internalisierten Zensur vor dem wahrnehmenden Bewußtsein verschließen, sollen nämlich das Ich davor bewahren, von Angst überflutet zu werden.

Konflikte sind immer dadurch gekennzeichnet, daß etwas gleichzeitig in zwei verschiedene Richtungen zieht[247], in psychoanalytischer Diktion das „Lustprinzip" einerseits und das „Realitätsprinzip" andererseits (Freud 1911, S. 18). Das Freudsche Realitätsprinzip gibt einen Fingerzeig, daß psychische Konflikte immer Reflex eines *externen* Konflikts sind. Und tatsächlich ist zum Beispiel der Intra-Rollenkonflikt nicht im Individuum als solchem anzusiedeln, sondern beruht, wie Morenos Rollenanalysen hervorheben, auf dem „Cluster-Effekt" jeder einzelnen Rolle (1964): Rollen sind immer aus mehreren Rollen zusammengesetzt, z. B. besteht die Managerrolle nicht nur aus der Rolle des aufgabenorientierten Leiters, sondern auch aus so verschiedenen Rollen wie der Rolle des Arbeitnehmers, des Experten, der beziehungsorientierten Führerfigur usw. Diese Partialrollen sind in den wenigsten Fällen kongruent, so daß Spannungen schon programmiert sind.

Konflikte der objektiven Realität hier und heute sind es, die psychopathologische Dispositionen des Individuums erst aktualisieren: denn Versagungen der Triebbefriedigung während der Adoleszenz sind nicht grundsätzlich pathogen, vielmehr sogar oft sehr funktional, wenn sie gesellschaftlich kompensiert werden (s. Kap. IV 1.). Erst wenn der Komplex von steten Versagungen und Befriedigungen infolge gesellschaftlicher Widersprüche auseinanderbricht, beginnt eine pathologische Entwicklung.

Aktuelle Rollenkonflikte erhalten ihre Pathogenität durch das Zusammentreffen mit einem in bestimmter Weise *disponierten* Individuum, und zwar durch eine Verknüpfung gegenwärtiger Szenen mit unbewältigten und deshalb aus dem Bewußtsein ausgesperrten frühkindlichen, traumatisierten Ereignissen. Diese Prädisposition ist derart charakteristisch, daß man geradezu von einer „psychosomatogenen Sozialisation" sprechen kann. Nämlich eine Störung der frühesten Mutter-Kind-Beziehung, meist durch eine sog. „overprotective mother", die ihr Kind wie in einem Clinch an sich bindet und seine wachsende Persönlichkeit ignoriert[248].

---

[247] Dies erinnert an das Paradigma des Buridanus (14. Jh.): ein Esel vor zwei gleich beschaffenen, gleich weit entfernten Heubündeln muß verhungern, da er sich nicht entscheiden kann, welches er zuerst fressen soll. Dieses Bild wurde aufgegriffen von den Behavioristen Miller und Dollard, die diese Konfliktsituation als Appetenz-Appetenz-Konflikt (zwei rivalisierende Hinstrebungen) bezeichneten und zusätzlich noch den Aversions-Aversions-Konflikt (zwei Wegstrebungen) und den Appetenz-Aversions-Konflikt (ein zugleich verlockendes und bedrohliches Ziel) unterschieden.

[248] Richter/Beckmann 1969, S. 64; Ammon 1974, S. 99 ff.; Zepf 1976. S. a. unser Kap. I 3.2.2.

Die latente (verdrängte) neurotische Grundlage wird in einer „zweiten Phase erneuter Konfliktabwehr" in der Form aktualisiert, daß es zu einer „Regression der Konfliktdarstellung auf körperliches Leiden" kommt (Mitscherlich 1967, S. 42ff.). Dabei scheinen für Rollenkonflikte insbesondere Koronarleiden typisch[249].

Das subjektive Substrat gegeben, stellt sich die Frage, welche Besonderheiten der objektiven Realität es sind, die das Leiden von Führungskräften aktualisieren. Diese Frage ist mit der besonderen Position (Kap. II) und den spezifischen Interessen (Kap. III) der Leitenden zum Teil beantwortet. Was noch fehlt, sind die mehr dynamischen Aspekte der Führung, also das was Führung eigentlich zum Verhalten macht. Es sind dies die zwei zentralen Dimensionen der Führung:

- die Führungsfunktion (als planvolle Koordination der Aktivitäten der Gruppenmitglieder)
- die Machtausübung (als hierarchische Beeinflußung und Kontrolle).

3. Die Führungsfunktion

Soziale Rollen sind objektive Funktionskomplexe. Zentrale Funktion jeder Führung ist die *Koordination* zur Kooperation, d. h. die gegenseitige Abstimmung des individuellen kommunikativen und zweckrationalen Handelns der Gruppenmitglieder.

„Die Ursprünge von Autorität und Einfluß in Organisationen finden sich in der Arbeitsteilung, die sequentielle und interdependente Arbeitsgänge verlangt und durch deren Kombination die Aufgabe der Organisation erfüllt" (Katz/Kahn 1966, S. 221).

Wie diese Koordination der arbeitsteiligen Tätigkeiten im einzelnen aussieht, ist abhängig von der Arbeit der Organisation und der sozioökonomischen Gesellschaftsformation. Zunächst sei die Leitung produzierender Organisationen hier und heute betrachtet.

3.1. Schwierigkeiten in der Ausübung von Managementfunktionen

Die traditionelle Betriebswirtschaft sieht die Funktion des Managements, des „dispositiven Faktors", im produktiven Kombinieren der einzelnen Produktionsfaktoren[250]. Dabei treten folgende *Teilfunktionen* und *Schwierigkeiten* auf:

---

[249] Cooper/Marshall 1978, S. 86f. Vgl. a. Freuds „Konversionsmodell" und „Hysterie", 1915, S. 143f. Zu den verschiedenen Theorien der Psychosomatik s. Bräutigam/Christian 1975, S. 37ff.

[250] Gutenberg 1951, S. 5. Die funktionelle Managementlehre geht zurück auf Henry Fayol, der die Funktionen „Planung, Organisation, Führung, Kontrolle, Koordination" unterschied. Zu den Funktionen (Aufgaben) eines Managers gibt es so viele Systematisierungsversuche wie Autoren (vgl. Neuberger 1976, S. 101ff). Krech et al (1962, S. 428f.) unterscheiden z. B. 14 verschiedene Führungsfunktionen.

(1) Planung und Entscheidung:
Wichtigste Aufgabe jeder Leitung ist das Setzen von Zielen in Form von Perspektiven und Plänen und die Grundsatzentscheidung über die Mittel zur Zielerreichung. Unter wachsender Arbeitsteilung und der Ägide des Kapitals ist jedoch die Mitwirkung der leitenden Angestellten an der Unternehmenspolitik und an zentralen Entscheidungen stark eingeschränkt[251]. Wir hörten bereits ausführlich wie damit die identitätsstiftenden Aspekte dieser Funktion reduziert und die Entfremdung der Leitenden gefördert wird. Hinzu kommt, daß typische Unternehmensentscheidungen grundsätzlich unter Ungewißheit und eingeschränkten Steuerungsmöglichkeiten getroffen werden[252].

(2) Weisung und Steuerung:
In entwickelten Gesellschaften sind Weisungsbefugnisse und Kontrollmöglichkeiten der Leitenden ziemlich eingeschränkt. Die komplexer werdenden Machtstrukturen (Räte, Gewerkschaften, Komitees, Verbände, Parteien u.ä.) und die zunehmenden emanzipatorischen Bestrebungen der unmittelbaren Produzenten („sozialer Besitzstand", Mitbestimmung u.ä.) verlangen vom Leitenden ein erhebliches Fingerspitzengefühl und Taktiervermögen, will er sich auch nur den notwendigsten Steuerungsspielraum für Kurskorrekturen offenhalten. Vielfach wird der Leitende eher das Gefühl haben, von den verschiedenen „pressure-groups" gesteuert zu werden, als selbst zu steuern. Hinzu kommt, daß Vorgesetzte für Arbeitsergebnisse verantwortlich gemacht werden, die sie unter den Bedingungen fortgeschrittener Arbeitsteilung gar nicht steuern oder kontrollieren können. So wird ihnen qua Position betriebliches Versagen zugerechnet, ohne daß ihnen die Möglichkeit eingeräumt wird, dagegen effektiv vorzugehen. Diese Diskrepanz wird als psychisch recht belastend empfunden[253].

(3) Koordination:
Zur Kompensation der Zentrifugalkräfte aus der Arbeitsteilung hat der Leitende die spezialisierten Personen, Sachen und Funktionen planvoll zusammenzufügen. Dies erfordert weiträumigen Überblick und flexible Beeinflussungsmöglichkeiten. Die Fragmentierung durch Spezialisierung betrifft jedoch auch den Koordinator selbst: er soll über Dinge entscheiden, die er gar nicht überblickt und zwischen den konträrsten Interessen vermitteln. Diese Koordinationsprobleme werden noch verschärft durch die allseitige Informationsblockade[254].

---

251 Solange es in einer Gesellschaft antagonistische Interessen gibt, bleiben die administrativen Kompetenzen der Leitungskader stärker beschnitten, als für ihr Funktionieren gut ist (Bahro 1977, S. 182f.). Vgl. unser Kap. III 6.4.2.

252 Vgl. Gutenberg 1961, S. 59.

253 Vgl. Rebell 1976, S. 92 u. unser Kap. III 6.2.2.

254 Vgl. Kap. IV 2.4.1.; IV 2.2.; III 3.; III 6.3.1.

(4) Stellenbesetzung:
„Management is working with and through individuals and groups to accomplish organizational goals" (Blanchard 1972, S. 3). Die Kunst des Managements ist demnach, die richtigen Mitarbeiter auszuwählen, einzusetzen, anzuleiten und zu fördern. Wie wir bei unseren Beratungen feststellten, scheitert jedoch die souveräne Delegation oftmals an den narzistischen Persönlichkeitsstörungen und Ängsten[255] des Leiters: er will alles selbst machen, mischt sich in Dinge ein, von denen Spezialisten mehr verstehen und delegiert nur Aufgaben, die ihm unangenehm sind. Dies wird rationalisiert und immunisiert mit nicht nachprüfbaren Bewertungsnormen für die Arbeitsvollzüge. Statt die Gruppenkohäsion zu fördern, reißt diese Art von Kompetenzübertragung neue Konfliktfelder auf. Dieses Führungsverhalten verstärkt noch die strukturellen Widersprüche formalistischer Delegation, die die eigentlichen Wirkungszusammenhänge der einzelnen Stellen ignoriert.

(5) Innovation:
Spätestens seit Schumpeter (1911) ist bekannt, daß sich die Führung einer produzierenden Organisation nicht in administrativer Tätigkeit erschöpfen darf, sondern daß die sich stetig wandelnde Umwelt immer wieder kreative und innovative Akte fordert[256]. Wahre Innovatoren mit der Fähigkeit, Veränderungen rechtzeitig zu erkennen, Entwicklungen langfristig zu prognostizieren und vollkommen neue Strukturen zu entwerfen, sind dünn gesät. Über Freud hinaus, der in kreativen Vorgängen „lediglich Tagträume" und die „Sublimierung libidinöser Triebenergie" vermutete, sieht die moderne Ich-Psychologie Kreativität als autonome Ich-Funktion, die eines „facilitating environment" bedarf, um sich voll zu entwickeln[257]. Eine Gesellschaft, die ihre eigenen Widersprüche und Irrationalitäten im Wege der Sozialisation auf ihre Mitglieder projiziert, kann nur von den wenigsten eine ausgereifte Entwicklung der Ich-Funktionen und eine unverstümmelte Kreativität erwarten; den weitaus meisten wird es wohl an Sensitivität und konzeptionellen Fähigkeiten für Mensch und Technik mangeln.

(6) Repräsentation:
Der Führer einer Gruppe hat diese nach außen zu repräsentieren und als Identifikationsobjekt (Vaterfigur) zu dienen, denn „die Gruppe ist ein körperloses Beziehungsgebilde, das aber in der körperlichen Welt zu erscheinen und wirksam zu werden bestimmt ist. Sie muß daher, obgleich

---

255 Insb. die Angst verantwortlich gemacht zu werden und Autorität zu verlieren; vgl. im übrigen hierzu die Probleme partizipativer Führung Kap. I 5.3.

256 Zur Notwendigkeit von „change", „creation" und „conceptual abilities" siehe Katz/Kahn 1966, S. 313f.; Kahn 1964, S. 125ff; March/Simon 1958, S. 172ff.

257 Freud 1908, S. 169; 1929, S. 227; Hartmann 1937; Erikson 1959.

selbst körperlos, in der Körperwelt wahrnehmbar und aktionsfähig repräsentiert werden“[258].

In Großorganisationen degeneriert diese Führungsfunktion meist in zersplitterte, rein formalistische Vertretungsrechte, wie spezifische Vollmachten und Unterschriftsberechtigungen und zum bereits erwähnten allenthalben auftauchenden Infalibilitätsanspruch.

3.2. Das Auseinanderfallen instrumentaler und affektiver Führung

Es lassen sich noch eine ganze Reihe von Führungsfunktionen finden, aber die Problematik wird dadurch nicht deutlicher, eher verschwinden in diesem 'Wald' von Funktionen die Figur des Führers und die Wurzeln des Führungs-(Herrschafts-)prozesses. Die mehr oder weniger willkürliche Sammlung von Führungsfunktionen läßt sich im Grunde auf *zwei* zentrale, universelle Dimensionen reduzieren:

- die Dimension der instrumentalen, aufgabenorientierten Leitung und
- die Dimension der affektiven, beziehungsorientierten Führung.

Diese zwei Ebenen tauchen in jeder Diskussion über Führungsprobleme auf, allerdings unter verschiedenen Etiketten:[259]

Autor	instrumental	affektiv
Barnard (1938)	effectiveness = Zielerreichung	efficiency = Bedürfnisbefriedigung
Moreno (1934)	soziotele Struktur	psychotele Struktur
Halpin/Winer (1952)	initiating structure	consideration
Bales (1953)	Tüchtigkeit	Beliebtheit
Cattell (1953)	effective synergie	maintenance synergie
Cartwrigth/ Zander (1953)	goal achievement	group maintenance
Hofstätter (1957)	Leistungshierarchie, Tüchtigkeitsführer	Sympathiegradient, Beliebtheitsführer
Lukascyk (1960)	Lokomotion	Kohäsion
Likert (1961)	job-centered	employee-centered
Blake/Mouton (1964)	9.1.-Stil	1.9.-Stil
Fiedler (1964)	task direction = Aufgabenorientierung	socio-emotional supportiveness = Beziehungsorientierung
Bass (1965)	task-oriented	interaction-oriented
Katz/Kahn (1966)	cognitive orientation	affective orientation
Hiebsch/Vorwerg (1971)	Leitung	Überwachung

---

258 Geiger 1931, S. 137; vgl. Hofstätter 1957, S. 154 f.; Slater 1970, S. 282 f. 88; Neuberger 1976, S. 237 ff., 30. Vgl. a. unser Kap. IV 4.2.5.

259 Die Inhalte dieser Begriffe sind natürlich nicht völlig kongruent, weshalb sie z. B. Neuberger (1972, S. 202) in fünf Richtungen ordnet.

Die Kunst der Führung besteht nun darin, diese zwei Führungsdimensionen 'unter einen Hut zu bringen'. Die besten Führer sind zweifellos diejenigen, die beide Funktionen in sich vereinigen können. In Organisationen ist dies nicht gerade einfach, denn die Machteliten legen die Betonung auf die *Aufgabenorientierung*, die Geführten jedoch auf die *Beziehungsorientierung*.

Der Harvard-Psychologe Bales (1953, S. 147) beobachtete im Verlauf von Gruppenprozessen häufig eine Trennung der „Tüchtigkeitsrangordnung" von der „Beliebtheitsrangordnung", d. h. die Gruppe organisiert sich nach außen hin und im Sinne der ihr gestellten Aufgabe durch eine Leistungshierarchie, nach innen und im Sinne des Zusammenhalts aber durch Sympathie; es bilden sich ein „Tüchtigkeitsführer" und ein „Beliebtheitsführer" heraus. Hofstätter (1967, S. 122) weist deshalb ironisch darauf hin, daß sich in vielen Gruppen nach und nach ein „ekelhafter Streber" und ein „sympathischer Taugenichts" herauskristallisieren.

Wir fanden im Laufe von Unternehmensberatungen diese Rollendifferenzierung regelmäßig in Organisationen, die die mangelnde Kooperation ihrer Mitarbeiter beklagten. Symptomatische Behandlung der Kommunikationsstörungen und psychogenen Beschwerden der Mitarbeiter führt hier nicht zum Ziele. „Ohne genaue Kenntnis der Tiefenstrukturen sozialer Aggregate sind äußere, noch so wohlgemeinte Hilfeleistungen nur von geringem Wert und zwar deshalb, weil soziale Konflikte und Spannungen in direkt proportionalem Verhältnis zur soziodynamischen Differenz zwischen der offiziellen Struktur der Gesellschaft und ihrer soziometrischen Matrix zunehmen" (Moreno 1964, S. 6).

Die Tendenz zur Rollendifferenzierung der Führung scheint mit den Interessendivergenzen und dem Alter der Gruppe (Slater 1955, S. 303) zu wachsen. Tatsächlich findet sie sich in den verschiedensten Gruppen- und Gesellschaftsformationen: man denke nur an Konstellationen wie Premierminister – König, Diakon – Priester, Offizier – Politkommissar, Chef – Kapo.

Brechen die zwei Führungsfunktionen auseinander und verselbständigen sie sich gar, kommt es zu Störungen im Kooperationsablauf:

- Verselbständigt sich die Führungsfunktion „Aufgabenorientierung", so liegt das Schwergewicht auf der bloßen Koordination und Summation der individuellen Kräfte auf ein produktives Ziel hin; unter diesen Umständen kommt das psychologische Gleichgewicht der Gruppe in Unordnung – der Führer verliert Identifikation und Akzeptanz und wird 'entthront'; sein Einfluß reduziert sich auf das Minimum, das die Gruppenmitglieder aus Angst vor Sanktionen zu leisten bereit sind[260].
- Entartungen in der Führungsfunktion „Beziehungsorientierung" (social control) beziehen sich auf die Form der Hierarchisierung und Autoritäts-

[260] Es kommt zu informellen Führungsstrukturen (vgl. Kap. I 4.2., III 3.1.).

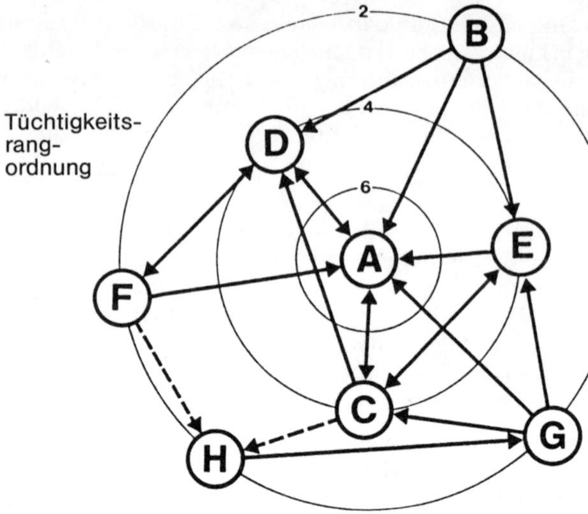

Abb. 35: Typische Soziogramme zum Divergenztheorem

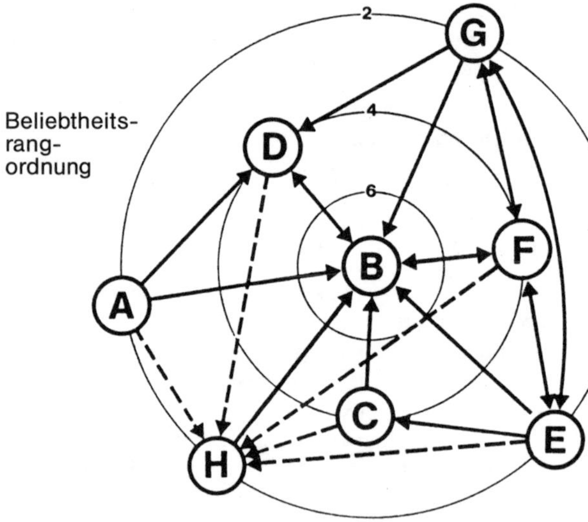

A = Tüchtigkeitsführer ("ekelhafter Könner")
B = Beliebtheitsführer ("sympathischer Taugenichts")
H = Omegaposition (Außenseiter)
GEF = Pairing (Triade)
⟶ positive Wahlen
- - -› negative Wahlen

ausübung. Das Ausmaß, in dem Führung dabei mit Macht und Herrschaft aufgeladen ist, bestimmt sich nach den jeweiligen gesellschaftlichen Verhältnissen.

Die Quantität und Qualität der zur Führung *notwendigen* Macht ist *die* klassische Streitfrage. Bereits Thomas von Aquin stellte sich die Frage, ob der Mensch im Stande der Unschuld über den Menschen geherrscht habe („Utrum homo in statu innocentiae homini dominabatur"); und der Freud-Schüler Alfred Adler beantwortet sie, indem er Machtstreben für eine „krankhafte und situationsbedingte Überkompensation von Minderwertigkeitsgefühlen" hält[261]. Unbestritten ist heute, daß eine zu starke Hierarchisierung die „Isolierung und Entfremdung" des Führers von den Geführten fördert und sie „psychisch infantilisiert" (Richter 1976, S. 193f.).

4. Macht

4.1. Sozialer Einfluß

Unabhängig vom ideologischen Standort bedeutet Führung immer Beeinflussung, nämlich
„die bewußte Einflußnahme der Menschen auf die gesellschaftlichen Prozesse" (Afasnajew);
„any act of influence on a matter of organizational relevance" (Katz/Kahn);
„Führer ist, wer den größten Einfluß auf die 'syntality' der Gruppe hat" (Cattell)[262].

Ist der soziale Einflußversuch erfolgreich, d. h. kann der Beeinflussende seine Intentionen und Erwartungen bei den Geführten durchsetzen, spricht man von sozialer *Macht* (social power), die bereits bei Max Weber definiert wird als „jede Chance innerhalb einer sozialen Beziehung den eigenen Willen auch gegen Widerstreben durchzusetzen, gleichviel worauf diese Chance beruht" (1921, S. 28).

Aber nicht jeder Einflußversuch des Führers bringt die intendierte Handlungsalternative hervor: die Einflußnahme kann auch völlig ignoriert werden, sie kann lediglich die Konfliktspannung erhöhen oder völlig unerwartete Konsequenzen zeitigen. Für den Leitenden stellt sich deshalb die Frage, was er braucht, um die Gegenkräfte bei den Beeinflußten zu überwinden, also wie er seine Vorstellungen am reibungslosesten durchsetzen kann. Alle Organisa-

---

261 Summa Theologica 96, 4; Adler, A.: Menschenkenntnis 1927, S. 75; vgl. a. Bolte 1970, S. 255; Lenski 1973, S. 22ff.; Dahrendorf 1961 a.

262 Afasnajew, W.: Wissenschaftliche Leitung der Gesellschaft, Berlin (DDR) 1969; Katz/Kahn 1966, S. 393; Cattel, R.: Psychodynamics of small groups, Urbana 1953, S. 182; vgl. a. Moscovici 1976, S. 149; Aschauer 1970, S. 39ff.; Bass 1960, S. 89. „Syntality" = die Gesamtheit von Leistungsfähigkeit und Eigenschaften einer Gruppe.

263 Entfällt

tionen und Gesellschaften stellen ihren Führern hierfür ganz spezifische Machtmittel in Form von Sanktionsressourcen (z. B. Geld, Statussymbole, Tadel) und Legitimierungsressourcen (wie normative Deutungssysteme und rechtfertigende Argumentationsmuster) zur Verfügung. Die Autorität wird materiell, psychologisch und ideologisch verankert.

Unser Leitender dürfte demnach keine Machtprobleme haben. Aber die *Durchsetzungschance* für eine Verhaltensforderung des Machthabers beruht nicht nur auf der Verteilung von Machtmitteln, sondern hängt auch von der Persönlichkeitsdisposition des Adressaten ab, von seiner Sensibilität gegenüber Sanktionen und Legitimationen. Die Anpassungsmuster der Individuen an autoritative Beziehungsstrukturen sind vielfältig: die submissiven Reaktionen reichen von offener Zurückweisung bis zu enthusiastischer Akzeptanz, wenngleich 'so tun, als ob' wohl am weitesten verbreitet ist. Beziehungsverhältnisse unter Macht sind also gekennzeichnet durch das komplementäre Ineinandergreifen von objektiven Machtmitteln und subjektiven Motivationssystemen. Das darf aber nicht zum Barnardschen Kurzschluß verführen, Autorität sei nur durch Akzeptierung und Konsens möglich (1938, S. 165); das Individuum hat nämlich gar keine echte Wahlmöglichkeit zwischen Annahme und Ablehnung, denn es wird entsprechend ausgesiebt[264], mit existenzwirksamen Sanktionen bedroht und rechtzeitig auf Fügsamkeit gegenüber Autorität sozialisiert. Trotzdem bleiben ihm immer noch genügend Möglichkeiten, das Machtsystem zu konterkarieren und dessen Führungskräfte in Bedrängnis zu bringen. Wo und wie die Grundlagen der Macht erschüttert werden können, soll nun im einzelnen gezeigt werden.

4.2. Erschütterungen in den Machtgrundlagen

Werden die Machtverhältnisse nach dem Charakter der darin wirksamen Motivationen, nach der Intensität der Widerstandskräfte und nach dem erforderlichen Ausmaß der Überwachung analysiert, lassen sich nach French/Raven (1959) fünf „bases of power“ feststellen:

„reward power (Belohnungsmacht)
coercive power (Macht durch Zwang)
legitimate power (Legitime Macht)
expert power (Expertenmacht)
referent power (Bezugsmacht).“

Diese Machtgrundlagen stellen für den Leitenden kein sicheres Fundament dar, sondern eine Quelle spezifischer Probleme.

4.2.1. Probleme der Belohnungsmacht

Der Machthaber verteilt Lob, Status, Privilegien, Geld (sog. incentives), um ein bestimmtes Verhalten zu fördern, bzw., wie es in der Verhaltenstherapie

[264] Durch Selektion bei der Einstellung und regelmäßige Mitarbeiterbeurteilung.

und Lerntheorie heißt, zu „verstärken“. Diese Beziehung wird oftmals mit dem Tauschhandel der Ökonomie verglichen (exchange-Theorie): für einen bestimmten Handlungsaufwand (costs) durch Befolgung und/oder Vermeidung bestimmter Handlungsalternativen erzielt der Beeinflußte bestimmte Einnahmen (gains), die er zu bestimmten Vergleichssituationen und seinem Anspruchsniveau in Beziehung setzt. Der Einflußversuch wird scheitern, wenn die Belohnung nicht den Aufwand aufwiegt, sie zu bekommen:
„Will man bestimmen, ob ein Führungsakt erfolgreich ist oder abgewiesen wird, muß man zwei gegensätzliche Faktoren betrachten: die mögliche Belohnung (oder Vermeidung von Strafe) und der dafür notwendige Energieaufwand für eine neue Verhaltensform“ (Bass 1960, S. 304).

Die Verteilung von Belohnungen ist nicht einfach, wenn sich niemand benachteiligt fühlen soll. Die Wichtigkeit *gerechter* Verteilung in Führungsbeziehungen erkannte bereits Freud: „... nämlich Vorspiegelung, daß ein Oberhaupt da ist, das alle Einzelnen der Masse mit der gleichen Liebe liebt. An dieser Illusion hängt alles; und ließe man sie fallen, so zerfielen sofort, soweit der äußere Zwang es gestattete, Kirche wie Heer“ (1921, S. 89).

Wie bereits erwähnt (Kap. III 6.1.3.), ist nicht die absolute Höhe der Belohnung motivierend, sondern die relative.

Wird gleichmäßig verteilt, sind jedoch die Gruppenmitglieder mit höchstem Arbeitseinsatz unzufrieden; wird rein leistungsbezogen verteilt, beklagen sich alle, die weniger bekommen und finden die phantasievollsten Exkulpationen für ihren geringeren Einsatz. Da auch Zufallsverteilung hier keine echte Lösung bietet, befindet sich der Führer in einem echten Dilemma. Hinzu kommt, daß alle Verstärker mit Häufigkeit und Dauer ihrer Anwendung an Wirkung verlieren. Wer sich nur wegen externer Belohnungen fügt, erwägt bald, wie er die begehrten Güter ohne viel Anstrengungen und Umwege erlangt. Außerdem ist aus der Lerntheorie bekannt, daß „konditionierte Reize“ bei ständiger Wiederholung der „Extinktion“ unterliegen: das Individuum gewöhnt sich an die Belohnung und zeigt erst wieder Einsatz, wenn es über diesen sozialen Besitzstand hinaus gelockt wird[265].

4.2.2. Probleme der Macht durch Zwang

Es sind kaum Organisationen bekannt, die nicht versuchen, ihre Mitglieder durch die Bedrohung von Identität und Status zu disziplinieren; die Mittel reichen von brachialer physischer Gewalt und Verstoß aus der Organisation bis zu so sublimen Formen wie verstecktem Tadel und ’den anderen übersehen‘.

---

265 Die Entwicklung „gerechter“ und wirksamer Beurteilungs- und Entlohnungssysteme ist eine der Hauptaufgaben in der Unternehmensberatung (vgl. a. Hb. d. Psychologie, Bd. 9, S. 668ff.).

Strafen verhindern zwar unerwünschte Verhaltensweisen, aber sie können nur in kaum nennenswertem Umfang erwünschte Verhaltensweisen provozieren. Sie sind notwendig *destruktiv* und setzen den Kern zum Zurückschlagen. Deshalb warnt Bass „Strafen für mangelnde Folgsamkeit führen zu Verstimmung und Pseudolösungen wie verschobene Aggressionen, Rückzug und Apathie" (1960, S. 233).

Aus der Lernpsychologie ist bekannt, daß aversive Stimulation das Diskriminationslernen reduziert und damit die Bereitschaft zur Auseinandersetzung mit Problemen überhaupt[266]. Das Gruppenmitglied entwickelt keine Motivation und Selbstdisziplin, sondern lediglich Gehorsam und latenten Widerstand, was ständige Kontrolle erfordert. Wenn der Gehorsam nicht öffentlich verweigert werden kann, wird das Individuum versuchen, die Autorität zu „unterlaufen", indem es nach außen Übereifer zeigt, insgeheim aber seine eigenen Wege geht. Außerdem wird es die aufgestauten Aggressionen auf andere Adressaten verschieben, die ungefährlicher zu attackieren sind, bzw. sich in Vandalismus gegen Sachen ausagieren. Macht durch Zwang ist damit eine der sprudelnsten Quellen destruktiver Aggression.

Für Leitende in nichttotalitären Organisationen ist coercive power demnach eine äußerst untaugliche, ja gefährliche Machtbasis: sie zerstört das Vertrauensverhältnis zu den Mitarbeiten und hemmt das Leistungsvermögen – der Führer verliert damit seine ureigenste Funktion.

4.2.3. Probleme der legitimen Macht

Macht wird zum 'Recht', wenn der Machthaber eine hohe Position in einer festgelegten Hierarchie bekleidet. Die Organisation verteilt Autorität qua soziale Position und gibt sich eine zweckrationale Ordnung, insbesondere hinsichtlich

- der Abgrenzung der Zuständigkeit (Leistungspflichten und Befehlsgewalten),
- der Errichtung von Aufsichts- und Kontrollinstanzen,
- der Beförderung und Entlohnung
- der Trennung von der privaten Lebenssphäre[267].

Legitime Macht wurde bekannt durch die altrömische „potestas" (= Amtsgewalt) und die „bürokratische Herrschaft" der Neuzeit, findet sich aber in jeder Herrschaftsordnung, da sich jede Herrschaft über die Anerkennung (Legitimation) ihres historischen Verteilungsmusters durch die Beherrschten konstituieren und reproduzieren muß. Mit der Idee der gerechten Ordnung inter-

---

[266] Siehe hierzu die Untersuchung zum strafenden Lehrerverhalten von Tausch/Tausch (1971, S. 228ff.) und von Thomas Gordon zu den „Kosten der Macht" (1979, S. 161ff).

[267] Weber 1921, 1. T. III § 3–5. Vgl. a. unser Kap. I 5.2.

nalisieren die Untergebenen Disziplin und orientieren ihr Verhalten am Führer als Bezugseinheit.

Legitime Macht ist jedoch nicht besonders stabil, da affektive Relationen zum Führer – wie Bewunderung und Identifizierung – fehlen und sich der affirmative common sense in Zeiten beschleunigten sozialen Wandels zersetzt. Für den Sozialpsychologen Gibb (1954, S. 877 ff.) ist deshalb der Führer als Inhaber eines Amtes lediglich ein „Leiter" (head), dessen Autorität von einer externen Quelle und nicht von den Gruppenmitgliedern stammt.

Amtsautorität und *Untertanengeist*, d. h. jeden Amtsinhaber ohne Prüfung als Autorität zu respektieren, ist heute ziemlich diskriminiert[268]. Ausschließlich legitimitätsorientierte Leitende erfahren deshalb eine massive Verunsicherung ihrer Identität und wissen sich meist nur damit zu helfen, indem sie die anfängliche Legitimitätsorientierung in eine Sanktionsorientierung umwandeln. Die Folgen sind Identitätskrisen bei den einzelnen Organisationsmitgliedern und Aggressionen gegen Vorgesetzte, die offen, z. B. in Form von Gehorsamsverweigerung, oder versteckt als Überanpassung und 'Dienst nach Vorschrift' ausgetragen werden[269].

4.2.4. Probleme der Expertenmacht

Immer wieder wird beobachtet, daß die Erfolgschancen eines Beeinflussungsversuches in dem Maße zunehmen, in dem der Führer als Experte anerkannt wird[270]. Tatsächlich zählt der Respekt vor Wissen und Erfahrung zu den ältesten Grundlagen der Macht und findet sich schon in den primitiven Gesellschaften der Jäger und Sammler (vgl. Fromm 1977, S. 162). Diese Expertenmacht hat bis heute nichts von ihrer Wirksamkeit verloren – aus der „zunehmenden Wissenschaftsgläubigkeit" (Richter 1976, S. 102) und den Milgram-Experimenten ist eher das Gegenteil zu schließen.

Die auf (angenommenen) persönlichen Fähigkeiten beruhende Einflußchance steht jedoch unter einem *permanenten Rechtfertigungszwang*, denn „Sachverständigkeit will immer wieder bewiesen sein, wenn sie gelten soll" (Hartmann 1964, S. 55). Da Sachverstand nie total sein kann und schnell veraltet, kann Expertenmacht nur gehalten werden, wenn die persönliche Überlegenheit irrational, d. h. nicht nachprüfbar begründet wird wie beim „göttlichen Häuptling"[271].

---

268 Pross 1971, S. 82. Z. B. wurden in unseren Untersuchungen Vorgesetzte mit Richtlinienkompetenz ohne Fachkompetenz sehr pejorativ als „Klugscheißer" abqualifiziert. Zum „Funktionärsunwesen" vgl. a. Bahro 1977, S. 284 ff.

269 Blinkert, B.: Gehorsam und Kontrolle in formalen Organisationen, KZSS 1976, 28, S. 272 ff.; Raven/French 1958, S. 83.

270 Z. B. French/Snyder: Leadership and interpersonal power, in: Cartwright 1959, S. 118 ff.

271 Siehe Kap. II 5.2.3. Führer, die sich „den Status göttlicher Allwissenheit" aneignen, scheinen auch für sozialistische Verhältnisse typisch (Bahro 1977, S. 290). Page 1973, S. 93 ff.; Lévi-Strauss 1982, S. 303.

Für zweckrationale Organisationen bedeutet irrationale Herrschaft natürlich einen gewissen Widerspruch, wenngleich sie manchmal tatsächlich zu finden ist. Sinnvoller und der zunehmenden Funktionalisierung menschlicher Beziehungen entsprechender, wären wechselnde Autoritäten. Dies scheitert aber an der bürokratischen Struktur der Organisationen und der verkrusteten (invarianten) vertikalen Arbeitsteilung von Klassengesellschaften (Bahro 1977, S. 321)

Max Weber verfiel der Illusion, bürokratische Autorität sei auf das bessere Fachwissen der Vorgesetzten gegründet und die Untergebenen würden deshalb die Befehle akzeptieren, weil sie alles Rationale als richtig und ihre Vorgesetzten als überlegen anerkennen. Der New Yorker Industriesoziologe Etzioni stellt dagegen fest, „daß die Auffassung der Bürokratie als einer Hierarchie, in der die Intelligenten die weniger Intelligenten leiten, völlig falsch ist, denn

- erstens sind bei weitem die meisten ausgebildeten Organisationsangehörigen nicht in den obersten, sondern in den mittleren Rängen zu finden und auch nicht in den Stellen der Linienorganisation, sondern in den Stabsstellen, und
- zweitens sind die Prinzipien der Verwaltungs- und die der Fachautorität nicht nur nicht identisch, sondern völlig unvereinbar miteinander" (1967, S. 121). Verwaltungautorität ist nämlich streng objektiv, Fachautorität dagegen streng subjektiv, d. h. Fachwissen kann nicht, wie andere Organisationsaspekte, mittels Verfügung auf eine andere Person übertragen werden.

Die im Weberschen Sinne pragmatisch 'bastelnden' Organisatoren können damit nie auf die konfliktträchtige Spannung kommen zwischen der auf Hierarchie beruhenden Autorität und jener, die sich auf die fachliche Qualifikation der in Großorganisationen zahlreich anzutreffenden Spezialisten gründet[272]. Ebenso verbergen sich ihnen die psychologischen Grenzen bürokratischer Herrschaft, nämlich die latenten persönlichen Ziele der Individuen und der eminente Einfluß informaler Führer. Genau diese Spannungen sind es aber, die die Machtgrundlagen des leitenden Experten immer wieder erschüttern.

4.2.5. Probleme der Bezugsmacht

„Autorität hat, wer eine Persönlichkeit ist", erklärten in Umfragen zwei Drittel der Leitenden und die empirischen Sozialforscher[273] rätselten, was hinter der vielsagenden Formel „Autorität der Person" wohl alles stecken würde. Es scheint, als spürten die Organisationsmitglieder eine unwägbare, nicht nachprüfbare und der schlichten Ratio nicht zugängliche 'menschliche' Überlegenheit des Führers, als würden sie ihm ohne Nachweis das Ideal von Charakter, Stärke und Fähigkeiten zutrauen. Tatsächlich ist jene magische Aura, die

[272] Siehe hierzu unsere Ausführungen zum Stab-Linien-Konflikt in Kap. IV 2.4.3.
[273] Hartmann 1973, S. 54; Pross 1971, S. 85f.

Menschen manchmal ihren Führern verleihen, altbekannt als „auctoritas" und „*Charisma*". Auctoritas ist der altrömische Begriff für Gewähr, Sicherheit, Vorbild, Würde, Ansehen und Unerschrockenheit. Charisma entspringt den emotionalen Bedürfnissen der Menschen nach gegenseitiger Attraktion (Respekt) und soziometrischer Wahl der Bezugspersonen (Identifikation).

Die Angst vor dem Alleinsein und der bedrohlichen 'kalten' Umwelt gebiert den Wunsch nach einem übermächtigen 'Master', nach einer Vaterfigur, auf die man seine eigenen Allmachtswünsche projizieren kann und mit der man sich identifiziert. Die Dynamik dieser *Identifizierung* deckte Freud auf: „Wir haben dies Wunder so verstanden, daß der Einzelne sein Ich-Ideal aufgibt und es gegen das im Führer verkörperte Massenideal vertauscht... Die Wahl des Führers wird durch dies Verhältnis sehr erleichtert. Er braucht oft nur die typischen Eigenschaften dieser Individuen in besonders scharfer und reiner Ausprägung zu besitzen und den Eindruck größerer Kraft und libidinöser Freiheit zu machen, so kommt ihm das Bedürfnis nach einem starken Oberhaupt entgegen und bekleidet ihn mit der Übermacht, auf die er sonst vielleicht keinen Anspruch hätte. Die Anderen, deren Ich-Ideal sich in seiner Person sonst nicht ohne Korrektur verkörpert hätte, werden dann suggestiv, d. h. durch Identifizierung mitgerissen (1921, S. 120)".

Führer und Geführte sind „libidinös gebunden" und der Führer verkörpert das gemeinsame Ich-Ideal. „Das Ich-Ideal verkörpert die vom Selbst her gesehen positive Beziehung zur Autorität; man will so werden wie sie und empfindet Scham ob der Differenz. Das Über-Ich verkörpert die entsprechende negative Seite der Beziehung zur Autorität; man wehrt sich dagegen, nach deren Verlangen zu handeln, und empfindet Schuldgefühle, wenn man es nicht tut" (Horn 1972, S. 55).

Die emotionale Identifikation der Gruppengenossen mit dem Träger der Führerrolle gelingt nur, wenn dieser zwei Bedingungen erfüllt:

- Als „Zielscheibe für Projektionen" muß sich der Führer von seinen Gefolgsleuten abheben, z. B. durch seine Physis oder durch außergewöhnliches Verhalten. Die Richtung dieser Abweichung ist irrelevant: der Führer kann ruhig klein, dumm oder neurotisch sein – er muß nur auffallen; ein Phänomen das die Vertreter der Great-man-Theorie ziemlich verwirrte.
- Zur Identifikation darf die Distanz zwischen Führer und Geführten aber nicht *zu* groß sein, d. h. der Führer muß in einigen leicht erkennbaren Beziehungen wie seine Gefolgschaft sein und die vertrauten Normen wahren. Er sollte als „einer von uns erscheinen"[274].

---

274 Vgl. Hofstätter 1957, S. 155. Die zwei Identifikationsbedingungen erinnern übrigens an den idiosynkratischen Kredit und das Homansche Gesetz (s. unser Kap. IV 2.6.1). Vgl. a. Krech 1962, S. 438 f., wonach der Führer zugleich „one of us – most of us – best of us" sein muß.

Diese Balance zwischen Superiorität und Egalität zu wahren, ist nicht gerade leicht: entweder verliert der Leitende 'den Boden unter den Füßen' oder er biedert sich zu sehr an.

Gruppen *ohne Vaterfigur* fühlen sich stark verunsichert, ja oftmals wie gelähmt – wie in Becketts Theaterstück „Warten auf Godot":

Estragon: Was sollen wir jetzt machen?
Vladimir: Ich weiß nicht.
Estragon: Komm, wir gehen.
Vladimir: Wir können nicht.
Estragon: Warum nicht?
Vladimir: Wir warten auf Godot.
Estragon: Ach ja (1952, S. 59).

Die Gefühle der Entbehrung und Unsicherheit in führerlosen Gruppen sind in der Gruppendynamik wohl bekannt, ebenso die mehr oder weniger konstruktiven Kompensationsversuche der Gruppenmitglieder, wie Intellektualisierung, orale Phantasien, Totemismus und der Kampf um Führungspositionen (Slater 1970, S. 11ff.). Diese Verunsicherung weist darauf hin, daß die Effektivität und Effizienz einer produzierenden Organisation mit ihrer Vaterfigur steht und fällt: Leitende, die sich nur auf ihre Sanktions- und Legitimitätsmacht stützen, werden wenig Anziehungskraft ausstrahlen und ihre Beeinflussungsversuche werden, wenn überhaupt, nur widerspenstig akzeptiert. Wie die klassischen betriebspsychologischen Untersuchungen von Roethlisberger (1939), Argyris (1957), McGregor (1957) und Likert (1961) zeigen, ist der wirksamste Führer nicht der rationale, perfekte Bürokrat, sondern der „unterstützende Integrator formaler und informaler Beziehungen", der sich auf „expert"- und „referent power" stützt und nicht mit „Zuckerbrot und Peitsche" motiviert, sondern mit Aufgaben und Situationen, die inhärente Bedürfnisbefriedigung vermitteln.

Die Identifikation mit der Führerfigur ist jedoch keine einfache, sondern spiegelt die ambivalente Einstellung gegenüber dem Vater, der zugleich Gegenstand der Furcht und der Zuneigung ist (Fromm 1941). Hierfür ist jedoch Freuds Begriff der „Identifizierung" noch zu individualistisch und beschränkt, da das Ich und der Andere einander als Objekte gegenüberstehen, die man besitzt (Ebene des Habens) oder nachahmt (Ebene des Seins). Ersetzt man den Freudschen Begriff durch komplexere Identifikationstypen, wie jene von Mead (1934) und Hesnard (1957), läßt sich eine Brücke zwischen der Individualpsychologie und der Soziologie schlagen. Für die Identifikation des Über-Ichs mit dem Führer gibt es dann eine weite Spannweite, die abhängig ist von individuellen *und* situativen Besonderheiten:

- Bedeutsam für die Identifikation ist zunächst einmal die Charakterstruktur. Wie wir bereits hörten[275], ist es der autoritäre Persönlichkeitstypus, der sich mit Führerfiguren besonders leicht identifiziert. Seine unbedingte Au-

[275] Vgl. unser Kap. I 3.2.5. und IV 2.7.3.

toritätsgläubigkeit kommt in Meinungen zum Ausdruck wie „jeder Mensch sollte völliges Vertrauen zu irgendeiner übernatürlichen Macht haben und sich ihrem Ratschluß fraglos unterwerfen“[276]. Die Aktivierung frühkindlicher Abhängigkeiten bedeutet aber auch eine Regression in infantile Verhaltensweisen: von mangelnder Zuwendung wird sofort auf Nicht-geliebt-Werden kurzgeschlossen; grüßt z. B. der Chef nicht freundlich, wird – ohne sonstige Gründe überhaupt in Betracht zu ziehen – angenommen, daß er nicht mit einem zufrieden sei und man wird nicht ruhen, bis die vermeintlichen Vorwürfe ausgeräumt sind[277].

- Situationen, die die Identifikation mit starken Führern fördern, sind solche, die die physische und/oder psychische Existenz des Individuums bedrohen. Es ist empirisch gesichert, daß Gruppen in Gefahren- und Krisensituationen gerne einem starken Führer folgen, ebenso in Ambiguitätssituationen, in denen keine Klarheit über das Ziel und den Weg zum Ziel besteht[278]. Gelingt es dem Führer aber nicht, die Krise in den Griff zu bekommen, wird er schnell 'abgesägt'. Die Idealisierung von Führerfiguren in Situationen von Bedrohung kann im übrigen kennzeichnend für ganze Epochen und Kulturen sein[279].

4.3. Die Pathologisierung der Macht

Wieso gelingt es den Leitenden hier und heute nicht, die einzelnen Machtgrundlagen auszubalancieren und zu integrieren? Wieso ist das spezifische Verhalten des Führers industrieller Betriebe, das wir an seinen Funktionen und an seiner Machtausübung festmachten, eine einzige Quelle von Konflikten?

Verhalten ist, wie wir hörten, das Produkt aus objektiver Realität und subjektiver Disposition (vermittelt über Wertsysteme und geregelt durch Rollen):

(1) Die objektive Realität hier und heute ist gekennzeichnet durch fortgeschrittene Arbeitsteilung, private bzw. anonyme Verfügungsgewalt über die Produktionsmittel und fremdbestimmte Verwertung des Arbeitsergebnisses. Diese Art von Produktionsverhältnissen bestimmt die Machtstrukturen in Organisationen in einer charakteristischen Weise:
   - die Machtausübung wird institutionalisiert zur „Herrschaft“
   - die Organisation wird stark hierarchisiert
   - die Machtträger monopolisieren die Information und kontrollieren den Surplus.

   Das hat aber weitgehende Folgen für die Organisationsmitglieder: Unter *Herrschaftsbedingungen* erlangt Autorität neben ihrem funktionalen

---

[276] Aus Adornos F-Skala; vgl. unser Kap. I 2.7.3.

[277] Vgl. Presthus 1966, S. 116 f.

[278] Mulder, M., Hum. Rel. 1963, 317 ff.; Hamblin, R., Soziometry 1958, S. 322 ff.; Korten, D., in: Kunczik 1972, S. 133 ff.; Lévi-Strauss 1982, S. 306.

[279] Vgl. Fromm 1941; Riemann 1975, S. 207 f.

einen disziplinierenden Charakter (nämlich zur Stabilisierung einer bestimmten Oligarchie); Führer und Geführte werden voneinander isoliert; Führungsfunktion und Machtgrundlagen fallen auseinander (z. B. decken sich Autoritätsposition, Sachverstand und Identifikation nicht mehr); der Mensch degeneriert zu einem „Moment des Verwertungszusammenhanges“[280].

(2) Die polarisierende objektive Realität bleibt nicht äußerlich, sondern wird bis in die Menschen hinein fortgesetzt. „Die Vergesellschaftung ergreift die Individuen auch im Inneren und schafft sie um zu Monaden der gesellschaftlichen Totalität; ein Prozeß, in dem fortschreitende Rationalisierung, als Standardisierung der Menschen sich verbündet mit fortschreitender Regression“[281]. Dieses Phänomen wurde vielfach beschrieben: Fromm spricht in diesem Zusammenhang vom „Marktcharakter“, Adorno vom „manipulativen Typ“, Riesmann vom „Außengeleitet-Sein“, Mitscherlich vom „Kaspar-Hauser-Komplex“, Habermas von der „Entstrukturierung des Über-Ich“, Marcuse vom „eindimensionalen Menschen“.

Gemeinsamer Nenner all dieser Typen ist eine *pathologische Über-Ich-Entwicklung*: „Der Bruch besteht innerlich zwischen einem archaisch bleibenden Ich-Ideal (und Über-Ich) und dem als ohnmächtig empfundenen Selbst. Er wird pseudoüberwunden, indem die Versöhnung phantastisch herbeigeführt wird: Durch sekundäre narzißtische Besetzung des Selbst, durch Größenphantasien, mittels derer die archaisch-großartigen Forderungen ausgeglichen werden sollen. Der Konflikt kann auch mit Hilfe idealisierter Elternimagines abgewehrt werden, die in Gestalt realer oder imaginärer Führer sich repräsentieren ... Mit dieser Attitüde reproduziert das Subjekt den Kapitalverwertungsmechanismus“ (Horn 1972, S. 56).

Tatsächlich spielen heute Autoritäts- und Selbstwertprobleme von Individuen in Gruppen eine überragende Rolle. Die Symptome der absoluten Autoritätsgläubigkeit bzw. -ablehnung, des „ungestillten Identifikationshungers“ (Mitscherlich 1963, S. 196), des Selbsthasses bzw. der Selbstüberhöhung, der diffusen Unzufriedenheit und Spannung treffen den Führer gleich doppelt – durch die Gruppenmitglieder und durch sich selbst. Diese Krankheitsbilder „fügen sich zwanglos dem Bild des 'subjektiven Faktors‘ unter den Bedingungen radikaler *Entfremdung* – und das heißt eben: auch durch die Psychologie der Subjekte selber vermittelter Entfremdung –: symbiotische Mutterbeziehungen; ein formal bleibendes Verhältnis zum Vater: Omnipotenzphantasien und Minderwertigkeitsgefühle zugleich im Umgang mit der Realität; mangelhaft im Realitätsprinzip begründete Selbstachtung; eine archaische Form von Identität“ (Horn 1972, S. 57).

---

280 Vgl. Kap. II 3.4.; Lenski 1973; Offe 1972; Horn 1972, S. 32; Offe 1970; Neuberger 1976, S. 85ff.; Slater: The pursuit of loneliness, Boston 1970.

281 Aus „Soziologische Exkurse“ 1956, S. 36.

5. Entfremdung

Der Begriff der „Entfremdung" bietet sich immer dann an, wenn ein psychischer und sozialer Zustand beschrieben werden soll, in dem sich der Arbeitende, sein Arbeitsprozeß und seine Mitmenschen polarisiert haben und damit der Sinn menschlicher Tätigkeit fragwürdig wird. Entfremdung (jemanden in fremde Macht geben) ist der Gegenbegriff zu Emanzipation (jemanden aus fremder Macht befreien) und teilt mit diesem die Allgemeinheit und Unschärfe.

„Entfremdung wurde für alle historisch-dialektisch verfahrende Soziologie zu einem Begriff in dem der Zusammenhang des *Leidens* an der Gesellschaft mit den gesellschaftlichen Leiden sich ausdrückte. Zugleich ist Entfremdung freilich einer der unschärfsten Begriffe der Soziologie" (Dreitzel 1968, S. 5).

Die Problematik, wenn auch nicht der Terminus der Entfremdung findet sich bereits bei Schiller:
„... Der Genuß wurde von der Arbeit, das Mittel vom Zweck, die Anstrengungen von der Belohnung geschieden. Ewig nur an ein einzelnes kleines Bruchstück des ganzen gefesselt, bildet sich der Mensch selbst nur als Bruchstück aus... entwickelt er nie die Harmonie seines Wesens... Wir sehen nicht bloß einzelne Subjekte, sondern ganze Klassen von Menschen nur einen Teil ihrer Anlagen entfalten, während die übrigen, wie bei verkrüppelten Gewächsen, kaum mit matter Spur angedeutet sind" (Über die ästhetische Erziehung des Menschen, 6. und 7. Brief).

Die intensive Entfaltung des Begriffs „Entfremdung" würde hier zu weit führen. Wir verweisen hierzu auf unsere früheren Ausführungen und die einschlägige Literatur[282].

5.1. Dimensionen der Entfremdung

Wie macht sich nun Entfremdung bemerkbar, welcher psychische und soziale Zustand stellt sich unter entfremdenden Produktions- und Arbeitsbedingungen ein? Es ist dies die Frage nach den Dimensionen der Entfremdung und deren pathologischen Konsequenzen.

5.1.1. Entfremdung vom Arbeitsprozeß

Erste Dimension der Entfremdung ist die Machtlosigkeit und Ausbeutung der Arbeitenden durch deren Trennung vom Eigentum an den Produktionsmitteln. Der mittlerweile zu einem emotionalisierten Schlagwort verkommene Begriff „Ausbeutung" bedeutete ursprünglich nichts anderes als die Aneig-

---

282 Hofstetter: Die Leiden der Leitenden, tuduv-Studien Reihe Sozialwiss. Bd. 18, München 1980. Hegel (Phän.) S. 119, 280, 554 ff. Seemann 1959, S. 783 ff.; Korman 1977, S. 203 ff.; Kahn 1964, S. 18 ff.; Ritzer 1972, S. 8 f.; Friedmann 1959; Blauer, R.: Alienation and freedom, Chicago 1964.

nung des Mehrwerts, der in allen bekannten Gesellschaften niemals den eigentlichen Produzenten unmittelbar zufließt. Allerdings bestehen große Unterschiede in der Form dieser Abschöpfung und den Chancen zur Kontrolle des Produktionsapparats: „Die Produktionsmittel verwandelten sich hier sofort in Mittel zur Einsaugung fremder Arbeit. Es ist nicht mehr der Arbeiter, der die Produktionsmittel anwendet, sondern es sind die Produktionsmittel, die den Arbeiter anwenden“[283].

Dieses 'wilde' Marxsche Bild erinnert an Charlie Chaplins „Moderne Zeiten“, obgleich es tiefer geht: ausgeschlossen von Eigentum und Kontrolle der Produktionsmittel ist das Individuum ohnmächtig gegenüber Entscheidungen, die seine Arbeitsbedingungen und seinen Arbeitsprozeß betreffen; und das gilt – wie wir sahen (Kap. III 6.4.2.) – genauso für Führungskräfte.

Derartige oligarchische Herrschaftsstrukturen finden sich nicht nur unter kapitalistischen Verhältnissen, sondern in allen bürokratischen Organisationen, in denen sich die sachlichen Betriebsmittel in der Hand Weniger konzentrieren, typisch z. B. im östlichen Staatsmonopolismus (vgl. Bahro 1977). Resignierend stellt deshalb Jenkins fest, daß „Erfahrungen im Osten wie im Westen zeigten, daß ein Wechsel des Eigentums aus privaten Händen zum Staat (oder umgekehrt) sich nicht unmittelbar in einem Nachlassen der Entfremdung auswirkt“ (1973, S. 46).

Tatsächlich werden Entfremdungserscheinungen im „Verwertungsprozeß“, in dem die Machteliten versuchen das eingesetzte Kapital im Sinne der Reproduktion ihrer Herrschaft zu verwerten, nur verschärft; angelegt sind sie bereits im Prozeß der Arbeitsteilung mit seiner ständigen Entwicklung der Produktivkräfte (wissenschaftlich-technische Entwicklung, Ausweitung der Märkte) und ständigen Erhöhung der Reproduktionskosten (des Lebensstandards) aller Mitwirkenden.

5.1.2. Entfremdung vom Arbeitsprodukt

Entfremdet vom Akt der Produktion tritt dem Arbeitenden auch das Produkt seiner Tätigkeit fremd gegenüber. Die Arbeit verliert damit ihren Sinn in Bezug auf den Charakter des Arbeitsergebnisses wie auch dessen Auswirkungen; sie bekommt, genauso wie die in ihr Wirkenden, einen zersplitterten, lediglich instrumentalen Charakter. Marx kritisierte, „daß (damit) die Arbeit dem Arbeiter äußerlich ist, d. h. nicht zu seinem Wesen gehört, daß er sich daher in seiner Arbeit nicht bejaht, sondern verneint, nicht wohl, sondern unglücklich fühlt, keine freie physische und geistige Energie entwickelt, sondern

---

[283] Marx K I, S. 329; vgl. hierzu auch die Kontroversen um den „Technologischen Determinismus“, wonach es zu jedem Zeitpunkt der technologischen Entwicklung eine und nur eine optimale Produktionstechnik gibt, deren „Sachzwängen“ man sich unterwerfen muß (Groskurth/Volpert 1975, S. 218ff.). Zum Einfluß der Technologie s. a. Korman 1977, S. 180ff.

seine Physis abkasteit und seinen Geist ruiniert. Der Arbeiter fühlt sich daher erst außer der Arbeit bei sich und in der Arbeit außer sich. Zu Hause ist er, wenn er nicht gerade arbeitet, und wenn er arbeitet, ist er nicht zu Hause. Seine Arbeit ist daher ... nicht die Befriedigung eines Bedürfnisses, sondern sie ist nur ein Mittel, um Bedürfnisse außer ihr zu befriedigen"[284].

Der Produktions- und Entscheidungsprozeß ist in derartig winzige Teilabschnitte zerfallen, daß sich der Arbeitende mit dem Endergebnis kaum mehr identifizieren kann, er fühlt sich nur noch als 'winziges Rädchen'. Dies gilt für planend-leitende Arbeit, wie wir sahen mindestens genauso wie für ausführende. Die Arbeit wird damit dem Menschen äußerlich und zufällig; das Produkt seiner Tätigkeit bedeutet für ihn nichts mehr, sondern bereichert nur die jeweilige Oligarchie. Die Entfaltung seiner schöpferischen Kräfte 'verwirklicht' ihn nicht mehr, sondern 'entwirklicht' ihn, indem er genauso bedürftig daraus hervorgeht wie er begonnen hat.

5.1.3. Selbstentfremdung

Vermindert wurde die Möglichkeit der Selbstverwirklichung, wie wir bereits hörten[285], durch die fortgeschrittene Spezialisierung der Tätigkeiten: größere Sinn- und Wirkungszusammenhänge können nicht mehr wahrgenommen werden. Es wird dem Menschen unmöglich, sein volles Geschick und alle seine Fähigkeiten zu entfalten, er kann sich im zentralsten Existenz- und Identitätsfeld, nämlich in der Arbeit, nicht mehr selbst verwirklichen.

Erich Fromm (1966, 1971) zeigte besonders deutlich, wie diese Selbstentfremdung unter Bedingungen der Kapitalverwertung gleich einem Krebsgeschwür alle Bereiche des Lebens erfaßt. Macht der Mensch aus seinen Produkten etwas ihm Überlegenes, so macht er zugleich Menschen untereinander zu Unterlegenen, zu Dingen, ja zu Waren. Er versucht, Menschen zu beherrschen, mit ihnen zu rivalisieren und zu konkurrieren, und muß gleichzeitig sich selbst unterwerfen, manipulieren und fremdbestimmen lassen. Seine Autonomie verkrüppelt und das eigene Sein wird zu einem veräußerlichten Objekt. Damit werden aber auch seine Denkstrukturen zum bloßen Reflex objektiver Zwänge, was Lukacs (1923) „*Verdinglichung*" nannte: die Mystifizierung *gesellschaftlich* entstandener Produkte, Beziehungen und Werte zu „natürlichen" Dingen, zu sog. Sachzwängen.

Dreitzel (1968, S. 340 ff.) interpretiert diese Selbstentfremdung von der Rollentheorie her: Entfremdung tritt ein, wenn der Mensch sich distanzlos, ohne Ich-Identität, Rollenanforderungen unterwirft, wenn er zum bloßen Funktionär von Rollenerwartungen wird.

---

284 Marx: Zur Kritik der Nationalökonomie (1844), MEGA I, 3, S. 85 f.; vgl. hierzu a. Whyte 1958, S. 155; Friedmann 1959, S. 159 ff.; unser Kap. I 4.3., II 3.1.

285 Kap. II 3.1. u. III 6.4.2.

5.1.4. Entfremdung vom Mitmenschen

Nehmen die zwischenmenschlichen Beziehungen die Form von Warenbeziehungen an, so kommt es zu einem Zustand sozialer Desintegration, zur „Anomie“, die das Gemeinschaftsgefühl (Durkheims „conscience collective“) schwächt und befriedigende soziale Beziehungen untereinander zunehmend verhindert. „Anomie ist ein Zustand der Ungewißheit über die Normen einer Interaktionssituation. . ., die Folge ist eine Störung des wechselseitigen Rollenverhaltens. . ., d. h. ein gewohntes Verhalten wird vermieden oder ein allgemein erwartetes Verhalten unterlassen“ (Dreitzel 1968, S. 103).

Wie sehr die zwischenmenschlichen Beziehungen zu *Warenbeziehungen* degeneriert sind, zeigt sich an der Versachlichung und Vermarktung menschlicher Eigenschaften und Bedürfnisse: Charme, Intelligenz und Attraktivität werden von der Gesamtpersönlichkeit abgelöst und 'tauschen sich aus‘ gegen Prestige, Bewunderung und soziale Anerkennung. Und wie wir sahen, stehen die Leitenden in diesem Tauschgeschäft in vorderster Linie. Die Individuen stehen einander fremd und gleichgültig gegenüber und benutzen sich wechselseitig nur mehr als Mittel zum Zweck. Die gegenseitige Akzeptanz entsteht nicht aus der naturwüchsigen gemeinsamen sozialen Praxis, sondern muß 'verdient‘ werden durch Anpassung, Leistung usw. Das entfremdete Individuum befindet sich damit in einer permanenten Bewährungs- und Prüfungssituation, die als Existenzangst in vielerlei sozialen Funktionsstörungen in Erscheinung tritt[286].

5.2. Totalität der Entfremdung

„Indem der Arbeiter seine Arbeitskraft verkaufen muß, ist er nicht mehr das, was er als Mensch ist, sondern nimmt den Charakter einer Ware an, die in den ökonomischen Tauschprozeß eingeht. Zugleich entfremdet er sich durch die zunehmende Arbeitsteilung von seiner Tätigkeit und dem Produkt seiner Tätigkeit, weil ihm der Zusammenhang zwischen dem, was er tut, und dem Produkt – also dem auch, was ihm als Konsumenten in Gestalt einer Ware wiederbegegnet – nicht mehr einsichtig ist. Ebenso entfremdet sich auch der Kapitalist von seiner Tätigkeit und seiner Menschlichkeit, weil er den Gesetzmäßigkeiten des Warentausches und der Kapitalakkumulation unterworfen ist“ (Dreitzel 1968, S. 5f.).

Entfremdung kennzeichnet also ein ganzes Sozialsystem, sie ist in alle Subjekte hineingetrieben, die in irgendeiner Form am Produktions- und Verwertungsprozeß beteiligt sind. Sie betrifft also nicht nur die unmittelbaren Produzenten (Arbeiter und Angestellte), sondern auch die *Führungskräfte*: „Die Angehörigen der Führungseliten sind genauso entfremdet, vielleicht sogar noch mehr, genauso von Angst erfüllt, vielleicht sogar noch mehr, wie die Ar-

---

[286] S. unsere Kap. I 3.3., II 5.1., 5.3., III 6.4.1.; vgl. a. Fromm 1947; 1977, S. 393; Duhm 1972, S. 46f.; Horn 1972, S. 52ff.

beiter in ihren Fabriken. Sie langweilen sich wie jeder andere und greifen zu denselben Mitteln gegen Langeweile" (Fromm 1971, S. 42).

Diese Befürchtung des Psychoanalytikers Fromm wurde vielfach empirisch bestätigt: Manager leiden unter dem Gefühl, wichtige Dinge nicht beeinflußen zu können (Machtlosigkeit), nicht wirklich Sinnvolles zu tun (Bedeutungslosigkeit), isoliert zu sein.

Powerlessnes
Normlessnes
Meaninglessness } → Social isolation (= social estrangement)
Self-estrangement[287].

Die mit der industriellen Arbeitsteilung einhergehende wachsende Produktivität ist demnach zu bezahlen mit Entfremdung in allen Gesellschafts- und Lebensbereichen. Diese Entfremdung hat aber äußerst pathologische Konsequenzen: Die Zersplitterung der Arbeit in kleinste monotone Teilaufgaben führt nach und nach zu massenhafter sozialer und psychischer Verelendung mit ihren je individuellen Ausdrucksformen der intellektuellen Verkümmerung[288], der psychosomatischen Störung[289], der gegenseitigen Aggression und und der Bereitschaft, sich manipulieren und mit Konsumreizen abspeisen zu lassen. Es ist kein Widerspruch zum Zustand der Entfremdung, sondern vielmehr ihre Vollendung, wenn diese als solche gar nicht bewußt wird. Sie fördert nämlich einen „Verblendungszusammenhang"[290], der die in der Entfremdung steckende allgemeine Frustration ablenkt auf individuelle Lösungsversuche, auf Ersatzbefriedigungen und psychische Störungen.

Die vielfältigen Bestimmungen der Entfremdung machen ihre Aufhebung weder utopisch[291] noch einfach. Mit der bloßen Aufhebung des Privateigentums ist es jedenfalls nicht getan, wie z. B. Bahro für den „real existierenden Sozialismus" nachweist[292]. Genauso notwendig wird eine Revision der Ar-

---

287 Faunce, W.: Social problems of an industrial civilization, New York 1968; s. a. die Befragung von 2821 US-Managern durch Tarnowski (The changing success ethic, AMA, New York 1973) u. Bartholomé in Harv. Bus. Rev. 1972, 50, S. 62ff.

288 Dieser „Deskilling-Prozeß", d. h. der Verlust von Fähigkeiten bei deren Nichtgebrauch, wurde vielfach beschrieben, z. B. b. Friedmann 1959, S. 11.

289 Insb. durch die einseitige psycho-physische Belastung (vgl. Friedmann 1959, S. 42) und die Reizarmut (Monotonie).

290 Nach Dreitzel (1968, S. 6) läßt die „mangelnde Einsicht in die entfremdete Praxis" einen „Verblendungszusammenhang" entstehen (bzw. in marxistischer Diktion ein „falsches Bewußtsein").

291 Konservative Autoren wie Schoeck (Kleines soziolog. Wörterbuch, 1969, S. 91) halten die Aufhebung der Entfremdung für einen illusionären Wunschtraum: „eine Welt ohne Entfremdung wäre eine Welt, in der jeder als Individuum, als Robinson Crusoe, allein auf einer Insel nur für sich lebt."

292 Bahro warnt vor der „Überschätzung bzw. Verabsolutierung der gewiß gewaltigen Rolle des kapitalistischen Privateigentums" (1977, S. 51) und weist darauf hin, daß mit der Beibehaltung der „alten Arbeitsteilung und der totalen Herrschaft der Staatsmaschine die allgemeine Entfremdung nur perpetuiert wird" (S. 36, 42, 52).

beitsteilung, besonders was die Trennung von Hand- und Kopfarbeit betrifft, und eine Korrektur von restriktiven Sozialisationsmustern, um Rollenflexibilität und Rollendistanz zu erweitern.

Wir sehen, also, daß die Leiden der Leitenden letztlich Ausdruck ungelöster Probleme der Gesellschaft sind. Konsequenterweise verlegt Szasz (1962) das Problem der Krankheit von der individuellen Ebene auf die soziale: Krankheiten sind für ihn nur populäre Rationalisierungen der Schuldgefühle der Gesellschaft. Solange damit das Individuum und sein höchstpersönlicher Schmerz nicht aus dem Blickfeld gerät, können wir zustimmen. Die Quintessenz unserer Vorstellung hat Adorno sehr treffend formuliert:
„Das Bedürfnis, Leiden beredt werden zu lassen, ist Bedingung aller Wahrheit. Denn Leiden ist Objektivität, die auf dem Subjekt lastet" (1966, S. 27).

ZUSAMMENFASSUNG UND SCHLUSS-BETRACHTUNG

Für die Leitenden von Wirtschaft und Verwaltung gilt die umgekehrte Perspektive: je näher man kommt, desto 'kleiner' werden sie – hält man sie zunächst noch für die wahrhaft glücklichen und mächtigen Helden, offenbaren sich aus der Nähe mehr Blessuren als bei anderen. Sie leiden unter Arbeitsunzufriedenheit, Angst- und Spannungsgefühlen, Mangel an Selbstachtung, Kontaktschwierigkeiten und psychosomatischen Störungen der verschiedensten Art oder gar darunter, nicht einmal (öffentlich) leiden zu 'dürfen'.

Diese Leiden erscheinen mehr oder weniger deutlich auf der *Ebene des Individuums* als Störungen der psychischen und physischen Befindlichkeit und verweisen zunächst auf das Subjekt selbst. Der Leitende reagiert mit individuellen Konfliktstrategien, indem er seine Leistung vermindert oder vom Arbeitsplatz fern bleibt und sich fragt, was er wohl falsch gemacht hat. Für eine Führungskraft liegt es nahe, sich die Frage zu stellen, ob sie als 'Führer' überhaupt geeignet ist. Theorie und Praxis bieten hierzu eine Menge von Vorstellungen für die notwendigen Führereigenschaften und wirksamsten Verhaltensweisen. Der Führer sollte intelligent, rational, beredt, attraktiv und dominant sein; er sollte seine Mitarbeiter mit materiellen Anreizen und einer durchrationalisierten Arbeitsorganisation steuern, ihre interindividuellen Beziehungen fördern und ihre sonstigen Bedürfnisse mit den Betriebszielen in Einklang bringen. Will er zugleich Leistung und Zufriedenheit, wird ihm der partizipative Führungsstil empfohlen.

Doch alle diese Ratschläge stellen sich als sehr widersprüchlich und konfliktträchtig dar. Sie stoßen sich sowohl an seiner Persönlichkeitsstruktur, als auch an Faktoren der Umwelt. Die Toleranz und Reaktion gegenüber Streß ist ziemlich unterschiedlich und bemißt sich nach Dimensionen der Persönlichkeit wie Schizoidität, Depressivität, Rigidität, Neurotizismus und Autoritarismus. Diese Persönlichkeitsstrukturen werden im wesentlichen im familiären Sozialisationsprozeß geprägt und bedeuten die Disposition für ganz bestimmte Verhaltensweisen, aber auch Symptomformen. Derartige Dispositionen müssen sich nicht pathogen auswirken, wenn ihnen die Gesellschaft komplementäre Befriedigungsmöglichkeiten gegenüberstellt. Erst wenn das komplexe Gefüge von Versagungen und Befriedigungen unter gesellschaftlichen Widersprüchen auseinanderbricht, erfolgt eine pathologische Entwicklung.

Leiden wird damit am isolierten Individuum nicht mehr erklärbar – es müssen auch Faktoren der objektiven Realität herangezogen werden. Die soziale Realität von Organisationen läßt sich am besten als „System" beschreiben und Führung als dessen Steuerung und Regelung. Dieses System ist in einer Weise strukturiert, die recht pathogen wirken kann; so zersplittert Arbeitsteilung den organischen Arbeits- und Lebensprozeß, beschränkt Formalisierung die Verhaltensspielräume, monopolisieren Oligarchie und hierarchische Autorität die Verteilung von Macht und Privilegien.

In diesem System stehen die Leitenden an einer ganz bestimmten *sozialen Position*, die einen Satz von Rechten und Pflichten umschließt. Es scheint allerdings, daß die darin repräsentierte materielle Absicherung und soziale Wertschätzung psychisch und physisch bezahlt werden muß. Je weniger die Produktionsverhältnisse eine Identifikation mit der Arbeit und ihrem Ergebnis zulassen (Selbstbestätigung) und je mehr Statusinkongruenzen sich ausbreiten (Fremdbestätigung), desto sensibler reagieren die Leitenden auf alle Attribute der sozialen Position wie Statussymbole, Prestige, Verantwortung und Macht und desto schärfer wird der Kampf um den Aufstieg. Vor den Zugang zu den umworbenen, ehrwürdigen Ständen haben zudem die Machteliten harte Bedingungen gesetzt was Herkunft, Ausbildung, Loyalität und Konformität betrifft. Soll diesen Konflikten auf den Grund gegangen und die sozioökonomische Position der Leitenden zwischen Kapital und Arbeit geortet werden, sind die jeweiligen gesellschaftlichen Verhältnisse im Hinblick auf die Entwicklung der Arbeitsteilung und Herrschaftsstruktur zu durchleuchten. Dabei zeigt sich, daß die zunehmende Vergesellschaftung der Leitungsarbeit die widersprüchliche Figur des Managers hervorbringt, der sowohl Verwertungsagent als auch Verwertungsobjekt zugleich ist. Der Leitende sitzt damit aber 'zwischen zwei Stühlen': er ist weder eindeutig dem Faktor Kapital noch eindeutig dem Faktor Arbeit zuzurechnen. Das bedeutet für ihn aber Abhängigkeit ohne die Macht der Solidarität, permanente Herrschaftskonflikte und drohende Entwertung seiner 'Ware' Arbeitskraft. Seine Privilegien muß er sich erkaufen mit der ständigen Angst vor beruflichem Abstieg, mit verschärftem Konkurrenzkampf, mit Arbeitsüberlastung und mit einer umstrittenen Identität.

Zwischen den objektiven Elementen der Arbeitssituation (sozialen Position) und der subjektiven Erfahrung von Deprivation besteht kein eindeutiger Kausalzusammenhang, dieser ist vielmehr vermittelt über die *Wertsysteme* des Individuums und seiner Umwelt. Obwohl die Dogmen der Herrschenden zum großen Teil in den Werten des Individuums internalisiert sind, provozieren industrielle Organisationen heftige Interessenkonflikte.

Die Konflikte beginnen im Arbeitsprozeß als solchem: die notwendige Funktionsteilung, die betonte Rationalität und die Formalisierung zwischenmenschlicher Beziehungen stoßen sich an den Bedürfnissen der Organisationsmitglieder nach Gemeinschaftsbildung und Selbstverwirklichung.

Eine Verschärfung erfahren diese bereits in der Arbeitsteilung angelegten Konflikte in Gesellschaften, die in herrschende und beherrschte Klassen zerfallen. Zum Beispiel steht in den westlichen Industriegesellschaften der Zwang nach Kapitalverwertung antagonistisch gegenüber den Interessen der Arbeitenden nach gerechtem Einkommen, sicherer Beschäftigung und Entfaltung der Persönlichkeit.

Der Leitende steht hier unter dem doppelten Zwang, einmal zwischen diesen konträren Interessen vermitteln zu müssen und zum anderen, selbst Betroffener zu sein. Obwohl sie die Realität ihrer Lohnabhängigkeit gern aus dem Bewußtsein verdrängen, fühlen sich die Manager doch ausgenutzt und unsicher. Sie fürchten eine soziale Deklassierung im Einkommen, beklagen die nie enden wollende Arbeitszeit und ihre ständige Mobilität, leiden unter permanentem Prüfungsstreß und unter Versagensängsten, und sie sind gegen den Verlust ihres Arbeitsplatzes überhaupt nicht geschützt.

Mit der Befriedigung der sozialen Bedürfnisse der Leitenden steht es nicht viel besser: ihre Kommunikation ist sowohl mit ihren Vorgesetzten als ihren Untergebenen gestört, sie müssen ihre emotionalen Regungen maskieren und Scheinverhalten aufbauen. Wenn nicht einmal die Grundbedürfnisse des Leitenden angemessen befriedigt werden, ist nicht zu erwarten, daß seine Ego-Motive besser zum Zuge kommen. Das Gefühl, von seiner Umwelt geschätzt zu werden und sich selbst verwirklichen zu können, kann nicht entstehen, wenn es an feed-back und Akzeptanz fehlt, wenn die Arbeit in Fragmente zersplittert und von den Machteliten vorgeschrieben ist.

Hier wird auch deutlich, daß alle partikularen Lösungsversuche zum Scheitern verurteilt sind. Zum Beispiel ginge die Forderung nach einer Verkürzung der Arbeitszeit der Manager völlig am Problem vorbei, da sie die Verankerung des Zwanges zur Mehrarbeit in der Persönlichkeitsstruktur und der objektiven Funktion des Leitenden ignoriert.

Subjektive Dispositionen und destruktive Faktoren der objektiven Realität und die vermittelnden Wertsysteme können Leiden noch nicht vollständig begründen. Es fehlt der dynamische Aspekt des „Systems" Führung, die *Konfliktebene Funktion.* Funktion bedeutet hier das Verhalten von Führungskräften als Resultante von Persönlichkeit und Umwelt. An dieses Verhalten werden ganz bestimmte Erwartungen gestellt (Rollen), die eine Vielzahl von Konflikten auslösen. So begründen Interessenantinomien und die besondere Position des „man in the middle" Intra-Rollenkonflikte. Sich tangierende Verhaltenserwartungen aus der beruflichen und privaten Sphäre provozieren Inter-Rollenkonflikte. Widersprüche zwischen dem erwarteten Rollenverhalten und den Fähigkeiten, ethischen Werten und Interessen des Leitenden führen zu Personen-Rollenkonflikten. Werden paradoxe Erwartungen an die Führungskraft gestellt, kann sie sich verhalten wie sie will, es wird immer falsch sein („double bind") und sie befindet sich in einem Intra-Sender-Konflikt. Und schließlich sind in Organisationen häufig die Rollen verschiedener Personen direkt aufeinander bezogen, aber nicht konsonant miteinander verknüpft, so daß es zu interpersonellen Konflikten kommt.

All diese Konflikte sind zwar nicht per se Ursache pathologischer Entwicklungen, fördern aber recht folgenreiche Verhaltensstrategien heraus: Handlungen werden auf die lange Bank geschoben oder man gibt den 'schwarzen Peter' weiter, versucht seine wahre Meinung zu verschleiern und hypokritisch zu taktieren, man zieht sich auf andere Rollenfelder zurück, die mehr Befriedigung versprechen und verschiebt die verhinderte Lust und Aggression in andere Bereiche, man flüchtet in oszillierendes Verhalten und Ersatzhandlungen, und letztlich beruft man sich auf seine größere Macht (bzw. Abhängigkeit). Als typische Abwehrmechanismen beseitigen diese Verhaltensstrategien zwar die momentane Spannung, lösen aber nicht das Kernproblem, sondern schaffen immer wieder neue Konflikte. Gibt es denn überhaupt aussichtsreichere Alternativen? Hat der Leitende eigentlich genügend Rollendistanz, um die eigene (schwierige) Rolle zu hinterfragen und um den Spielraum, den die Machteliten zubilligen, auszuloten? Inwieweit dies möglich ist und wie pathogen die externen Konflikte sich entwickeln, ist einerseits abhängig von der subjektiven Disposition und damit Sozialisation, andererseits von den notwendigen Zwängen und Widersprüchen der Führungsfunktion und der Machtausübung. In Gesellschaften mit starken Interessenantinomien ist diese Führungsfunktion polarisiert in die (eher instrumentale Funktion der Koordination und die (eher affektive) Funktion der Überwachung. Außerdem ist sie stark mit Macht aufgeladen. Das bedeutet aber, daß die ursprünglich konstruktiven Grunddimensionen entfalteter Arbeit, nämlich Arbeitsteilung und Verwertungsprozeß, pathologisch verformt sind zu Entfremdung und Herrschaft.

Unser Ziel war es, die allenthalben geübte Partikularisierung des Leidens zu überwinden. Isolierte Strategien, wie zum Beispiel Konfliktlösungstrainings und Entspannungsübungen für Manager, gehen an den Problemen der Leitenden letztlich vorbei. Das Individuum funktioniert als *Totalität*, weshalb es nicht sinnvoll ist, Symptome aus dem komplexen Bedingungsgefüge zu reißen. Wenn auch die Schwierigkeiten der Leitenden am (im) Subjekt erscheinen, so sind sie doch im Grunde alle objektiv und damit individuell allein nicht (be-)greifbar.

Das Verstehen der vielfältigen Leidensquellen und ihrer Zusammenhänge ist nur der erste Schritt auf dem Weg nach konstruktiven Lösungen. Der nächste wäre die Suche nach geeigneten Veränderungsstrategien: wann und wo kann interveniert werden, wie können gleichzeitig die psychischen Kompetenzen der Betroffenen erweitert und die organisatorischen und sozialen Strukturen an die entfalteten Bedürfnisse angepaßt werden?

Literaturverzeichnis

Adorno, T. W.: Zum Verhältnis von Soziologie und Psychologie, in: Sociologica I, Frankfurt 1955, S. 11-45.
Negative Dialektik, Frankfurt (1966) 1970.

Adorno. T. W. et al.: The authoritarian personality (1950) New York, 1965.

Alexander, F.: Psychosomatische Medizin (1948) Berlin 1951.

Ammon, G.: Psychoanalyse und Psychosomatik, München 1974.

Argyris, C.: Personality and organization (1957) New York 1965.
La révolution introuvable, Paris 1966.

Aschauer, E.: Führung, Stuttgart 1970.

Bach, G./Goldberg, H.: Keine Angst vor Aggression, Düsseldorf 1974.

Backmann, C./Secord, P.: Problems in social psychology, Selected readings, New York 1966.

Bahro, R.: Die Alternative, Köln 1977.
Dokumentation, Köln 1977 a.

Bales, R. F.: The equilibrium problem in small groups, in: PARSONS/BALES/SHILS: Working papers in the theory of action, New York 1953, S. 111-161.
Personality and interpersonal behavior, New York 1970.

Baritz, L.: The servants of power, Middletown 1960.

Barnard, C.: The functions of the executive, Cambridge 1938 (= Die Führung großer Organisationen, Essen 1970).

Bass, H.: The leaderless group discussion, Psych. Bull. 1954, 51, S. 465-492.
Leadership, psychology and organizational behavior, New York 1960.
Organizational psychology, Boston 1965.

Bateson, G. et al: Towards a theory of schizophrenia (1956), dtsch. in: Schizophrenie und Familie, Frankfurt 1969.

Beer, St.: Kybernetik und Management, Frankfurt 1967.

Bendix, R./Lipset, S.: Class, status and social power (1956), New York 1966

Bennis, W.: Interpersonal Dynamics, Homewood 1964.

Blake, R./Mouton, J.: The managerial grid, Houston 1964 (= Verhaltenspsychologie im Betrieb, Düsseldorf 1968).

Blau, P./Scott, W.: Formal organizations, London 1963.

Bödeker, M./Lange, W.: Gruppendynamische Trainingsformen, Reinbek 1976.

Bolte, K. M.: Sozialer Aufstieg und Abstieg, Stuttgart 1959.
Soziologie, in: ALEWELL, K. et al. (Hg.): Die Sozialwissenschaften, Bielefeld 1969.
Deutsche Gesellschaft im Wandel, Band 1, Opladen 1967.
Deutsche Gesellschaft im Wandel, Band 2, Opladen 1970.

Bottomore, T. B.: Elite und Gesellschaft, München 1966.

Bräutigam, W./Christian, P.: Psychosomatische Medizin, Stuttg. 1975, Reaktionen, Neurosen, Psychopathien, Stuttg. 1971.

Brown, J. A. C.: The social psychology of industry Middlesex (Penguin) (1954) 1972.

Burnham, J.: The Managerial Revolution (1941) New York 1951 (= Das Regime der Manager, Stuttg. 1948).

Cartwright, D.: Studies in social power, Ann Arbor 1959.

Cartwright, D./Zander, A.: Group dynamics (1953), New York 1968.

Claessens, D.: Rolle und Macht, München 1969.

Cooper, C./Payne, R.: Stress at work, New York 1978.

Croner, F.: Soziologie der Angestellten, Köln 1962.

Crozier, M.: Le phénoméne bureaucratique, Paris 1963.

Crozier, M./Friedberg, E.: Macht und Organisation, Frankfurt 1979.
Cyert, R. M./March, J. G.: A behavioral theory of the firm, Englewood Cliffs 1963.

Dahrendorf, R.: Homo Sociologicus, Opladen (1958) 1972.
Gesellschaft und Freiheit, München 1961.
Über den Ursprung der Ungleichheit unter den Menschen, Tübingen 1961a.
Industrie- und Betriebssoziologie, Berlin 1967.
Däumling, A. et al.: Angewandte Gruppendynamik, Stuttgart 1974.
De Boor, C.: Zur Psychosomatik der Allergie, insb. des Asthma bronchiale, Bern 1965.
Deutsch, M.: Konfliktregelung. Konstruktive u. destruktive Prozesse, München 1976 (= The Resolution of Conflict, New Haven 1973).
Dreitzel, H. P.: Die gesellschaftlichen Leiden und das Leiden an der Gesellschaft, Stuttgart 1972 (1968).
Drucker, P.: Die Praxis des Managements, Düsseldorf 1956 (= The practice of management, New York 1954).
Duhm, D.: Angst im Kapitalismus, Lampertheim 1972.
Dunnette, M.: (1967) Predictors of executive stress, in: WICKERT et al.: Measuring executive effectiveness, New York 1967, S. 7-48.
Durkheim, E.: De la Division du travail social, Paris 1893.
Les Règles de la méthode sociologique (1895) Neuwied 1961.

Elias, N.: Soziologie und Psychiatrie, in: WEHLER (1972), S. 11-41.
Erikson, E. H.: Identität und Lebenszyklus, Frankfurt 1970 (= Identity and the life cycle, New York 1959).
Etzioni, A.: Soziologie der Organisationen, München 1967 (= Modern Organizations, Englewood Cliffs 1964).

Fayol, H.: Administration Industrielle et Générale, Paris 1917. (= Allgemeine u. industrielle Verwaltung, München 1929).
Federn, P.: Zur Psychoanalyse der Revolution, die vaterlose Gesellschaft, in: Der Aufstieg, Leipzig 1919.
Festinger. L.: A theory of social comparison process, Hum. Rel. 1954, 7. S. 117-140.
Fiedler, F. E.: A contingency model of leadership effectiveness, in: BERKOWITZ, L. (Ed.): Advances in Exp. Soc. Psych., New York 1964.
French, J. R. P.: Social environment and mental health, JSocIss 1962, 3, 1963, 4.
French, J. R. P./Caplan, R.: Organizational stress and individual strain, in: MARROW, A. (Ed.): The failure of success, New York 1973, S. 30-66.
French, J. R.P./Kahn, R.: Mental health in industry, JSocIss 1962, S. 32-47.
French, J. R. P./Raven, B.: The bases of social power, in: CARTWRIGHT, ZANDER (1968), S. 259-269.
Freud, A.: Das Ich und die Abwehrmechanismen (1936) München 1964.
Freud, S.: Drei Abhandlungen zur Sexualtheorie (1905), Studienausg. Bd. V, Frankfurt 1976, (1905).
Der Dichter und das Phantasieren (1908), Studienausg. Bd. X, Frankfurt 1975.
Formulierungen über die zwei Prinzipien des psych. Geschehens (1911), Studienausg. Bd. III, Frankfurt 1975.
Triebe und Triebschicksale (1915), Studienausg. Bd. III, Frankfurt 1975.
Massenpsychologie und Ich-Analyse (1921), Studienausg. Bd. IX, Frankfurt 1974.
Das Ich und das Es, Studienausg. (1923) Bd. III, Frankfurt 1975.
Das Unbehagen in der Kultur (1929), Studienausg. Bd. IX, Frankfurt 1974.
Neue Folgen d. Vorlesungen zur Einführung in die Psychoanalyse (1932), Studienausg. Bd. I, Frankfurt 1978.
Friedmann, G.: Grenzen der Arbeitsteilung, Frankfurt 1959.
Frör, H.: Konfliktregelung, Kybernetische Skizzen z. Lebensberatung, München 1976.

Fromm, E.: Die Furcht vor der Freiheit, Frankfurt 1966 (= Escape from freedom, New York 1941).
Psychoanalyse und Ethik, Zürich 1954 (= Man for himself, New York 1947).
Autorität und Familie, in: Marxismus, Psychoanalyse, Sexpol. 1, Frankfurt 1970.
Revolution der Hoffnung, Stuttgart 1972 (= The revolution of hope, New York 1968).
Anatomie der menschlichen Destruktivität, Reinbeck 1977 (= The Anatomy of Human Destructiveness, N.Y. 1973).

Fürstenberg, F.: Grundlagen der Betriebssoziologie, Köln 1964.

Galbraith, J. K.: Die moderne Industriegesellschaft, München 1967 (= The New Industrial State, New York 1967).

Geiger, T.: Führung (1931), in: VIERKANDT: Handwörterbuch der Soziologie, Stuttgart 1959, S. 135-141.

Gibb, C.: Leadership, in: LINDZEY, E.: Handbook of social psychology, Reading 1954, S. 877-920.

Goffman, E.: Stigma. Über Techniken d. Bewältigung beschädigter Identität, Frankfurt 1967.

Gordon, T.: Managerkonferenz, Hamburg 1979 (Leader Effectiveness Training, New York 1977).

Granick, D.: The red executive, Garden City (New York) 1961.

Groskurth, P./Volpert, W.: Lohnarbeitspsychologie, Frankfurt 1975.

Gross, N./McEachern, A./Mason, W.: Role conflict and its resolution in: MACCOBY (1958), S. 447-458.

Gutenberg, E.: Grundlagen der Betriebswirtschaftslehre, Bd. 1, Wiesbaden 1965 (1951).
Unternehmensführung, Organisation und Entscheidungen, Wiesbaden 1961.

Habermas, J.: Erkenntnis und Interesse, Frankfurt 1973 (1968).
Theorie und Praxis, Frankfurt (1963) 1971.
Technik und Wissenschaft als Ideologie, Frankfurt 1971.
Kultur und Kritik, Frankfurt 1973.
Zur Logik der Sozialwissenschaften, Frankfurt 1970 (1967).

Hahn, P.: Der Herzinfarkt in psychosomatischer Sicht, Göttingen 1971.

Hare, P.: Handbook of small group research, New York 1962.

Hartmann, H.: Ich-Psychologie und Anpassungsprobleme, Stuttgart (1937) 1960.

Hartmann, H. et. al.: Leitende Angestellte, Selbstverständnis und kollektive Forderungen, Neuwied 1973.

Haug, F.: Kritik der Rollentheorie, Frankfurt 1972.

Hegel, G. W. F.: Enzyklopädie der philosophischen Wissenschaften im Grundriß (1817), Frankfurt 1970.
Phänomenologie des Geistes (1806), Frankfurt (Ullst.) 1972.
Grundlinien der Philosophie des Rechts (1821), Frankfurt (Ullst.) 1972.

Herzberg, F.: Motivation to work, New York 1959.
Work and the nature of man, Cleveland 1966.

Hesnard, A.: Psychoanalysis du lien interhumain, Paris 1957.

Hess, H.: Das wahre Peter-Prinzip, Harv. Bus. Rev. 1976, mm 6/77.

Hiebsch, H./Vorwerg, M.: Einführung in die marxistische Sozialpsychologie, Berlin 1971.

Höfner, E.: Persönlichkeitsstruktur u. Arbeitszufriedenheit bei mittleren Führungskräften, München 1975.

Hofstätter, P. R.: Gruppendynamik, Hamburg 1957.

Hofstätter, P. R./Tack, W.: Menschen im Betrieb, Stuttgart 1967.

Hollander, E. P.: Competence and conformity in the acceptance of influence, in: BACKMANN/SECORD (1966), S. 263-267.

Hollingshead, A. B./Redlich, F. C.: Social class and mental illness, New York 1958.

Holzkamp, K.: (1964) Theorie und Experiment in der Psychologie, Berlin 1969.

Homans, G. L.: The human group (1950) (= Theorie der sozialen Gruppe, Opladen 1972).
Social behavior – its elementary forms, New York 1961 (= Elementarformen sozialen Verhaltens, Köln 1968).

Horn, K.: Gruppendynamik und der subjektive Faktor, Frankfurt 1972.

Hortleder, G.: Das Gesellschaftsbild des Ingenieurs, Frankfurt 1970.

Irle, M.: Lehrbuch der Sozialpsychologie, Göttingen 1975.
Führungsverhalten in organisierten Gruppen, in: Hb. d. Psychologie, Bd. 9, Göttingen 1970.

Jaeggi, U.: Macht und Herrschaft in der Bundesrepublk Deutschland, Frankfurt 1969.

Jenkins, D.: Job Power, Stuttgart 1973.

Kahn, R. et al.: Organizational stress, studies in role conflict and ambiguity, New York 1964.

Kant, I.: Kritik der reinen Vernunft, (1781) Hamburg (Phil. Bibl. 37a) 1971.

Katz, D./Kahn, R.: The social psychology of organizations, New York 1966.

Keupp, H.: Psychische Störungen als abweichendes Verhalten, München 1972.
Krankheit oder abweichendes Verhalten? In: REIMANN (1975), S. 11–34.

Kieser, A./Kubicek, H.: Organisationstheorien, Bd. 1 u. 2, Stuttgart 1978.

Kievenheim, C. et al.: Soziale Stellung u. Bewußtsein der Intelligenz, Köln 1973.

Kiss, G.: Einführung in die soziologischen Theorien, Bd. II, Opladen 1975.

Klaus, G./Buhr, M.: Philosophisches Wörterbuch, Reinbek (1964) 1972.

Kohut, H.: Narzißmus, Psyche 1966, 20, S. 561–587.

Kolb, D./Rubin, I./McIntyre, J.: Organizational psychology, I. A book of readings, Englewood Cliffs 1974.
II. An Experiential approach, Englewood Cliffs 1974.

Korman, A.: Organizational behavior, Englewood Cliffs 1977.

Kornhauser, A.: Mental health of the industrial worker, New York 1965.

Krappmann, L.: Soziologische Dimensionen der Identität, Stuttgart (1969) 1975.

Krech, D./et al.: Individual in society, New York 1962.

Krüger, W.: Macht in der Unternehmung, Stuttgart 1976.

Kuhn, Thomas S.: The Structure of Scientific Revolutions, Chicago 1962 (dtsch. 1967).

Kunczik, M.: Führung – Theorien u. Ergebnisse, Düsseldorf 1972.

Laing, R. D.: Undurchschaubarkeit u. Evidenz in modernen Sozialsystemen, Kursbuch 16, 1969, S. 93–110.
Phänomenologie der Erfahrung, Frankfurt 1969 (= Politics of experience, 1967).
Das Selbst und die Anderen, Reinbek 1977 (= Self and Others, 1961).

Leavitt, H. J.: Managerial psychology, Chicago 1958 (= Grundlagen der Führungspsychologie, München 1974).

Lenski, G.: Macht und Privileg, Frankfurt 1973.

Levi, L.: Stress; Körper, Seele u. Krankheit, Göttingen 1964.
Emotional Stress, physiological & psychological reactions, medical, industrial & military implications, Stockholm 1967.

Lévi-Strauss, C.: Traurige Tropen, Frankfurt 1982.

Lewin, K.: Principles of topological psychology, New York 1936.
Field theory in social science, New York 1951 (= Feldtheorie in den Sozialwissenschaften, Stuttgart 1963).

Lewin, K./Lippit, R./White, R.: Patterns of aggressive behavior in experimentally created social climates, JSocPsych 1939, 10, s. 271–299.

Likert, R.: New patterns of management, New York 1961 (= Neue Ansätze der Unternehmensführung, Stuttgart 1972).
Human Organization, New York 1967.
Littek, W.: Industriearbeit und Gesellschaftsstruktur, Frankfurt 1973.
Lukacs, G.: Geschichte und Klassenbewußtsein, Neuwied (1923) 1971.
Luhmann, N.: Macht, Stuttgart 1975.
Zweckbegriff und Systemrationalität, Frankfurt 1973.

McClelland, D. C.: The achieving society, Princeton 1961.
Maccoby, E. et al.: Readings in social psychology, New York 1958.
Maccoby, M.: Die neuen Chefs, Reinbek 1979 (The Gamesman, 1976).
McGregor, M.: The human side of enterprise, Cambridge 1957, (= Der Mensch im Unternehmen, Düsseldorf 1970).
Machiavelli, N.: Der Fürst (Il principe 1523).
Macharzina, K./Rosenstiel, L. v.: Führungswandel in Unternehmung und Verwaltung, Wiesbaden 1974.
March, J. G.: Handbook of organizations, Chicago 1965.
March, J. G./Simon, H. A.: Organziations, New York 1958.
Marcuse, H.: Kultur und Gesellschaft, Bd. 2, Frankfurt 1970 (1965).
Der eindimensionale Mensch, Neuwied 1970 (= The One-Dimensional Man, Boston 1964).
Marx, K.: Das Kapital, Kritik der politischen Ökonomie, Bd. I (1867), MEW 23. Das Kapital, Bd. III (1894), MEW 25.
Maslow, A. H.: Motivation and personality, New York 1954.
Psychologie des Seins, München 1973 (= Toward a psychology of being, Princeton 1962).
Mayer, A. (Hg): Organisationspsychologie, Stuttgart 1978.
Mayntz, R.: Soziologie der Organisation, Stuttgart 1963.
Mayo, E.: The human problems of an industrial civilization, New York 1946 (1933).
The social problems of an industrial civilization, London 1945 (= Probleme industrieller Arbeitsbedingungen, Frankfurt 1950).
Mead, G. H.: Geist, Identität u. Gesellschaft, Frankfurt 1968 (= Mind, self & society, Chicago 1934).
Mead, M.: Jugend und Sexualität in primitiven Gesellschaften (1928), 3 Bde., München 1976.
Merton, R.: Social theory and social structure (1957), Glencoe 1967.
Michels, R.: Die oligarchischen Tendenzen der Gesellschaft (1911). In: Rörich, W.: Demokratische Elitenherrschaft, Darmstadt 1975.
Mills, C. W.: White collar, New York 1951.
The power elite, New York 1956.
Mills, T.: Soziologie der Gruppe, München 1969.
Mitscherlich, A.: Krankheit als Konflikt, Studien zur psychosomatischen Medizin II, Frankfurt 1967.
Auf dem Weg zur vaterlosen Gesellschaft, München 1973 (1963).
Moreno, J. L.: Who shall survive (1934), New York 1953.
Psychodrama, Vol. 1, New York 1964.
Morin, P.: Einführung in die angewandte Organisationspsychologie, Stuttgart 1974.
Moscovici, S.: Forschungsgebiete der Sozialpsychologie, Kronberg 1976 (Introduction à la psychologie sociale, Paris 1973).
Musashi, M.: A book of five rings, Japan 1645 (transl. London 1982).

Neuberger, O.: Theorien der Arbeitszufriedenheit, Stuttgart 1974.
Organisation und Führung, Stuttgart 1977.
Führung, in: Mayer, A. (Hg): Organisationspsychologie, Stuttgart, 1978, S. 272 – 304.
Newcomer, M.: The big business executive, New York 1955.
Odiorne, G.: Management by Objectives, München 1967.

Offe, C.: Leistungsprinzip und industrielle Arbeit, Frankfurt 1970.
Strukturprobleme des kapitalistischen Staates, Frankfurt 1972.

Orban, P.: Sozialisation, Frankfurt 1973.

Packard, V.: Die Pyramidenkletterer, Düsseldorf 1963.

Page, J. D.: Psychopathology, the science of understanding deviance, Chicago 1975.

Page, M.: Managen wie die Wilden, Düsseldorf 1973 (= The company savage, 1972).

Parsons, T.: The structure of social action (1937) New York 1968.
The social system (1951), Glencoe 1964.

Parsons, T./Bales, R. F.: Family, socialisation and interaction process (1955), Glencoe 1965.

Peter, L./Hull, R.: The Peter Principle, New York 1969 (dtsch. 1970).

Pfiffner, J. M.: The supervision of personnel, human relations in the management of men, New York 1951.

Plack, A.: Die Gesellschaft und das Böse, München 1974.

Presthus, R.: Individuum und Organisation – Typologie der Anpassung, Frankfurt 1966 (= The Organization Society, N. Y. 1962).

Priewe, J./Wienert, H.: Funktion und sozialökonomische Stellung der Leitungsangestellten, in: KIEVENHEIM (1973) S. 236–285.

Pross, H./Boetticher, K.: Manager und Aktionäre in Deutschland, Frankfurt 1965.
Manager des Kapitalismus, Frankfurt 1971.

Raven, B./French, J. R. P.: Legitimate power and observability in social influence, Sociometry 1958, 21, S. 83–97.

Rebell, C.: Sozialpsychiatrie in der Industriegesellschaft, Frankfurt 1976.

Reimann, H./Reimann: Psychische Störungen, München 1975.

Richter, H. E.: Eltern, Kind und Neurose (1963), Reinbek 1975.
Lernziele Solidarität, Reinbek 1974.
Flüchten oder Standhalten, Reinbek 1976.

Richter, H. E./Beckmann, D.: Herzneurose, Stuttgart 1969.
Gießen-Test, Bern 1972.

Riemann, F.: Grundformen der Angst, München 1975.

Ritzer, G.: Man and his work: conflict and change, New York 1972.

Roethlisberger, F./Dickson, W.: Management and the worker, New York 1964 (1939).

Rogers, C.: Die klientenzentrierte Gesprächspsychotherapie, München 1972 (Boston 1942).

Rosenman, R./Friedman, M.: Der A-Typ und der B-Typ, Reinbek 1975.

Rosenstiel, L. v.: Arbeitssituation, Arbeitszufriedenheit und seelische Störung, in: REIMANN/REIMANN (1975), S. 83–97.
Die motivationalen Grundlagen des Verhaltens in Organisationen, Berlin 1975 a.
Grundlagen der Organisationspsychologie, Stuttgart 1980.

Ruch, F./Zimbardo, P.: Lehrbuch der Psychologie, Berlin-New York 1975.

Sarbin, T. R./Rosenberg, B.: Contributions to role-taking theory, JSocPsych. 1955, 42, S. 71–82.

Sartre, J.-P.: Das Sein und das Nichts, Hamburg 1962.

Schluchter, W.: Aspekte bürokratischer Herrschaft, München 1972.

Schneider, H.-D.: Kleingruppenforschung, Stuttgart 1975.

Schneider, M.: Neurose und Klassenkampf, Reinbek 1973.

Schumpeter, J.: Kapitalismus, Sozialismus und Demokratie (1942), Berlin 1950.

Secord, P./Backmann, C.: Sozialpsychologie, Frankfurt 1976 (= Social Psychology, McGrawHill 1964).

Seemann, M.: On the meaning of alienation, Am.Soc.Rev. 1959, 24, S. 783–791.

Slater, P. E.: Mikrokosmos, eine Studie über Gruppendynamik, Frankfurt 1970 (= Microcosm, New York 1966).

Spielberger, C. D.: Anxiety and behavior, New York 1966.
Szasz, T.: The Myth of mental illness, London 1962.

Tausch, R./Tausch, A.-M.: Erziehungspsychologie, Göttingen, 1970.
Taylor, F. W.: Principles of scientific management, New York 1911 (Grundsätze wissenschaftlicher Betriebsführung, München 1919).
Thibaut, J./Kelley, H.: The social psychology of groups, New York 1967 (1959).
Tjaden-Steinhauer, M./Tjaden, K.: Klassenverhältnisse im Spätkapitalismus, Stuttgart 1973.
Tönnies, F.: Gemeinschaft und Gesellschaft, Leipzig 1935.

Ulrich, E.: Führungsstile, in: ROHMER, W. (Hg.): Probleme der Menschenführung in der Industrie, Berlin 1971, S. 47 – 57.
Ulrich, E. et al.: Neue Formen der Arbeitsgestaltung, Frankfurt 1973.
Vinacke, E./Wilson, W./Meredith, G. (Eds.): Dimensions of social psychology, Chicago 1964.
Vorwerg, G.: Führungsfunktion in sozialpsychologischer Sicht, Berlin (DDR) 1971.
Watzlawick, P. et al.: Menschliche Kommunikation, Bern 1969.
Weber, M.: Wirtschaft und Gesellschaft (1921) Tübingen 1976.
Wehler, H.-U.: Soziologie und Psychoanalyse, Stuttgart 1972.
Weltz, F.: Vorgesetzte zwischen Management und Arbeitern, Stuttgart 1964.
Whyte, W. H.: Herr und Opfer der Organisation, Düsseldorf 1958 (= The Organization Man, N. Y. 1956).
Wiesenhütter, E.: Betriebsneurosen, in: FRANKL, V. et al., Handbuch der Neurosen und Psychotherapie, Bd. II, 1959, S. 761 - 777.
Worthy, J. C.: Organizational structure and employee morale, Am.-Soc.Rev. 1950, 25, S. 169 - 178.
Zaleznik, A.: Das menschliche Dilemma der Führung, Wiesbaden 1975, (= Human Dilemmas of Leadership, N. Y. 1966).
Zepf, S.: Die Sozialisation d. psychosomatisch Kranken, Frankfurt 1976.

Stichwortverzeichnis